本成果得到湖北省社会科学基金项目"十一五"规划课题的资助

死者人格利益的民法保护

——以死者的名誉保护为中心

黎　桦◎著

中国出版集团

广州·上海·西安·北京

图书在版编目(CIP)数据

死者人格利益的民法保护/黎桦著. —广州：世界图书出版广东有限公司,2012.9

　ISBN　978-7-5100-5259-0

　Ⅰ.①死…　Ⅱ.①黎…　Ⅲ.①人格—权利—民法—研究—中国　Ⅳ.①D923.04

中国版本图书馆 CIP 数据核字(2012)第 222619 号

死者人格利益的民法保护

策划编辑　刘婕妤
责任编辑　黄　琼
出版发行　世界图书出版广东有限公司
地　　址　广州市新港西路大江冲 25 号
http://www.gdst.com.cn
印　　刷　虎彩印艺股份有限公司
规　　格　787mm×1092mm　1/16
印　　张　15.5
字　　数　270 千
版　　次　2013 年 5 月第 2 版　2013 年 12 月第 3 次印刷
ISBN　978-7-5100-5259-0/D · 0053
定　　价　52.00 元

目　　录

摘　　要

　　据人类学家及心理学家的研究显示：人类社会的每一个成员都会渴求名誉。那么作为社会中的一名成员在死后，他生前所获得的名誉还需要保护吗？如果需要，该如何进行保护呢？

　　1987年，天津发生"陈秀琴诉魏锡林、《今晚报》社侵害名誉权纠纷案"（以下称"荷花女名誉权案"），首开死者名誉保护之先河。该案的主要争议在于：荷花女早已死亡，保护死人名誉权有没有法律依据。该案自1987年6月起诉，直到1990年4月达成调解，历时3年才告终结。其中以最高人民法院1989年4月做出的司法意见才使案件的核心争议有一个较权威的结论。但是，此后关于死者名誉纠纷的案件也常常发生，笔者收集到的较有影响的案件就有十余起，最高人民法院也在其后发表的一系列司法解释中谈到了死者的名誉保护问题，而在这些解释中，其措辞和具体内涵都是不一样的。这也使得死者名誉保护问题在实践和理论上充满了争议。

　　关于死者名誉保护的相关理论争议，相当活跃，观点频生。细细数来，有几十种之多。这些理论虽然大多赞同对死者名誉应该给予保护，但是如何在民事法律体系和民法理论中给予一个协调一致、严谨周密的说法却争论不已、相持不下。因此，检索各种理论并考究民事法律和民法理论的发展趋势，提出关于死者名誉保护的更为圆通、严密和周全的理论便成为必要之事。

　　本书沿着从宏观到微观、"实践—理论—实践"的脉络论述了死者人格利益的保护问题。首先对名誉和名誉权进行了一般概说，指出名誉的社会性和中国名誉权的广义性。这主要是对名誉和名誉权的范围做一个大致的界定，从而为后面的研究提供前提性的概念。

　　接着是对死者名誉保护的中国法律规定和实际案例的分析。这主要是对死者名誉保护的中国当前法律制度进行实证性的考察，分析实际法律规定、实践发生之诉讼事件以及司法部门所做之判决，理出其中的主体诉求、法院回应以及社会反映，从而彰显死者名誉在当代中国民法中究竟应该如何定位。

从比较法的角度来看,死者名誉的保护问题在国外也是一个较新的课题。英美法系的法律实践和理论开始讨论死者名誉的保护问题只是20世纪80年代后期的事情;而大陆法系也只是在20世纪70年代才开始讨论死者名誉的保护问题。而且总体上说,面对这一较新议题,各法系的理论在自身法律体系下的说明也不尽一致。因此,相比较而言,我国在死者名誉保护的法律规定和学说讨论方面倒是与世界处于基本同步的状态。

当前我国关于死者名誉保护的问题,主要的代表性观点就有八种之多,其中争议的焦点主要集中于:对死者的人格利益该不该保护;保护的是死者的利益还是死者近亲属的利益,抑或两者都保护;死者的人格利益该不该独立保护,这三方面问题。而从民法基础理论出发,可以首先排除"死者权利保护说"、"人格利益继承说"、"人身遗存说"和"家庭利益说"。这样就只剩下"近亲属权利保护说"、"近亲属、社会利益关联说"、"死者法益保护说"和"延伸保护说"。从包含关系和理论的深入性等角度来看,"近亲属权利保护说"与"延伸保护说"是最终剩下的最具有竞争力的两种具有典型意义的代表观点。

"近亲属权利保护说"认为,通过保护死者近亲属的名誉权或者人格尊严来间接地维护死者的人格利益就可以了。但是,在很多情况下,从保护死者的角度说,这是不充分的,还可能造成对公民的不平等保护。而"近亲属权利保护说"所提出的死者人格利益没有必要独立保护的理由也是不充分的,因为这些理由是普通名誉保护都会遭遇到的难题,但是有难题并不代表普通名誉权就不需要保护了。

"延伸保护说"值得赞成的基本理由是:对相关民事制度的解释更为圆通和严密;有法哲学上的支持;体现了现代民法对人的生老病死更深切的关怀。但是"延伸保护说"也有需要补充的地方,这就是需要明确承认侵害死者名誉行为会有双重侵害和对法益与权利做清晰区分。这些补充不是基本立场的推翻,也就是说,"延伸保护说"在修正的基础上还是可以维护的。

而在理论上,"延伸保护说"最为根本的缺陷在于没有指明人格利益延伸的根源,这也是"延伸保护说"能否成立的最为关键的问题。人格利益延伸的根源就在于死者人格利益独立保护的正当性。从伦理学、社会学、哲学上的生存论以及中国文化传统等角度来说,死者权利的延伸保护都是应该的和必要的。

如果一种理论有美好的理念,但是在制度方面行不通,不具有操作性,这种理论就是空想,就法学这一重视且应该致力于实践的学问来说,其意义就是微乎其微的。制度设计的过程实际上是从可实践性的角度对理论的一种验证。侵害死者名誉虽然是一种特殊的侵害名誉的行为,但它还是具有侵害名誉权行为的一般结构,而一般侵权结构并不是讨论的重点,焦点还是侵犯死者名誉的特殊性。因此,关于死者名誉保护的制度设计问题主要包括死者人格利益延伸保护的范围、死者人格利益的保护主体以及延伸保护的期限三个方面。关于死者人格利益延伸保护的范围,按照人格利益与本人之生命是否有不可分割之关系为标准,《最高人民法院关于确定民事侵权精神损害赔偿责任若干问题的解释》所确定的范围是适宜的;对于死者人格利益的保护主体,应该设立死者人格利益保护人制度;死者人格利益的保护应当设定期限,而不是无限期的保护,参照相关制度以及中国国情,以 18 年为保护期限较为妥当。

也许不必太在意制度上的规定以及给这种制度所标上的名称,更重要的是其背后的理念和民事法律发展的趋势。原因在于:理念支撑着整个民法的大厦;发展趋势代表着我们需要努力的方向。保护死者人格利益反映了民法保护的重心向人的回归,是民法对人更为全面、由生到死、由肉体到内心的关怀。这些与第二次世界大战之后人权运动的发展和近年来"死亡学(Thanatology)"的兴起是分不开的。尽管人格权在近些年来有很大的扩展,但是关于死者人格利益的保护在学理上和法律实践上还存在一些盲点,如坟墓中的权利(Sepulchral Rights)等。这些都需要我们在未来民法学领域予以继续思考。

Abstract

A case began in Tianjin in 1987 concerns the controversy over fringement upon the citizen's right to reputation: Chen Xiuqin brought an action against Wei Xilin and Jinwan News for encroachment (simply we call Hehuanv's controversy over invasion of citizen's right to reputation). We can say that it is the beginning of protection to reputation of the dead person. The main point in the dispute is the legislative authority on protection of the right of fame. Because Hehuanv had been dead. The controversy had been abatement of action by agreement reached through mediation since it went to count in July in 1987 and came to agreement in 1990, and it reached a authoritive conclusion on this core issue only by judicial suggestion from the Supreme People's Court of the PRC in 1989. From then on, there are many cases emerged pertain to the file an action on fame of dead person. The author collected ten more cases about it. In view of this, Supreme People's Court of the PRC released a series of judicical interpretations on protection of fame of the dead person. It's form and the concrete connotation is different. Therefore, the issue on protection of reputation to the dead person is continuous.

There are many disputes pertain to the theory on how to protect the reputation of the dead person. These distinctive theories, not with standing, didn't agree mostly that we should protect the fame of the dead person. There are still continuous debate on how to give an announcement from the civil jural system and the theory of civil law. Hence, I think we should make every endeavour to consult all kinds of theories and check the development tendency of civil law and the theory of civil law. It is necessary for us to list the more flexible, more well-conceived theory of civil law.

My academic thesis demonstrated the protection of reputation of the dead person according to the clue—from practice to theory and return theory to practice, also, from the perspective of macro abstract to micro legal system. First of all, I epitomize the fame and the right of fame, and point out the characteristic of social and the right of reputation in a broad. I try to bound the framework of fames and rights of reputation. It laid a prerequisite foundation for farther poof.

Secondly, the book tries to analysize the Chinese law and practice cases about protective fame of the dead person. It makes positively research for immediating law system on protective fame of the dead person. We can retrieve the sue from the subject, get the judgment of jury from the case, and hear the rebound of social by analysizing the virtual law, the events of accusation and the judgments by jurisdiction, only by this we can reveal the station of protective reputation of the dead person.

The contention to protect reputation of the dead person is the new topic for discussion even in the foreign countries in the perspective of the comparative jurisprudence. It was listed to argue through legal practice and theory by Anglo-American law system only originated in late 1980s, and even in the eyes of Continental law system in 1970s. There are distinctive dissertations on this new topic based on their own legal system overally. Therefore, the legal academic inference on the protective reputation of the dead person in our country comparatively is in accordance to the argument of the world.

There are eight points on behalf of the whole academic issues in today's China, which concentrate on the problem of protective form of the dead person. Whether the personal benefit of the dead person be protected or not, and is it the benefit of the dead person or interest of the near relatives of the dead person, or both of them being protected. In addition, the interest of the dead personality should be protected independently or not and so on. In the perspective of civil basic theory, we can debar firstly "wording of protective right of the dead person", "wording of heirship of personal interest", "wording of trace of body" and "wording of the family interest of the dead person". Hence, there only left out "wording on protecting right of near relative", "wording on associated interests of immediate family", "wording of legal interest of the dead person" and "wording of protract protection of the dead person".

Considering about the internal legal relations and deepen theory, we find there being two ways of saying, "wording of protective rights of next-of-kin", "wording of protract protection on rights". There are typical parlances on the current arguments of protective rights of the dead person.

"Wording of protective rights of near relative" says that it only can protect indirectly the personal interest by protecting the interest of the immediate family or the personal dignity of the proximity, but on the most circumstance, it is unfair for the dead person. It is also unedequate and it may not be lead to protect person alone equally. It is also sufficient to non-protection independently for interests of the dead person, which says by "wording of protective right of new relatives", because it can be faced with the wording of the normal-fame-protection, but it is not equal to say that the normal right of fame is not necessary for us to protect!

The reason I agree with the theory of "wording of protract protection right to the dead person" is that the parlance can explain the relative civil law system more flexible well-conceived. The wording lists the deepen concern on the birth, the elder, the sicker and the death for person. It is the current spirit of our civil law.

All of this can be stranded up for philosophical jurisprudence. As to the wording, we should admit unanimous that there are double-damage when invading a citizen's right to reputation and we should distinguish explicitly the right from the legal interest, we don't want to compliment it instead of throwing over the basic view of wording. That is to say "wording of protract protection right to the dead person" can be persisted.

Originally, the key bemish of the wording is that the protracted protective right to the dead person do not demonstrate the reason the personal interests can be extended, it is the fate problem for the acceptance of the wording. In fact, the protract personal right originated from its reasonal approach to protect independently, it is necessary for us to list its reason by ethnology, social jurisprudence and philosophical survivorship.

Maybe it will be an utopian theory if the theory only have good idea, but the system can not be practicable and enforced. Also it may be little meaning because law tend to focus on practicing. Usually the procedure of designing a system is to proof the theory according to the perspective of practice.

Although the invasion of the dead personal reputation is special, its structure belongs to act of encroachment reputation. Therefore, it includes three ways of designing the law system on how to protect the dead person's fame, such as the protective scope to the dead personal interest, the protective body to dead personal interest, and limitation of protract protection. According to the explanation to some rules of the Supreme People's Court of the PRC on spiritual tortuous damages, the extent is proper, we should establish a law system for personal interest of protected person conciding with the protected body of dead personal interest, we should also design a limitation to protect the interest of the dead person instead of endless of its protection, it is adequate if the limitation is beyond the 18 years.

In contrast to the rules and the name of the designed system, we should place emphasis on the tendency of civil law and the civil idea behind it because the building of civil law is supported by the idea, and what we tries to do is to follow the tendency of future, it reflects on the emphasis of civil law protection to protect personal interest to the dead person, which show loving care for person is related to the movement of personal rights after the Second World War. Also it pertain to Thanatology evoked currently, the right of person has been developing recently. Nevertheless, there is some unknown knowledge of law, not only in theory, but also law practice such as Sepulchral Right, etc. The continuous research and debate on this title is helpful and essential.

第一章 导 论

第一节 选题的缘由

据人类学家及心理学家的研究显示：人类社会的每一个成员都会渴求名誉。[①] 那么作为社会中的一名成员在死后，他生前所获得的名誉还需要保护吗？如果需要，该如何进行保护呢？

1987 年，天津发生"陈秀琴诉魏锡林、《今晚报》社侵害名誉权纠纷案"（以下简称"荷花女名誉权案"）[②]，首创死者名誉保护之先河。该案的主要争议在于：荷花女早已死亡，保护死人名誉权有没有法律依据。该案自 1987 年 6 月起诉，直到 1990 年 4 月达成调解，历时 3 年才告终结。其中以最高人民法院 1989 年 4 月做出司法意见才使案件的核心争议有一个较为权威的结论。但是，此后关于死者名誉纠纷的案件也常常发生，笔者收集到的较有影响的案件就有十余起。最高人民法院也在其后发表的一系列司法解释中谈到了死者的名誉保护问题，而在这些解释中其措辞以及具体内涵都是不一样的。[③] 这也使得死者名誉保护问题在实践中和理论上充满了争议。

关于死者名誉保护的相关理论争议，相当活跃，观点频生。细细数来，有几十种之多。[④] 这些不同理论虽然大多赞同对死者名誉应该给予保护，但是如何在民事法律体系和民法理论中给予一个协调一致、严谨周密的说法却争

---

① 参见胡先缙：《中国人的面子观》，载黄光国、胡先缙等：《面子——中国人的权力游戏》，中国人民大学出版社 2004 年版，第 40 页。
② 该案的具体案情可参见附录一中的案例一。由于该案是原告陈秀琴以被告侵害了她以及死去的女儿吉文贞（艺名荷花女）的名誉权为由提起的诉讼，而被告主要写作描述荷花女（已去世）的艺术人生，因而主要以荷花女名誉权纠纷闻名于世。
③ 具体参见本书第三章的分析。
④ 在本书第五章的整理中虽然只总结了八种学说，但是如果进行细分，每一种又有不同变异，因此说有几十种之多。

论不已、相持不下。因此,检索各种理论并考究民事法律和民法理论的发展趋势,提出关于死者名誉保护的更为圆通、严密和周全的理论便成为必要之事。

而从比较法的角度来看,死者名誉的保护问题在国外也是一个较新的课题。英美法系(注:英美法系,又称普通法系或者海洋法系)的法律实践和法律理论开始讨论死者名誉的保护问题只是 20 世纪 80 年代后期的事情;而大陆法系也只是在 20 世纪 70 年代才开始讨论死者名誉的保护问题。而且总体上说,面对这一较新议题,各法系的理论在自身法律体系下进行的说明也不尽一致。因此,相比较而言,我国在死者名誉保护的法律规定和学说讨论方面倒是与世界处于基本同步的状态。①

就理论的覆盖范围(理论射程)来说,尽管死者名誉是民事法律体系中一个相当细枝末节的问题,但是从这一细小问题可以衍生出一些相对较大而且是较为基础性的民法理论问题。

一、民法上的人

有学者呼吁,新时代的民法典不必太在意公法与私法的区分,私法能够做到的,就不必要留到公法去做;应该扭转传统民法典以财产和财产变动为关注重心,而应该将人的保护作为中国民法典编纂的价值基础。② 对这一观点,笔者做一点衍推,在民法慈母般的眼睛里,对人的保护应是"从摇篮到坟墓"的关怀。但是关于对坟墓的关怀,在民法理论中几乎还是死角。③

二、民事权利能力理论

权利能力是民法中的基本概念,一般认为它是某类主体能否成为民法上的主体的决定性要素,这样的理解虽然大致上是说得过去的,但是对于胎儿权利、死亡赔偿请求权等问题的解释就不那么圆通了。关键的问题不是需不需要保留权利能力,而是对权利能力不能做僵化的理解和阐释。④ 如此,民法的调整范围才更开阔、更开放,对生活世界的关照也才更为贴切和更加尽力。

---

① 如我国台湾地区的民法学家王泽鉴、陈聪富相继称赞我国在死者名誉保护问题上的先进做法。参见王泽鉴:《变动中的人格权》,http://www.ncclj.com/Article_Show.asp? ArticleID=786;陈聪富:《中国侵权责任法草案之检讨》,http://www.civillaw.com.cn/weizhang/default.asp? id=23256,2011-12-09。

② 薛军:《人的保护:中国民法典编纂的价值基础》,载《中国社会科学》2006 年第 4 期。

③ 也许在许多民法学者看来,死者死矣,法律只关乎现世界。

④ 有学者对权利能力概念进行了清理,指出其局限性,同时提出以"民事主体"代替"权利能力"(参见付翠英:《人格·权利能力·民事主体辨思》,载《法学》2006 年第 8 期)。笔者同意权利能力概念的局限性,但是并不认为"权利能力"概念就应该在民法中取消。

三、死者在民法上的地位

死者在民法上的地位在近代民法理论中是不被承认的,因为他们不具有表达意思、实际行动的能力。但是死者作为曾经在人世间走过一遭的人,并不因身体和灵魂的消逝而荡然无存,而因其人格而留存于世。著作权的死后保护本身就是对传统理论的突破,而这种突破也许需要从死者名誉保护的议题中更为扩张开来。

四、各种制度的配合

在对死者名誉保护问题的讨论中,宪法上的人格尊严、刑法中的诽谤以及知识产权法中的著作权的死后保护等部门法中的相关问题也都得到学者们的认真对待,而胎儿权利保护、死亡赔偿请求权等民法内部相关问题更是不在话下,但是就相关讨论来看,还不能说,已经为这些相关制度与权利给出了协调一致、圆满无碍的说法,而且这些制度与权利背后的自然法和哲学等形而上的背景也没有得到认真的考察和探究。

笔者一直较为关注关于死亡的法律制度问题,并先后发表过关于这方面研究的论文,如在《死后安置制度——被遗忘的法律角落》一文中,笔者就指出死后安置制度是被大多学者遗忘的法律角落,但这一制度的缺失给法律实践甚至社会伦理秩序的维护带来了诸多麻烦。[①] 因此,选择死者名誉保护这样的论题对笔者来说,还是有一定前期基础的。

第二节　论域的界定

本书准备论述的主题是,通过对死者的名誉保护问题进行考察和探索从而升华死者在民法上的地位。在展开论述之前,先要对相关问题做一些交待:

一、本研究集中考察死者的名誉保护问题的原因

一方面,名誉权在我国民法中涵盖范围相当广泛,包括人格尊严、隐私权以及信用权,几乎相当于一般人格权。[②] 中国的名誉权虽然犯有肥大症,

---

[①] 参见黎桦、汪再祥:《死后安置制度——被遗忘的法律角落》,载《北京理工大学学报(社会科学版)》2003 第 6 期。

[②] 参见杨立新:《中国名誉权的"膨胀"与"瘦身"——在中美"人格权法与侵权法"高级研讨会的演讲》,http://www.yanglx.com/dispnews.asp? id=315,2012-03-03。

但是笔者并不打算将其回归到本来面目,而是就其现状而论,因为这种涵盖广的名誉更容易衍生或提升到一般人格利益。另一方面,关于死者姓名权、肖像权的保护,国外特别是美国有相当成熟的制度,国内也有较深入的研究。① 因此,本研究以死者名誉的保护问题为中心来衍射性地探讨死者人格利益的保护问题。

二、本研究对死者名誉保护的考察主要集中于民法领域

受知识水平和学术训练的限制,笔者只能将主要论述放在民法领域,而宪法、刑法等其他领域只是作为旁证。

三、本研究对死者的名誉、死者生前人格利益、死者的人格利益等概念未做严格区分

这些概念在学者们的相关讨论中也都有所提及,其间也有差别,但是笔者并不对这些概念做细致的区分,只是随着语境的不同而交替使用,但总体上说,都将这些概念来指称死者生前的人格利益在死后的保护。笔者这样处理的理由是:一方面要防止在概念问题上极端化,堕入玩弄概念游戏的不良境地;另一方面,不要用对概念问题的研究代替对事实问题的研究。在基本的研究立场上,笔者同意,"照顾于事物本身比照顾于言辞名称更为重要得多"。②

第三节 研究方法

本研究拟采用的方法主要有如下几种。

一、法律解释法

法律解释应是法律人的基本素养,本不该专门提出,唯在此想指出,学界在各种解释方法的位阶上颇有争议,而笔者在本研究中将如何处理这一问题呢?法律的终极目的在于实现正义,因而各种解释方法不过是实现正义的手段或途径。诚如萨维尼所言,文义、历史、逻辑和体系等要素不是四

---

① 相关研究成果参见程合红:《商事人格权——人格权的商业利用与保护》,载《政法论坛》2000年第5期;邓宏光:《论公开权》,西南政法大学2002年硕士论文;郭玉军、向在胜:《美国公开权研究》,载《时代法学》2003年第1期;刘丽娜:《论美国形象公开权对名人姓名的保护》,载《电子知识产权》2005年第6期。

② [英]休谟:《道德原则研究》,曾晓平译,商务印书馆2001年版,第173—174页。

种解释,可以凭一己之喜好而任意运用,而是四种不同活动,必须相互结合,以使解释趋于完善。① 因此,本研究将综合各种解释方法以互相支持、补充,甚至论辩,以得出合理的结果。

二、案例分析法

法律解释的任务在于探究法律意旨,以满足构成人类共同生活的法律上的需要。由此推导出法律解释与具体个案的关联性。"法律条文对解释者构成疑难时,他借着解释这一个媒介的活动来了解该条文的意旨;而一个法律条文的疑难则在其被考虑到它对某一个特定的法律事实之适用性时发生。"② 申言之,法律解释乃是为确定某法律规定对某特定法律事实是否有意义,从而一个法律规定应相对于一个待裁判或待处理的事实加以阐释并具体化地规范人们的行为。因此,真正的法律问题与其说是由法律条文本身引起的,还不如说是由应去或拟去处理的案件所引起的。③

三、比较研究法

本研究将参照英美法系与大陆法系关于死者名誉的相关规定及其论述,来反观中国关于死者名誉的法律规定及其理论,进而找出较为融通一致的理论及立法建议。虽然各国国情不尽相同,但透过比较可作为彼此立法和提出理论的参考依据。当然,本研究并不偏重于不同法系的介绍,而只是将"比较"作为一种过程或方法,经由这种过程或方法比较两个以上的法律体系的相关部分以达成某一特定目的。④

四、体系分析法

采用体系的方法在研究上相当重要,因为从现代立法技术来说,立法者如果要就某一事项新订法律,不仅必须斟酌与其相关的法律,以便在整个法律体系中确定其地位,同时也必须衡量所规范的法的内容,以求其与相关的法律配套,使之能与法的整体结构相配合,借着法律体系的整体作用以发挥其个体效能。即使基于一定需要而修法,也必须兼顾与其相关的法律,以求融会一体,使修订后的法律内容不致产生分歧,应有的功能也不致分散抵消。

---

① 参见黄茂荣:《法学方法与现代民法》,台湾大学法学丛书 1993 年版,第 271—304 页。
② Larenz, Methoden lehre der Rechtswissenschaft, 3. Aufl. S. 298.
③ 参见黄茂荣:《法学方法与现代民法》,台湾大学法学丛书 1993 年版,第 264—266 页。
④ 魏杏芳:《比较法与立法》,载苏永钦主编:《法律学研究》,台湾政治大学法律研究所 1989 年版,第 67 页。

五、哲学研究法

在当今反对形而上思考的年代,明言哲学思考可能是不合时宜的。"某些后现代主义大师打出了反对'宏大叙事'的旗帜来反对古典形而上学,但是离开了宏大叙事,那么哲学就只有去追求薄弱的、日常的、简单的'语言游戏'了。这样必然把哲学变成一种玩物和工具,根本丧失了哲学的真实内涵。"①缺乏哲学思考将使论述行而不远,且没有一个扎实的根基和统一协调的说法。本研究将通过对死亡作生存论的考察以探讨死者人格概念之根本与目的,并思索其价值取向,以确定死亡在人类存续上的意义。

六、社会学研究法

若仅单纯地分析法律条文,将无法真正认识到法制内涵与社会政治经济背景的相互关系;若仅考虑法律体系的内在逻辑,而不考虑当下国人现实的权利需求,就无法真正提供回应型法制及其理论。而在立法过程中,向起草法案部门或立法机关施加影响力的各种政治社会力量,即政治、文化、政府、公共舆论、社会精英、利益团体、民意代表、外来因素等,都会影响法律的制定。② 因此,本研究将收集并分析实际发生之诉讼事件、司法部门所做之判决,理出其中的主体诉求、法院回应以及社会反应,从而彰显死者名誉在当代中国民法中究竟应该如何定位。

第四节　文献资料

本研究所使用的参考文献和资料主要有三部分。

一、国内外包括我国台湾地区学者关于死者人格利益保护的相关论文和专著

由于死者人格利益保护问题是一个相当专业、狭窄且较新的课题,因而

---

① 姚定一:《论形而上学的深层关怀——对后现代主义哲学拒斥形而上学的一种回答》,载《四川师范大学学报(社会科学版)》2002 年第 1 期。其实,"现代西方哲学和后现代西方哲学无论是科学主义还是人本主义,他们之所以高举反形而上学的大旗,其理论原因在于他们都没有弄清形而上学的深层本质和深层关怀,因而割断了古代西方哲学和现代西方哲学的历史联系。其实,在古代西方哲学中已经孕育着现代西方哲学的精神,在亚里士多德、康德或者黑格尔等哲学巨人的思辨的形而上学体系中已经包含着一种现代哲学的人文主义精神,不过这种精神由于历史的原因,它们都被种种思辨的浓雾遮蔽着"。

② 参见罗传贤:《立法程序与技术》,台湾五南图书有限公司 1996 年版,第 32 页。

关于此问题的专著几乎没有,因此,笔者主要从相关著作中找寻出对此问题进行理论研讨的部分章节或段落。

二、国内外相关法律文件与司法案例

对于死者人格利益的保护在规范性法律文件中只有一两个条文涉及,而各国相关案例相对要多一些,笔者也只是力所能及地收集了其中一小部分,但是对于国内案例的收集,笔者自认为还是非常齐全的。

三、学术期刊论文

由于期刊网络的发达,论文的收集相对来说更为方便。笔者主要利用了 Westlaw、LexisNexis 的网络数据库以及中国期刊网的数据库。在此,笔者对这些数据库创建者和维护者们表示深深的感谢。

在语言上,由于笔者掌握语言的能力有限,所参考资料主要以中文和英文为主,包括部分德文资料。

为便于说明问题,笔者会大量引用他人观点,有时甚至是批判性地引用。当然,引用以必要为限。

第五节　内容架构

以问题为中心,本书分以下十章来展开论述:

第一章是导论。说明研究的缘起,同时对研究中的前提性问题,诸如基本概念、研究方法等做一些交待。

第二章是关于名誉和名誉权的一般概说。主要是对名誉和名誉权的范围做一个大致的界定,以便为后面的研究提供前提性的概念。

第三章是死者名誉保护的中国法律规定和实际案例分析。这主要是对死者名誉保护的问题在中国当前法律制度下进行实证性的考察,分析实际法律规定、实践发生之诉讼事件、司法部门所做之判决,理出其中的主体诉求、法院回应以及社会反应,从而彰显死者名誉在当代中国民法中究竟应该如何定位。

第四章是比较法上的考察。主要意图在于将英美法系与大陆法系关于死者名誉的相关规定及其论述作为参照,反观中国关于死者名誉的法律规定及其理论,进而找出较为融通一致的理论及立法建议。

第五章是对当前学说上的相关争议做一些清理。以表明解决问题的关键之所在,从而为下面提出切中肯綮的方案扫除障碍。

第六章是对“近亲属权利保护说”之反驳。因为这种学说是反驳笔者所支持的"延伸保护说"最有力量的观念,笔者先指出其弊端和缺陷,以从反面来印证"延伸保护说"的可采性。

第七章提出对"延伸保护说"的修正。经过前面章节的整理实际已经表明"延伸保护说"所具有的局限性,但这种局限性是可以修正的,也就是说,"延伸保护说"还是可以维护的。这一章就是要集中处理关于"延伸保护说"的修正与完善问题。

第八章论证死者名誉独立保护的正当性。这是"延伸保护说"得以成立的最为关键问题。只有恰当地论证了死者名誉保护的正当性,才能说明死者权利的延伸保护是必要的。当然这一章主要深入法律制度的背景,考究立法的正当性根源。

第九章是关于死者名誉保护的制度设计问题。如果一种理论有美好的理念,但是在制度上行不通,不具有操作性,这种理论就是空想,对法律学这一重视且应该致力于实践的学问来说,其意义就是微乎其微的。制度设计的过程实际上是从可实践性的角度对理论的一种验证。关于死者名誉保护的制度设计也是学者们关注的重点,笔者对这些建议多有选择和借鉴,但主要还是按照笔者所主张的"延伸保护说"来进行的。

第十章是余论,提出一些未尽的话题。保护死者人格利益反映了民法保护之重心向人的回归,是民法对人更为全面、由生到死、由肉体到内心的关怀。这与第二次世界大战之后人权运动的发展和近年来"死亡学(Thanatology)"的兴起是分不开的。尽管人格权在近些年来有很大的扩展,但是关于死者人格利益的保护在学理和法律实践上还存在一些盲点,如坟墓中的权利(Sepulchral Rights)等。这是需要在未来继续思考的议题。

总体上说,本书沿着从宏观到微观、"实践—理论—实践"的脉络进行论述。

第六节　主要创新点

笔者敝帚自珍,不揣冒昧,自认为本研究主要有以下创新点。

一、对相关学说做了更为齐整的归纳

对自 1989 年以来的研究成果做了有效总结,最新跟踪到 2004 年关于死者名誉的研究成果。①

————————

① 其实对截至 2007 年的成果都进行了梳理,只是自 2004 年以后,民法学界就在死者名誉保护问题上没有提出有实质性新意的观点。

二、收集了我国实际发生的大量案例,进行更为贴近实际的思考

通过各种途径(纸面和网络媒体)收集了自 1987 年"荷花女名誉权案"以来的 13 起影响比较大、具有典型意义的案件。①

三、对"人格利益延伸保护说"做了理论修正

通过对比较法的考察、对相关学说的鉴别和对民法基本理论的研究,对"人格利益延伸保护说"做了一定的修正,但不是基本立足点的改变,而是使之更为完善,这主要表现为以下方面:①承认侵害死者名誉行为会有双重侵害,即既侵害死者的名誉,也侵害死者近亲属的名誉,这样近亲属可能会有双重诉权。②对法益与权利做了更为清晰的区分。其他在起诉主体、延伸保护的范围以及期限等方面的修正倒只是制度设计即技术层面的修正,②并不构成对"延伸保护说"的大手术。

四、对死者人格利益有更为本质的论证

这是现有的"延伸保护说"最为缺乏的部分。没有这一部分,整个"延伸保护说"就缺乏理论根基。本研究主要是从生存论的角度论述死亡对人以及社会的意义,这种意义昭示着,应该给予死者人格利益独立保护。而这一论证也将引发人们对于死者在民法上的地位的思考:死者是不是像传统理论认为的那样是一个纯粹的过去时,不再是法律上的主体。

五、指出民法理论在死亡制度上有所忽略和缺失

在民法慈母般的眼睛里,对人的保护应是"从摇篮到坟墓"的关怀。对摇篮的关怀,从古典民法理论到现代民法学说都是给予了足够的重视,但是关于"坟墓的权利"还是盲点。

---

① 本书虽然在附录中列举了 14 个案例,但是第 14 个案例是我国台湾地区发生的,由于以下原因将其排在分析范围之外,只是作为参照:a.该案件是一个刑事方面的案例,不在本书论述的民法范围;b.该案件发生较早,距今已有 30 多年,可能对现实的说服力不足。

② 当然不是说这些不重要,相反对于法律人来说,设计出更为方便、可行、易操作的制度也许更为实际,因为法律在于运用,而不在于天马行空的想象和理论创造的新颖与玄妙,只是对于理论探究来说,应该穷究于理,"上穷碧落下黄泉,动手动脚找东西",找出更为完善、圆通的理论观点是首要任务。

第二章　关于名誉和名誉权的一般论述

概念是一种基本的思维形式,而运用这种形式的前提是对概念进行界定,即对概念进行阐释,告诉大家你所运用的概念指代什么以及运用它的目的。否则,会让人不知所云,从而难以进行对话和交流。"为避免发生混乱,我们必须预先确定我们所运用的概念。"①而法学上的许多争议正是由于概念不清所造成的。可以说,概念是研究的前提和基础,如果在概念上做得不好,就有可能导致整个研究全盘皆废。因此,在本章,笔者将整理当前民法学界对"名誉"和"名誉权"的基本界定,梳理出其中的分歧与争议,并在此基础上,对"名誉"和"名誉权"进行界定,从而为后面章节的论述提供一个基本的话语平台。

第一节　名誉的概念

一、名誉的定义

大陆法系一般认为,所谓"名誉",系指一个人在社会上的评价,并非指名誉感情(名誉心)。例如,日本大审院(1947 年前的最高法院)在判决中表明:"名誉是指每个人因其自身的品性、德行、名声、信用等,所应该得到的世人的相应评价。"②名誉是由第三人来评价的,而且对人的评价不限于道德方面,也包括技术方面。英美法系一般认为名誉(honour 或 reputation)是指具有良好的地位、声望,并为他人所尊重,或者对于人的道德品质、能力和其他

---

① 斯大林语,转引自姜全吉主编:《逻辑学》,高等教育出版社 1988 年版,第 41 页。
② 参见[日]五十岚清:《人格权法》,[日]铃木贤、葛敏译,北京大学出版社 2009 年版,第 17 页。

品质(他的名声、荣誉、信誉或身份)的一般评价。其中 honour 指一般的名誉,而 reputation 则含有好名誉之义,但在法学的意义上,不区分这种差别。①

在我国,关于名誉的概念有"社会评价说"、"个人评价和社会评价综合说"以及"人格尊严说"。② 但目前主流的观念是"社会评价综合说"。③ 笔者对此,亦无异议。因此,大致上可以给名誉下这样一个定义:"名誉是人们对公民或法人的品德、才能及其他素质的社会综合评价。"④具体来说,公民的名誉是指社会对特定的公民的品行、思想、道德、作用、才干等方面的社会评价,法人的名誉是指社会对法人的信用、生产经营能力、生产力水平、资产状况、活动成果、贡献等因素的综合评价。⑤

二、名誉的内容

一般认为,名誉包括内部名誉与外部名誉,前者是指个人之内在价值,⑥即人之内部价值,后者是指对于个体的人格属性,由他人或社会所给的评价。早在 20 世纪 40 年代,龙显铭先生就指出:"所谓名誉,有两种涵义。其一为内部的名誉,指各个人内在之价值,即人之内部的价值。其二为外部的名誉,指对于人之属性,而由他人所为之评价。"⑦

王利明先生在此基础上进一步指出,广义上的名誉包括内部名誉与外部名誉。外部名誉即为狭义的名誉,是指他人对特定人(包括法人)的属性所给予的社会评价;内部名誉即某人对其内在价值的主观感受,也称为名誉感。同时,他还认为法律上的名誉应只指外部名誉,即狭义的名誉,而不包括内部名誉(名誉感)。⑧

杨立新先生认同这一主张,并从法律史的角度,对此进行了追溯,认为古代法律将名誉与名誉感混在一起给予一体的保护,而现代法学才严格区分名誉和名誉感。"作为法学概念,法律只认名誉为名誉权的客体,不认名誉感为名誉权的客体。盖因名誉感是极其脆弱的,很容易被他人的侮辱行

---

① 参见杨立新:《人身权法论》,人民法院出版社 2002 年版,第 585 页。
② 参见王利明:《人格权法研究》,中国人民大学出版社 2005 年版,第 477—478 页。
③ 参见王利明:《人格权法研究》,中国人民大学出版社 2005 年版,第 478—479 页;杨立新:《人身权法论》,人民法院出版社 2002 年版,第 585—586 页。
④ 杨立新:《人身权法论》,人民法院出版社 2002 年版,第 585—586 页。
⑤ 参见陈汉章:《人身权法论》,法津出版社 1987 年版,第 19—23 页。
⑥ 参见唐德华:《谈谈审理损害名誉权案件中的几个问题》,载《人民司法》1989 年第 2 期。
⑦ 龙显铭:《私法上人格权之保护》,中华书局 1949 年版,第 70 页。转引自杨立新:《人身权法论》,人民法院出版社 2002 年版,第 586 页。
⑧ 参见王利明:《人格权法研究》,中国人民大学出版社 2005 年版,第 480—482 页。

为所伤害,对其完全予以法律保护是不可能的,也是不必要的;而名誉是客观的评价,人人均享有,其损害有客观的评断标准,法律能予以公平、公正的保护。"①

但值得注意的是,在日本民法,尤其是在其判例中渐渐接纳了名誉感情作为名誉内容的一部分。在最判昭四五·一二·一八(民集二四·一三·一五三)一案中,法院对《日本民法典》第七百二十三条进行解释,认为"本条中的名誉,包括对人的品性、德行、名声、信用等人格价值在社会上受到的客观评价(社会的名誉)与个人对其人格价值的主观评价(名誉感情)"。②并且,在最近的下级法院审判中,以侵害名誉情感为理由认可精神赔偿的案例较多。③

但笔者认为现代法律管辖之范围不及于人心,而名誉感是人内心的主观感受,因而在法律上难以获得确定的地位,因此,现代法律只保护外部名誉,而通过保护外部名誉可以间接地保护内部名誉,因为名誉的主观感受还是要通过外在表现而得以加强。

第二节 名誉的特征

名誉作为法律上的概念,根据王利明先生的总结,其特征有社会性、美誉性、客观评价性、综合性、特定性和时代性六点。④ 而根据杨立新先生的归纳,法律上的名誉的特征有社会性、客观性、特定性、观念性和时代性五点。⑤ 客观评价性可以说是客观性和观念性的合一,因而差别主要在于杨

---

① 杨立新:《人身权法论》,人民法院出版社 2002 年版,第 588 页。

② 参见[日]《模范六法》(日文版),三省堂 1994 年版,第 759 页。转引自张新宝:《名誉权的法律保护》,中国政法大学出版社 1997 年版,第 14—15 页。

③ 具体的案例有:东京地判昭四六·八·七《判时》640 号,第 5 页(女律师被赶出警察署);大阪高判昭五四·一一·二七《判夕》406 号,第 129 页(对出租司机的酒后暴言);大阪地判昭六〇·二·一三《判夕》554 号,第 266 页(轻率地把无辜者看做犯人);浦和地判平三·一〇·二《判夕》774号,第 203 页(毫无根据地将他人作为精神病患者向保健所长申请诊断与保护);名古屋地判平六·九·二六《判时》1525 号,第 99 页(取笑相貌的表达);东京高判平七·一〇·三〇《判时》1557 号,第79 页("幸福的科学家"案);大阪地判平一一·三·一一《判夕》1055 号,第 213 页(站务员对残疾人带有歧视、侮辱性的言行);名古屋高判平一二·一〇·二五《判时》1735 号,第 70 页("高中女生、女白领的连续绑架杀害案",对女死刑犯的奔放的性生活的描述);东京地判平一三·一二·二五《判时》1792 号,第 79 页(作者注:著名科幻小说女评论家说自己的著书是由丈夫代笔的)等。参见[日]五十岚清:《人格权法》,[日]铃木贤、葛敏译,北京大学出版社 2009 年版,第 19 页。

④ 参见王利明:《人格权法研究》,中国人民大学出版社 2005 年版,第 482—484 页。

⑤ 参见杨立新:《人身权法论》,人民法院出版社 2002 年版,第 589 页。

立新先生的归纳少了美誉性和综合性。在综合性这一点上,杨立新先生似乎并不反对,因为从他给名誉的定义就可以符合逻辑地推导出;而在美誉性上,杨先生似乎反对,因为他认为"应受相当之尊敬"和"公正评价"并不是名誉权的必要内涵。[1] 笔者认为,美誉性还是可以作为名誉的特征,因为名誉和名声还是有区别的,名声有好的和坏的之分,但名誉一般来说,还是褒义词,有称赞、赞誉之义在其中。由此,笔者认为法律意义上的名誉具有以下特征。[2]

一、社 会 性

名誉是一种社会评价,无论在内容上还是形式上,都具有社会的属性。"名誉"首先是一种个人内心的感受,不同的人自有不同的名誉感受或者名誉观,所以,名誉所涉及的评价只能是一种社会评价。[3] 评价的内容源于特定主体在社会生活中的行为表现,而不会是个体在与社会隔绝状态中的表现,因而是社会生活的反映。而评价的形式是社会公众的舆论,离开公众的社会反映,就无所谓名誉。但社会之对个人的评价涉及面极大,并非凡对人之社会评价即必然涉及其名誉,作为名誉权保护对象的"名誉"只能解释为与自然人人格尊严有关的社会评价。[4]

二、客 观 性

名誉是客观的评价,即外部社会对特定主体的评价。一方面,名誉是客观存在的,是主体通过自身的努力和表现而应当获得的,它在客观上直接关系到主体在社会上的地位、社会成员对其信赖的程度;另一方面,这种客观性表现为名誉不是主体的自我认识,不取决于主体内在的感情、认识和价值取向等,这一点由前面名誉与名誉感的区别也可以看出。

三、特 定 性

名誉是公众对特定主体的社会评价,它是对某个具体的公民或法人的评价。名誉的特定性表现为社会评价的是"这一个"主体,而非"这些个"主体。学者有称"家庭名誉"者,即违背了名誉特定性的原理。离开特定的民

---

① 参见杨立新:《人身权法论》,人民法院出版社 2002 年版,第 591 页。
② 以下对特征的阐述综合了王利明和杨立新两位教授的论述,没有一一注明出处,请参见王利明:《人格权法研究》,中国人民大学出版社 2005 年版,第 482~484 页;杨立新:《人身权法论》,人民法院出版社 2002 年版,第 589 页。
③ 参见尹田:《民法典总则之理论与立法研究》,法律出版社 2010 年版,第 327 页。
④ 参见尹田:《民法典总则之理论与立法研究》,法律出版社 2010 年版,第 327 页。

事主体,则无所谓名誉,也无法进行法律保护。① 因为法律难以锁定目标,给予实在保护。

四、观 念 性

名誉虽具客观性特征,但它的表现形态却是观念的形态,存在于公众的观念意识之中,即名誉有一个公众认识评价的过程。按照一般的哲学原理,观念形态属于主观的范畴,这似乎与名誉的客观性相矛盾。名誉的客观性是相对于特定民事主体的主观认识而言的,名誉是由社会公众给出的,因而其评价具有客观的属性,但社会公众对名誉有一个认识的过程,因而又具有主观性,因此,名誉的观念性与名誉的客观性并不矛盾。也就是说,名誉的客观性和观念性是在不同的层面上而言的。

五、时 代 性

在不同的时代,人的名誉观有所不同。在不同社会制度和不同生活条件中,人们对名誉的认识总是有差别的,也可能因社会观念的时过境迁而改变。在封建社会,妇女从一而终、丧夫不嫁被视为名誉之大节,而现代社会对丧夫改嫁、离婚自由则视之为正当行使权利。但也不应否认名誉观有一定的继承性,如勤俭、奋斗、好学等,各时代均认为是好名声。

六、美 誉 性

名誉是一种积极的、良好的社会评价,而不指对坏名声的评价。名誉实际上是道德嘉许的表现,"是针对卓越或公正的性格或行动形成的判断。它与非难和责备相对立"②。正因为如此,名誉对主体具有重大的积极价值,能够帮助主体获得各种精神上和经济上的利益,名誉也才成为法律保护的对象。当然,即便是一个名声不好的人,在某些方面也可能具有美誉,即也有名誉权,因为人是一个多方面的综合体(如林语堂先生就说自己是"一捆矛盾"),从而可能在不同方面表现出相反的品质,"盗亦有道"就是典型例证。

---

① 依照现代法律,人格权依附于每个独立的民事主体之上,而家庭并不是我国民法的民事主体,因而家庭名誉权在民法上并不能成立。但是在我国传统以及现代社会中家庭一直以来就是一个常见单位,实践中也确实常见侮辱、辱骂一个家庭而不是某个人的行为,这时如何救济呢? 笔者认为可以由家庭成员直接以个人名誉受侵害而主张侵权责任。

② [英]亚当·弗格森:《道德哲学原理》,孙飞宇、田耕译,上海世纪出版集团上海人民出版社 2003 年版,第 56 页。

七、综 合 性

名誉是对主体的品性、德行、名声、信用、才能及其他素质的综合评价。可以说,名誉是主体综合素质的体现。虽然说名誉具有综合性,但对主体某一方面的毁损仍然可能造成对其整体评价的毁损,因而认定毁损名誉的行为时并不需要对主体的各个方面素质都进行了贬损才能构成。

第三节 名誉权的概念

一、名誉权的定义

关于名誉权的界定,早期最具代表性的便是龙显铭先生的定义,在他看来,"名誉权者乃人就自己之社会评价享受利益之权利也"[1]。而我国台湾著名学者史尚宽先生则认为:"名誉权者,以人在社会上应受与其地位相当之尊敬或评价之利益为内容之权利也。"[2]

1986年我国通过《民法通则》,其首次对名誉权进行了较为明确的规定,其第一百零一条规定:"公民、法人享有名誉权,公民的人格尊严受法律保护,禁止用侮辱、诽谤等方式损害公民、法人的名誉。"自此之后,我国学者对名誉权的研究渐渐深入,对名誉权从不同的侧面进行了界定。例如:王利明先生认为名誉"为公民或法人所享有的就其自身属性和特点所表现出来的社会价值而获得社会公正评价的权利"。[3] 而张俊浩先生则认为:"名誉权是以名誉的维护和安全为内容的人格权。"[4]佟柔先生认为:"名誉权是公民或法人所享有的,有关自己的社会评价而不受他人侵犯的一种人身权利。"[5]

1998年,最高人民法院颁布《关于贯彻实施〈中华人民共和国民法通则〉若干问题的意见(试行)》,对名誉权和侵害名誉权的行为进行进一步的明确,其第140条规定:"以书面、口头等形式宣扬他人的隐私,或者捏造事实公

---

[1] 龙显铭:《私法上人格权之保护》,中华书局1948年版,第70页。转引自杨立新:《人身权法论》,人民法院出版社2002年版,第590页。

[2] 史尚宽:《债法总论》,台湾荣泰印书馆1978年版,第145页。转引自杨立新:《人身权法论》,人民法院出版社2002年版,第590页。

[3] 王利明:《人格权法新论》,吉林人民出版社1994年版,第409页。

[4] 张俊浩:《民法学原理》,中国政法大学出版社1991年版,第154页。转引自杨立新:《人身权法论》,人民法院出版社2002年版,第590页。

[5] 佟柔:《中国民法》,法律出版社1990年版,第486页。转引自杨立新:《人身权法论》,人民法院出版社2002年版,第590页。

然丑化他人人格,以及用侮辱、诽谤等方式损害他人名誉,造成一定影响的,应当认定为侵害名誉权的行为。以书面、口头等形式诋毁、诽谤法人名誉,给法人造成损害的,应当认定为侵害法人名誉权的行为。"可见,名誉权是公民或者法人对自己在社会生活中获得的名誉所依法享有的不可侵犯的权利。显然,名誉权的客体是名誉,名誉权的主体包括公民或者法人,只是由于本书主题所决定,这里只论述公民的名誉权问题。

二、名誉权的内容

根据相关法律和司法解释的规定,我国名誉权包括的范围相当广泛,包括人格尊严、隐私权以及信用权,几乎相当于一般人格权。因此,有学者呼吁应当给中国的名誉权"瘦身"①。在法律规范还没有改变时,本研究仍然坚持将名誉权做这样广泛的界定。而且一个"肥大"的名誉权更容易升华到一般人格权,因为综合性的名誉权更能反映人格权的方方面面,从而印证本研究之主题:通过以死者的名誉保护为中心来延伸性地论述死者人格利益的民法保护。

此外,学者们还从权利的维护和实现的角度归纳了名誉权的具体内容。王利明教授认为,名誉权的内容包括两个方面:第一,权利人享有和维护名誉的权利,要求他人对其进行公正、客观的评价,使其在社会中获得应有的尊敬;第二,权利人有权排斥他人对其名誉的侵害,并要求他人承担相应的民事责任。②

相比较而言,杨立新教授的归纳更为细致、周密、完整。③

---

① 参见杨立新:《中国名誉权的"膨胀"与"瘦身"——在中美"人格权法与侵权法"高级研讨会的演讲》,http://www.yanglx.com/dispnews.asp? id=315,2012-06-22。

自《民法通则》规定名誉权以后,它本身的内容就很膨胀,超出了名誉权自己本身应有的含义。我们从立法的条文中就可以看到,在名誉权的条文中写入了人格尊严这样的概念。而从大陆法系的立场上看,人格尊严这一概念应当是一般人格权的内容。所以,我们可以得出一个结论,在《民法通则》通过的时候,在规定名誉权这一概念的时候,实际上它就包含了关于一般人格权的内容。这是中国名誉权膨胀的第一个原因。

第二个原因就是在《民法通则》关于人身权的规定中没有规定隐私权,后来在最高法院的司法解释当中,解释者觉得隐私权还是需要保护的,于是司法解释就把隐私权保护的内容强加给了名誉权。

第三个原因就是名誉权本身包含了信用权的内容。在我们的民法体系当中,当时没有使用信用权这个概念。在解释名誉权概念时,我们就把信用权概念的内容吸收在了名誉权当中。

由于以上三个原因,中国的名誉权在现实当中,特别是在民法通则实行之初,它所包含的内容超出了这个权利本身应当包含的内容。名誉权在现实生活当中也差不多起到了一般人格权这样的作用。在这样一种情况下,中国名誉权的概念同美国隐私权具有差不多的性质。就是说,它可以包含很多权利内容在内,使它比较膨胀,差不多相当于一种母权利。

② 参见王利明:《人格权法研究》,中国人民大学出版社2005年版,第489页。

③ 参见杨立新:《人身权法论》,人民法院出版社2002年版,第598—599页。

(一)名誉保有权

民事主体对于自己的名誉享有保有的权利,具体包括:①保持自己的名誉不降低、不丧失;②在知悉自己的名誉处于不佳状态时,可以以自己的实际行动改进它。名誉保有权的实质,不是以自己的主观力量去左右社会评价,而是通过自己的行为、业绩、创造成果作用于社会,使公众对自己的价值予以公正的评价。这也是与前面所述名誉的外部性相一致的。

(二)名誉维护权

权利主体有权对于自己的名誉进行维护。一方面,对于其他任何人有不得侵害的不作为请求权,任何其他人都负有不得侵害名誉权的法定义务;另一方面,对于侵害名誉权的行为人,名誉权人基于维护权,可以寻求司法保护,要求司法机关对侵权人进行民事制裁,同时对自己遭受损害的权利进行救济。

(三)名誉利益支配权

权利主体虽然就社会对自己的评价不能够进行支配,但对于名誉权所体现的利益却能够进行支配。公民、法人可以利用自己良好的名誉,与他人进行广泛的政治、经济以及文化交往,使自己获得更好的社会效益和财产效益。显然,一个有着良好声誉的人在公众生活中更能获得他人的信任,从而更容易使自身物质利益和精神利益增值。当然,公民也可以不利用它,这是其支配权在不作为方面的体现。但是,名誉利益的支配权,不包括抛弃权和处分权,不能将名誉利益任意抛弃、也不得任意转让,更不能由继承人继承,因为名誉附着于权利主体,离开这一主体,便不复存在,"皮之不存,毛将焉附"?

第四节　名誉权的特征

关于名誉权的特征,杨立新先生从权利主体、客体、基本权利以及财产性等方面进行了归纳,这实际上是从名誉权法律关系的构成因素角度做的归纳,没有真正抽象出其特征。[1] 而王利明先生抽象地归纳出名誉权的特征包括法定性、非财产性、专属性、特定性以及普遍性。[2] 笔者认为法定性和普遍性不是名誉权的特征。名誉权虽然由我国法律规定,但这种权利是公民应该享有的,只不过由法律给予认可而已。而普遍性不是名誉权特有的,一

---

① 参见杨立新:《人与权法论》,人民法院出版社 2002 年版,第 589—590 页。
② 参见王利明:《人格权法研究》,中国人民大学出版社 2005 年版,第 486—487 页。

般权利都具有普遍性。因此,笔者认为名誉权具有专属性、非财产性、绝对性和特定性等特征。

一、专属性

名誉权是公民所固有的,与权利主体须臾不可分离。这决定了名誉权不得处分,不可转让,也不可以抛弃。也就是说,名誉不具有流动性,不像商品可以在市场上流通。

二、非财产性

名誉不是财产,没有直接的财产利益。但是名誉权受损害时,也可能使权利主体丧失财产利益,如公民名誉受损,得不到升学、升迁的机会;法人名誉受损,致使签约失败。因此,名誉权虽然是非财产性权利,但与财产利益也有关系,名誉受损时,也可以请求赔偿财产利益的损失。

三、绝对性

名誉权自公民出生之日起,即自动享有,可以对抗任何人。这一特征其实是由名誉权的专属特征衍生而来的,由于专属于特定主体,从而得以对抗特定主体以外的任何人。

四、特定性

这与名誉的特点息息相关。名誉权是特定的人要求他人进行客观、公正的评价并排斥他人贬损的权利。正是由于名誉权的主体是特定的,侵害名誉权的行为就必须是针对特定主体而实施。①

第五节　名誉权的意义

名誉权的意义主要从个人和社会两个层面体现出来。

一、名誉权对个人的意义

(一)满足个人精神需要

对公民来说,名誉本身不是一种财产,也不能直接体现为一定的财产利

---

① 参见王利明:《人格权法研究》,中国人民大学出版社 2005 年版,第 487 页。

益,主要体现为主体的精神利益。维护自我尊严是人的基本精神需求。"人们需要尊重,需要他人给予其客观公正的评价,需要他人对自己的品格、能力、水平等予以承认。……法律保护公民的名誉权,其首要的出发点就是为了满足或实现人们的尊重需要。"①

(二)促进个人的发展与完善

良好的声誉是民事主体从事社会活动的基础,很难想象一个臭名昭著的公民能与他人进行正常的民事交往。公民如果从事经济活动,只有具备良好的社会评价,他才能取信于他人,才能争取他人的合作与配合,从而创造出财富。对此,杨敦和先生有着精辟的论述。名誉获得保护能为个人"争取友谊、赢得尊敬、满足心理上之基本需要;且随美名而来之人缘与信用,亦可增强吾等交易上之地位,扩大吾等对社会之影响,进而获取各种经济上或精神上之实益"。②

二、名誉权对社会的意义

(一)维护善良风俗

毁损他人名誉无疑是一种违反善良风俗的行为,如果法律不能有效地对这种毁损行为予以制止和制裁,整个社会的道德风尚都将面临滑坡危险。"通过民事法律保护公民的名誉权,制裁侵权者,不仅在法律上为人们建立了一条合法与违法的界限,而且也为精神文明建设尤其是进行舆论和道德评价、监督提供了必要的依据。保护名誉权的法律规范,既是有关道德规范的升华,又将成为道德评价的尺度。"③

(二)促进社会和谐

"在一个人与人之间充满了相互攻击、敌意和仇恨的社会,在一个国家机关与公众、大众传媒与公众等存在尖锐感情对立的社会,人们将不会有幸福生活。"④通过民事法律保护名誉权可以保证社会成员的心情愉快、生活安宁,进而促进个人与个人之间和个人与社会之间的基本和谐,进而实现社会的安定团结。

---

① 张新宝:《名誉权的法律保护》,中国政法大学出版社 1997 年版,第 22 页。
② 杨敦和:《论妨害名誉之民事责任》,载台湾《辅仁法学》第 3 期。转引自王利明:《人格权法研究》,中国人民大学出版社 2005 年版,第 483 页。
③ 张新宝:《名誉权的法律保护》,中国政法大学出版社 1997 年版,第 23 页。
④ 张新宝:《名誉权的法律保护》,中国政法大学出版社 1997 年版,第 22 页。

第三章　死者名誉保护的中国法律规定和实际案例分析

本章主要是对死者名誉保护的问题在中国当前法律制度下的实证考察,分析实际法律规定和实践中发生的案件。这种实证的考察不带任何主观评价在其中,主要是为厘清关于死者名誉保护的法律制度、实际生活中的主体需求、法院对这些需求的回应以及社会对法院回应的反映。此处实证的、社会学的考察与后文第五章对相关学说之总结有所区别,因为学理上的总结不免要对法律制度和社会生活进行批判性的解读。

第一节　相关法律规定之分析

在古代,中国有"诽谤先人罪"。在清朝时曾发生过这样的案件:

"明奸党赵文华,慈溪人,其后嗣颇兴盛,且有列名仕版者,甲其一也。甲本驵侩,纳贽得同知职衔,出入县署,颇以仕绅自居。一日,其邻村演剧,甲往观之,适演《鸣凤记》,至文华拜严嵩为义父时,描摹龌龊形状,淋漓尽致。甲大怒,谓其辱及先人,不可不报,次日,执全班子弟,送县请究。县令何晴岩,汴之名进士也,笑谓甲曰:'伶人大胆,敢辱君家先人,宜枷责,方足蔽辜。'甲拜谢。何升堂,提伶人至,命仍服饰文华时之服,纱帽红袍,荷以巨枷,枷额大书'明朝误国奸臣赵文华一名',枷号以示众,且命押赴赵氏宗祠前荷枷三月。甲大窘,浼人恳求,乃罚令出瓦三万片修文庙,始得释。"①

虽然县官何晴岩以其智慧使伶人免于受罚,但是此案例本身证明在中

---

① 《清稗类钞》,转引自熊静波:《平民法官与职业法官的两个思维倾向——以"诽谤先人案"为例》,载《浙江社会科学》2005 年第 5 期。

国古代"诽谤先人罪"是存在的。但是新中国成立后,"诽谤先人罪"被取消,诽谤死者只是民事问题。①

1986 年颁布的《中华人民共和国民法通则》第九条规定:"公民从出生时起到死亡时止,具有民事权利能力,依法享有民事权利,承担民事义务。"由此可以逻辑地推出,自然人死亡后不具有权利能力,从而不可能再享有任何民事权利。但是,司法解释远远突破了这一逻辑。

1987 年天津发生"荷花女名誉权案"②,案件涉及死者的名誉权问题,天津市高级人民法院一样拿不准,将整个案情及如何判决向最高人民法院请示,最高人民法院在回复中第一次明确肯定确认了死者的名誉权。1989 年 4 月 12 日,最高人民法院《关于死亡人的名誉权应受法律保护的函》指出:"吉文贞(艺名荷花女)死亡后,其名誉权应依法保护,其母陈秀琴亦有权向人民法院提起诉讼。"而在一年后《最高人民法院关于范应莲诉敬永祥等侵害海灯法师名誉权一案有关诉讼程序问题的复函》(1990 年 10 月 27 日)中再次确认了死者的名誉权问题:"海灯死亡后,其名誉权应依法保护,作为海灯的养子,范应莲有权向人民法院提起诉讼。"

但是,最高人民法院在其后的两个规范性解释中做了一些不同的表述:

1993 年 8 月 7 日的最高人民法院《关于审理名誉权案件若干问题的解答》第五条规定:"死者名誉受到损害的,其近亲属有权向人民法院起诉。近亲属包括:配偶、父母、子女、兄弟姐妹、祖父母、外祖父母、孙子女、外孙子女。"

2001 年 3 月 10 日的最高人民法院《关于确定民事侵权精神损害赔偿责任若干问题的解释》第三条规定:"自然人死亡后,其近亲属因下列侵权行为遭受精神痛苦,向人民法院起诉请求赔偿精神损害的,人民法院应当依法予以受理:①以侮辱、诽谤、贬损、丑化或者违反社会公共利益、社会公德的其他方式,侵害死者姓名、肖像、名誉、荣誉;②非法披露、利用死者隐私,或者

---

①　只是在我国台湾地区所谓的"刑法"中有此规定:1976 年 10 月间,有一郭寿华者以笔名"干城",载《潮州文献》第 2 卷第 4 期,发表《韩文公、苏东坡给与潮州后人的观感》一文,指称:"韩愈为人尚不脱古人风流才子的怪风气,妻妾之外,不免消磨于风花雪月,曾在潮州染风流病,以致体力过度消耗,及后误信方士硫磺下补剂,离潮州不久,果卒于硫磺中毒"等语,引起韩愈第 39 代直系亲属韩思道不满,向"台北地方法院"自诉郭寿华"诽谤死人案"。经法院审理,认为"自诉人以其祖先韩愈之道德文章,素为世人尊敬,被告竟以涉于私德而与公益无关之事,无中生有,对韩愈自应成立诽谤罪,自诉人为韩氏子孙,因先人名誉受侮,而提出自诉,自属正当",因而判郭寿华诽谤已死之人,处罚金 300 元。郭寿华不服,提起上诉,经"台湾高等法院"判决驳回,该案遂告确定。这件判决,在当时曾引起学术界极大的震撼,指为"文字狱"。参见杨仁寿:《法学方法论》,中国政法大学出版社 1999 年版,第 1 页以下。

②　具体案情参见最高人民法院中国应用法学研究所:《人民法院案例选》(总第 3 辑),人民法院出版社 1993 年版,第 97 页以下。

以违反社会公共利益、社会公德的其他方式侵害死者隐私；③非法利用、损害遗体、遗骨，或者以违反社会公共利益、社会公德的其他方式侵害遗体、遗骨。"第七条规定："自然人因侵权行为致死，或者自然人死亡后其人格或者遗体遭受侵害，死者的配偶、父母和子女向人民法院起诉请求赔偿精神损害的，列其配偶、父母和子女为原告；没有配偶、父母和子女的，可以由其他近亲属提起诉讼，列其他近亲属为原告。"

从措辞来看，1989 年和 1990 年司法解释使用了保护死者"名誉权"的用语，而 1993 年和 2001 年司法解释则删去了"权"字，只规定死者"名誉"、"肖像"等的法律问题。有学者认为这种删去是有意的，①笔者不甚同意。2000 年 6 月 26 日最高人民法院《关于周海婴诉绍兴越王珠宝金行侵犯鲁迅肖像权一案应否受理的答复意见》指出："公民死亡后，其肖像权应依法保护。任何污损、丑化或擅自以营利为目的使用死者肖像构成侵权的，死者的近亲属有权向人民法院提起诉讼。"这个司法解释仍然用了"权"字。可见，司法解释并没有一贯性，不会是刻意删去了"权"字，而是在是否定位为"权"上犹豫，这也给学理解释的多样化留下了空间。

值得重点关注的是 2001 年 3 月 10 日的司法解释，因为这一司法解释是最新的，也许代表一种趋势。

第一，2001 年的司法解释肯定了侵害死者人格，近亲属有精神损害赔偿请求权。这就说明损害死者人格是双重损害，既是对死者人格的损害，还包括对死者近亲属的损害。

第二，2001 年的司法解释认为"侮辱、诽谤、贬损、丑化"等是违反社会公共利益、社会公德的方式。这从"以侮辱、诽谤、贬损、丑化或者违反社会公共利益、社会公德的其他方式"的表述中逻辑地推导出来，因为这一规范表述采用了"列举＋概括"的方式，前面列举的行为显然可以归属于后面概括的内容。也就是说，侮辱、诽谤、贬损、丑化是违反社会公共利益、社会公德的方式。

第三，2001 年的司法解释全面地肯定了姓名、肖像、名誉、荣誉、隐私和遗体、遗骨等人身性利益在死后仍然受法律保护。这实际上对死后人格利益的保护范围做了界定，即保护上述列举的各种利益。

第四，2001 年的司法解释表明死者的近亲属因死者名誉受到伤害而精神受损害的可以直接列为原告，而且在近亲属的范围内明确列举了起诉的顺序。这比原先的司法解释更具有可操作性。

---

① 参见葛云松：《死者生前人格利益的民法保护》，载《比较法研究》2002 年第 4 期。

第五，有学者认为：2001 年的司法解释采用了"人身权延伸保护"理论。①
这一论点在 2001 年司法解释的表述上表现得不明显。其基本理由是：①延
伸保护只是学理解释之一种，可以对 2001 年司法解释提供理论支撑，但是其
他学理解释也可以提供理论支撑；②"人身权延伸保护"理论没有全面覆盖
2001 年司法解释的要点，如近亲属精神损害赔偿请求权；③"人身权延伸保
护"理论主张，人民检察院也可以作为诉讼主体提起维护死者名誉的诉讼，
这些也没有得到 2001 年司法解释的肯定和可认。②

2009 年 12 月 26 日通过的《中华人民共和国侵权责任法》（以下简称《侵
权责任法》）第二条规定："侵害民事权益，应当依照本法承担侵权责任。本
法所称民事权益，包括生命权、健康权、姓名权、名誉权、荣誉权、肖像权、隐
私权、婚姻自主权、监护权、所有权、用益物权、担保物权、著作权、专利权、商
标专用权、发现权、股权、继承权等人身、财产权益。"这一规定并未将死者人
格利益的保护涵盖进来。由此，《侵权责任法》在死者名誉权保护的层面是
无所建树的，我国现行法中对死者名誉权的保护依旧存在漏洞。

第二节　实际案例之分析

本节将分析实际发生之诉讼事件、司法部门所做之判决，理出其中的主体
诉求、法院回应以及社会反应，从而彰显死者名誉保护在当代中国民法里究竟
应该如何定位。这是因为理论研究必须能够回应现实并解决现实中的问题，
提出理论主张后，必须在实践中进一步进行检验，形成理论"解释的循环"。

为简化分析，笔者用表格列举自 1987 年"荷花女名誉案"以来的 13 件
典型的涉及死者名誉纠纷的案件，③通过起诉时间、起诉主体、诉由、经过的
审级以及判决结果等要素来展示这些案件的面貌。

在分析之前需要说明的是：此处分析的重点是权利诉求与法院对诉讼
主体的认定以及这些案件的社会背景，而到底构成侵权与否并不在关注范
围内，因为侵害死者名誉权的构成要件与侵害生者名誉权的构成要件并无

---

①　"在最高人民法院关于精神损害赔偿司法解释中，规定的对死者人格利益的保护的制度中，
选用的就是我的人身权延伸保护的理论。"杨立新：《法学院学生怎样写毕业论文》，http://www.law-
walker.net/detail.asp? id=3192，2012-06-06。

②　对此，笔者在下文将详细阐述。

③　这些案件只是笔者通过报章、网络等媒体收集而来的案件，不是实际发生的全部死者名誉
纠纷案。

二致。①

为节省篇幅,此处不一一介绍案件的具体内容。表格中所列举的案件的具体内容都可以在附录二中找到详细的介绍。

编号	案件名称	起诉时间	起诉主体	诉由	经过审判次数	判决结果
1	荷花女名誉权案	1987年6月	原告:陈秀琴(死者荷花女吉文贞的母亲)	被告侵害了原告及死去的女儿吉文贞的名誉权	两审(一审为中级人民法院)②	两级法院均认可侵害原告及其死去女儿的名誉,但是最终双方通过调解解决争议
2	海灯法师名誉权案	1989年	原告:范应莲(死者海灯法师的养子及弟子)	敬永祥侵害海灯法师及范应莲的名誉权	两审(一审为中级人民法院)③	两级法院均认可侵害原告及海灯法师的名誉

---

① 参见汪志刚:《论受害人近亲属的精神损害赔偿请求权》,载张新宝主编:《侵权法评论》2003年第1期,人民法院出版社2003年版,第71页。

② 最高人民法院专门为此案发了函。《最高人民法院关于死亡人的名誉权应受法律保护的函》(1989年4月12日)指出:

天津市高级人民法院:

你院津高法〔1988〕第47号关于处理荷花女名誉权纠纷案的请示报告收悉。经研究答复如下:

(一)吉文贞(艺名荷花女)死亡后,其名誉权应依法保护,其母陈秀琴亦有权向人民法院提起诉讼。

(二)《荷花女》一文中的插图无明显侵权情况,插图作者可不列为本案的诉讼当事人。

(三)本案被告是否承担或如何承担民事责任,由你院根据本案具体情况确定。

以上意见供参考。

③ 最高人民法院专门为此案发了函。《最高人民法院关于范应莲诉敬永祥等侵害海灯法师名誉权一案有关诉讼程序问题的复函》(1990年10月27日)指出:

四川省高级人民法院:

你院川法示〔1990〕9号函请示的范应莲诉敬永祥等侵害海灯法师名誉权一案有关诉讼程序问题,经研究答复如下:

一、根据《中华人民共和国民事诉讼法(试行)》第十七条第二款、第二十条规定和最高人民法院有关批复精神,同意你院审判委员会的意见,即:此案可由成都市中级人民法院管辖。

二、海灯死亡后,其名誉权应依法保护,作为海灯的养子,范应莲有权向人民法院提起诉讼。

三、被告敬永祥撰写的《对海灯法师武功提出不同看法》一文,其内容不是指向海灯法师武馆。因此,不应追加该馆作为本案原告参加诉讼。

四、被告敬永祥撰写《对海灯法师武功提出不同看法》投稿于新华通讯社《内参选编》,不是履行职务,范应莲未起诉新华通讯社。根据《中华人民共和国民事诉讼法(试行)》第十一条规定和本案的具体情况,不宜追加新华通讯社作为被告参加诉讼。

以上意见供参考。

续表

编号	案件名称	起诉时间	起诉主体	诉由	经过审判次数	判决结果
3	李林诉《新生界》杂志社、何建明侵害名誉权纠纷案	1995 年	原告：李林（死者李四光之女）	损害了李四光的名誉，也给李四光的亲属造成精神损害	两审（一审为中级人民法院）	法院认定侵害死者的名誉，对原告造成精神损害
4	王洛宾名誉权案	1997 年 8 月	原告：王海成（死者王洛宾之子）	损害了王洛宾及其亲属的名誉	五审（一审为中级人民法院）	前四次审判认定侵害死者及其家属的名誉，第五次审判（再审）认定不侵权（理由是被告所述有凭有据）
5	袁新义诉李定芳案	1998 年 5 月	原告：袁新义（死者袁家豪的儿子）	侵害袁家豪的名誉权，给其家属造成精神痛苦和经济损失	两审（一审为初级人民法院）	两审均认定侵害死者的名誉，对原告造成精神损害
6	郭小川名誉权案	1998 年 11 月	原告：杜惠（郭小川妻子）及子女	侵害郭小川的名誉，也给郭小川的亲属造成精神损害和经济损失	一审（初级人民法院）	法院认定侵害死者的名誉，对原告造成精神损害
7	陈小滢诉陈红英等侵害名誉权案	1999 年	原告：陈小滢（死者的女儿）	侵害原告及死者的名誉	一审（中级人民法院）	法院认定侵害原告及其死去父母的名誉

续表

编号	案件名称	起诉时间	起诉主体	诉由	经过审判次数	判决结果
8	陶铸及其哥哥名誉权案	2001年5月	原告：陶玉云（死者陶铸哥哥的女儿）	侵害陶铸哥哥的名誉	两审（一审为中级人民法院）	两审均认定不构成名誉侵权（理由是叙述真实）
9	孙国煊与河南文艺出版社、侯鸿绪侵害名誉权案	2000年3月	原告：孙国煊（死者孙光普的儿子）	损害了孙光普和孙国煊名誉	两审（一审为初级人民法院）	一审认定不构成名誉侵权（理由是没有使用有人格侮辱的用语），二审认定构成名誉侵权（理由是作品对孙光普的定位与评价既无事实依据，又与人民政府对孙光普的整体历史评价不符）
10	凌子风名誉权案	2001年10月	原告：凌丽（死者凌子风的女儿）、凌飞（死者凌子风的儿子）	侵害凌子风的名誉权、隐私权	两审（一审为初级人民法院）	两审均认定不构成侵权（理由是作品不是凭空捏造）
11	"樊傻儿"官司	2001年9月	范之懿（死者范绍增的儿子）和范之碧（死者范绍增的女儿）	损害范绍增的名誉	一审（初级人民法院）	一审未结案，原告主动撤诉

续表

编号	案件名称	起诉时间	起诉主体	诉由	经过审判次数	判决结果
12	陈永贵亲属告北京青年报社、吴思侵害名誉权案	2002年4月	原告：陈明亮（死者陈永贵的儿子）、宋玉林（死者陈永贵的妻子）	侵害陈永贵的名誉权，给其家属造成精神痛苦和经济损失	两审（一审为初级人民法院）	两审均认定侵害死者的名誉，对原告造成精神损害
13	《霍元甲》名誉侵权案	2006年12月	原告：霍寿金（霍元甲之孙）	侵害了霍元甲的名誉权	一审（一审为中级人民法院）	一审结案，法院认定影片中夸张与虚构内容在可容忍的范围之内，并不构成侵权
14	董存瑞名誉权案	2007年3月	董存梅（董存瑞的妹妹）①	侵害了董存瑞的名誉权	一审（初级人民法院）调解	经调解，原被告最终达成协议
15	电视剧《西安事变》名誉侵权案	2008年6月	原告：冯寄宁（冯钦哉的孙子）	侵犯了冯钦哉的名誉权	一审（一审为初级人民法院）	一审结案，法院认定构成侵权

　　通过对以上表格所列项的对比，我们可以对中国死者名誉利益案件做以下基本分析：

　　第一，从时间上说，1987—2008年共发生15起死者名誉纠纷案，②也就是说，几乎每两年发生一起有较大影响的死者名誉纠纷案。③ 这说明在社会实践生活中，对死者名誉进行保护是有大量需求的。

　　第二，从起诉主体上说，无一例外都是死者的近亲属（包括养子）。这符合司法解释的精神。而学者所主张的人民检察院、行政机关等起诉主体在过往的案例中没有出现过。只有在"董存瑞名誉权案"中，董存瑞生前所在

----

① 法院允许驻吉林省延吉市的董存瑞生前所在部队为诉讼第三人。
② 这只包括已见诸报端的案件，实际发生的案件只会比这一数字更多。
③ 能够在媒体上公开报道与讨论的案件，都是能够吸引人们关注的，从而说明具有较大影响力。

部队作为诉讼第三人参加诉讼。

第三,诉讼请求基本一致(只是在表述上有所不同),都是侵害了死者名誉、给家属造成精神损害。这也与2001年司法解释的认可一致,即损害死者名誉是双重损害,还包括对死者近亲属的损害。

第四,在审级上,一审人民法院有中级也有初级人民法院,但初级人民法院占多数。1990年10月27日,最高人民法院《关于范应莲诉敬永祥等侵害海灯法师名誉权一案有关诉讼程序问题的复函》指出:"根据民事诉讼法(试行)第十七条第二款、第二十条规定和最高人民法院有关批复精神,同意你院审判委员会的意见,即此案可由成都市中级人民法院管辖。"这说明,当时最高人民法院认为侵害死者名誉(特别是侵害名死者的名誉)的案件是有重大影响的案件。虽然当时是按照《中华人民共和国民事诉讼法(试行)》做出的司法解释,但是《中华人民共和国民事诉讼法(试行)》第十七条第二款、第二十条分别转化为1991年修改后的《中华人民共和国民事诉讼法》第十九条第二款、第二十二条,①也就是说,这些条文并没有被废止。但是后来的案件没有遵循这一司法解释,而是由初级人民法院一审居多,虽然涉及的仍然是名死者的名誉。这也许与死者名誉案逐渐被人们习以为常而不再成为"本辖区内有重大影响的案件"有关。这就说明,自1987年"荷花女名誉权案"以来,人们渐渐熟悉死者的名誉在法律上仍然是受保护的。电影《霍元甲》名誉侵权案,原本由北京市海淀区人民法院管辖,但2006年10月中旬,因被告方提出李连杰为美籍华人,被告之一星河投资有限公司注册地为英属岛屿,该案涉及涉外因素,因此从北京市海淀区法院移送至北京市第一中级人民法院。由此,本案之所以由中级人民法院一审并非与死者名誉侵权的案件性质有关,而仅是由于因一方当事人存在涉外因素的缘故。

第五,从争议焦点上说,大多集中于是否构成侵权,而不是争论死者名

---

① 《中华人民共和国民事诉讼法(试行)》第十七条规定:"中级人民法院管辖下列第一审民事案件:(一)涉外案件;(二)在本辖区有重大影响的案件。"1991年修改后的《中华人民共和国民事诉讼法》第十九条规定:"中级人民法院管辖下列第一审民事案件:(一)重大涉外案件;(二)在本辖区有重大影响的案件;(三)最高人民法院确定由中级人民法院管辖的案件。"就两个条文的第二款是相同的。《中华人民共和国民事诉讼法(试行)》第二十条规定:"民事诉讼由被告户籍所在地人民法院管辖;被告的户籍所在地与居所地不一致的,由居所地人民法院管辖。对企业事业单位、机关、团体提起的民事诉讼,由被诉单位所在地人民法院管辖。同一诉讼的几个被告户籍所在地、居所地在两个以上人民法院辖区的,各该人民法院都有管辖权。"修改后的《中华人民共和国民事诉讼法》第二十二条规定:"对公民提起的民事诉讼,由被告住所地人民法院管辖;被告住所地与经常居住地不一致的,由经常居住地人民法院管辖。对法人或者其他组织提起的民事诉讼,由被告住所地人民法院管辖。同一诉讼的几个被告住所地、经常居住地在两个以上人民法院辖区的,各该人民法院都有管辖权。"两相比较,除了措辞差别外,两个条文没有实质性差异。

誉权该不该保护这一问题。在所发生的案件中,只有第一起("荷花女名誉权案")在死者名誉权该不该保护的问题上双方当事人有激烈分歧,后来的案件都没有在此问题上有争议,而是将争议焦点集中在构不构成侵权上。这可能是因为最高人民法院在"荷花女名誉权案"上已经明确肯认了死者的名誉权(1989 年 4 月 12 日最高人民法院《关于死亡人的名誉权应受法律保护的函》),后来的案件就没有必要在死者名誉权该不该保护的问题上做纠缠。

　　第六,从判决结果上说,大多认定为侵害死者名誉,而且认定为没有侵害死者名誉的理由也基本一致:所发表言论有事实根据、没有使用丑化人格的语言。这与一般侵害名誉的抗辩事由相同。这也印证了前面所述的观点:侵害死者名誉权的构成要件与侵害生者名誉权的构成要件并无二致。

　　第七,从死者的身份来看,都是公众人物或知名人物。这些人在身前要么是全国闻名的人,要么是在较大区域内有相当知名度的人。这可能与媒体的报道倾向有关,因为报道名人更能获得受众的关注,因此,这并不能说明一定知名度的死人的名誉才更有保护的社会必要性。

第四章 比较法上的考察

本章考察大陆法系和英美法系关于死者名誉的相关规定及其论述,这是比较法上的观察,主要是为中国死者名誉的法律规定和理论论述提供参照物,以备借鉴和批判之用,而不是提供衡量的标准,以西方为鹄的来要求中国。

第一节 大陆法系的理论与实践

死者人格利益的保护源于罗马法。在罗马法中,民事人身权向权利主体消灭之后延伸。罗马法认为随着主体的死亡,某一主体的权利及其诉权转移到其他主体身上,一般来说,转移到继承人身上。然而,针对继承人,只能按照其得到的范围提起罚金诉讼和混合诉讼,而且不得提起所谓的"当事人间的报复诉讼"[①]。但是,由于对于人格权只是在现代民法中才获得普遍承认,[②]所以大陆法系对死者人格利益该不该保护的问题所进行讨论是第二次世界大战之后的事情。

《德国民法典》第一条规定:"人的权利能力,始于出生完成之时。"这只规定了权利能力的开始,而没有提及权利能力的终结,因而给死者具有权利能力的说法留下了实在法的缝隙。但是,观念上的突破却可以追溯到俾斯麦遗体偷拍一案(RG45,170),此案为德国法上第一个关于死者人格权保护的典型案例。

德国首相俾斯麦于 1898 年病逝,在其尸体停放在其子女所有房屋内的停尸间时,有两名记者潜入该房间偷拍其遗体,准备高价出售。俾斯麦的子女请求对该行为进行处分,并命被告返还、销毁偷拍照片。在 1899 年 12 月 28 日(即《德国民法典》施行前数日),德国帝国法院(Reich-gericht)就此案做

---

① [意]彼德罗·彭梵得:《罗马法教科书》,黄风译,中国政法大学出版社 1992 年版,第 109 页。
② 参见王利明:《试论人格权的新发展》,载《法商研究》2006 年第 5 期。

出判决。帝国法院的判决避开了死者人格权的问题,认为侵入他人的住宅拍摄遗体,系因不法行为而取得遗体照片,应依不当得利(condictio ob iniustam causam)负返还责任。① 该判决做出后受到学者的诸多批评,著名的德国法学家科勒(Kohler)强调,拍摄遗体系侵害死者的人格权,强调人格权于人死亡后仍以一种余存的方式继续存在(das hinterlasse Residuum des Personlichkeitsrechts),应受保护,并由其遗族代为行使其救济方法。②

紧接着关于死者名誉权的典型案例便是 1968 年的"摩菲斯特案"(BGHZ 50,133)。该案中被告创做了一部小说,书中描写主角古斯塔夫·格伦根斯(Gustav Gründgens)与纳粹政府合作,以发展演艺事业。被告承认,书中主角系以原告之父亲为想象蓝本之一,目的在于描写纳粹时代机会主义者的生活。原告之父亲去世后,被告准备出版该书,原告起诉请求禁止该书出版,因为该书"污辱了对亡父的记忆"。德国联邦法院以《德意志联邦共和国基本法》(以下简称《基本法》)第一条③、第二条④为基点,认为"人至少可以相信,在其死后受到严重歪曲(事实)的名誉损毁时,其生前的生活形象受到保护。只有在能够拥有这种期待的前提下生存时,其生前的作为人的尊严和自由发展才能够按《基本法》的含义得到充分保障"⑤,认可了对死者名誉损毁的保护。在此基础之上,该案又进一步请示了联邦宪法法院,联邦宪法法院在 1971 年 2 月 24 日的决定中(BverfGE 30,173),以法庭意见的形式支持了联邦法院的结论,认为:"《基本法》第一条所保障的人性尊严,在基本权价值体系中具有支配地位。如果任何人可以加诸毁谤言论于死亡之人,将有违人性尊严不可侵犯的宪法委托,死亡并不意味国家保护个人人性尊严的意义告终。"⑥但与联邦法院不同的是,联邦宪法法院仅仅依据《基本法》

---

① 关于本件判决相关问题,参阅 Fischer, Die Entwicklung des postmortalen Personlichkeitsschutzes, von Bismarck bis Marlene Dietrich, Berlin, 2004, S. 27 f. 转引自王泽鉴:《人格权的性质级构造:精神利益与财产利益的保护》,载《人大法律评论》2009 年第 1 期。

② Kohler, Der Fall der Bismarck Photographie, GRUR 1900,196. 转引自王泽鉴:《人格权的性质级构造:精神利益与财产利益的保护》,载《人大法律评论》2009 年第 1 期。

③ 《德意志联邦共和国基本法》(中译本)第一条:"一,人之尊严不可侵犯,尊重及保护此项尊严为所有国家机关之义务。二,因此,德意志人民承认不可侵犯与不可让与之人权,为一切人类社会以及世界和平与正义之基础。三,下列基本权利拘束立法、行政及司法而为直接有效之权利。"

④ 《德意志联邦共和国基本法》(中译本)第二条:"一,人人有自由发展其人格之权利,但以不侵害他人之权利或不违犯宪政秩序或道德规范者为限。二,人人有生命与身体之不可侵犯权。个人之自由不可侵犯。此等权利唯根据法律始得干预之。"

⑤ 参见[日]五十岚清:《人格权法》,[日]铃木贤,葛敏译,北京大学出版社 2009 年版,第 29 页。

⑥ See B. S. Markesinis, The German Law of Obligations: The Law of Torts: A Comparative Introduction, 3rd edition, Oxford: Clarendon Press, 1997, pp. 358-365;[德]迪特尔·施瓦布:《民法导论》,郑冲译,法律出版社 2006 年版,第 93 页。

第一条第一款的"人的尊严"将死者的人格权进行了类推,并且其认为《基本法》第二条仅适用生者。由此,根据联邦宪法法院的观点,对死者人格权侵害的认可,仅仅局限于损害了"人的尊严"的场合。①

德国著名民法学者汉斯·哈腾鲍尔对此做了点评。他认为,对于这一问题,以前人们可以根据《刑法》,(关于"诽谤死者纪念物罪")或者《著作权法》所保障的权利很容易地做出回答。但是,在将这一问题与一般人格权联系在一起之后——这样做的理由是各种各样的,联邦法院以及联邦宪法法院大大扩展了对死者权利的保护。在理性法学家的著作中看来似乎是不可能的问题,即自然人死后在法律上继续生存的问题,法院通过宣告死者人格权的"扩张",也给予了肯定的答复:"以宪法的禁止性规范确保的自然人人格尊严的不可侵害性,是其他一切基本权利的基础。任何人,均不得在其生存期间与他人达成协议,将其尊严设定为他人请求权的标的,使其死后人格受到侮辱或者贬低……"这一理论中所包含的对于自然人死后人格继续生存的观点,将来肯定还要引起进一步的争论。②

后来,德国法院又于 BGH1 ZR49/97 一案提出死者的姓名和肖像保护问题。该案被害人为 Marlene Dietrich(德国知名女演员),被告为唱片公司,Marlene 逝世后,被告未经授权,以 Marlene 之姓名及肖像作为商业广告之用,被害人之独生女起诉请求损害赔偿及禁止继续非法使用。德国最高法院判决,Marlene 的人格特征,如姓名、影像及声音等具有财产价值,继承人得拥有如同人格权主体生前一样的权利,因而原告之请求为有理由,判决人格特征,如姓名、影像及声音等,具有"财产价值",而受保护。③ 与前面名誉保护不同,这一判决将人格中的财产利益剥离出来独立保护,实际上,这一承认与美国法上被广泛承认的公开权相似。④

总体上说,德国民法界一般推定人格权,尤其是一般人格权,在权利人死后的特定时间内仍然发生效力,并由经其指定的人或其近亲属以托管方式行使。但宪法界有所区别,不承认死者的一般人格权,但承认死者的尊严仍然应得到保护,不得侵犯。也就是说,人因其作为人而享有的一般性的要

---

① 参见[日]五十岚清:《人格权法》,[日]铃木贤、葛敏译,北京大学出版社 2009 年版,第 29 页。

② 《联邦宪法法院公报》第 30 卷,第 194 页。转引自[德]汉斯·哈腾鲍尔:《民法上的人》,孙宪忠译,载《环球法律评论》2001 年第 4 期。

③ 参见陈聪富:《中国侵权责任法草案之检讨》,http://www.civillaw.com.cn/weizhang/default.asp? id=23256,2012-06-06,[德]迪特尔·施瓦布:《民法导论》,郑冲译,法律出版社 2006 年版,第 94 页。

④ 参见下一节。

求尊重的请求权仍然受到保护。只是保护形式是《德国民法典》第一〇〇四条类推的防御请求权,而不是损害赔偿请求权,因为死者已不可能遭受以支付金钱来给予补偿的损害。① 这是因为德国法认为侵害死者人格权的行为所侵害的主体是死者,所以死者的后人并不是继承,而是代他行使权利,从而只能请求停止妨害或防止侵害,不能请求给抚慰金,但是财产利益可以继承。②

德国法对死者人格利益的保护有时间限制,自死亡起 30 年。原因在于"保护需求消失的程度是,对死者的记忆已经逐渐淡漠,并且随着时间的流逝,在死者生前形象不受歪曲上的利益已经减少"。③

此外,德国在刑法上有蔑视死者罪。2007 年 3 月,德国萨克森·安哈尔特州首府马格德堡一家法院宣判,该州去年 6 月参与烧毁《安妮日记》的 5 名男子犯有煽动民族仇恨罪和蔑视死者罪,分别被判处 9 个月监禁,并分别被罚款 22—1 300 欧元。④

与《德国民法典》中的规定十分相似的是,《日本民法典》也仅仅对私权的开始进行了规定,《日本民法典》第三条第一款规定:"私权的享有,始于出生。"⑤对于死后的权利并无过多提及。由此,仅就其民法典自身而言对于死者名誉权的保护无疑是存在空缺的。由此,在 1977 年,臼井吉见因《事故的原委》侵害了已故作家川端康成及其遗属的名誉和隐私一案,因被遗属提起诉讼而引起了广泛的关注。⑥ 虽然此案最终并非通过法庭裁判而是通过和解的形式解决,但不难发现日本民法在死者名誉权领域规范的空缺和对死者名誉权保护的乏力。

当然,在日本实体法中对死者名誉权的规定并非完全无迹可寻。《日本

---

① 参见[德]迪特尔·施瓦布:《民法导论》,郑冲译,法律出版社 2006 年版,第 93—94 页。
② 参见王泽鉴:《变动中的人格权》,http://www.ncclj.com/Article_Show.asp? ArticleID＝786,2012-06-06。
③ [德]迪特尔·施瓦布:《民法导论》,郑冲译,法律出版社 2006 年版,第 94 页。
④ 犹太少女安妮为逃避纳粹迫害随家人避难到荷兰阿姆斯特丹。1942 年,她用生日礼物日记本记录了自己所经历的那段悲惨经历。这年 7 月,她的家人和另外 4 名犹太人共 8 人到父亲公司的密室躲藏,1944 年 8 月被逮捕,8 人中除她父亲外均遭不幸。安妮遇难时仅 15 岁,她留给后人的日记,在战后让全世界透过一个天真少女的惊恐视野真实地看到了纳粹迫害犹太人的暴行。《安妮日记》在全世界成为畅销书,不仅在德国,而且在全世界家喻户晓,它早已成为世界上许多国家儿童的必读书。2006 年 6 月 24 日,德国东部的萨克森·安哈尔特州的普利森小镇居民举办"夏至"纪念集会。这次本是极为平常的"文化活动"却因晚上 10 点多钟来了近百名光头党青年而臭名远扬。这伙人冲进会场后高呼法西斯口号,高唱被德国法律禁止的纳粹歌曲,咒骂犹太人和外国人。这些疯狂举止令在场的居民惊愕不已,然而却无人站出来过问。于是这群人更加有恃无恐,他们把一本《安妮日记》扔在地上当足球踢来踢去,并全起火堆焚毁该书。参见《德惩处"普利森焚书"案肇事者》,载《光明日报》2007 年 3 月 13 日。
⑤ 渠涛:《最新日本民法》(2006 最新版),法律出版社 2006 年版,第 4 页。
⑥ 参见[日]五十岚清:《人格权法》,[日]铃木贤、葛敏译,北京大学出版社 2009 年版,第 28 页。

刑法典》第二百三十条第二款规定："毁损死者名誉的，如果不是通过指摘虚伪事实进行毁损的，不处罚。"[①]其从反面对侵害死者名誉权的行为进行了规定。《日本刑事诉讼法》第二百三十三条规定："毁损死者名誉的罪，死者的亲属或者子孙可以告诉。关于毁损名誉的罪，被害人没有提起告诉而死亡时，与前款同。但不得违反被害人明示的意思。"[②]这一条文明确规定了对死者名誉毁损的犯罪有权提起诉讼的是死者的亲属和子孙。《日本著作权法》第六十条规定："以著作物向公众提供或欲提供之人，于其著作物之著作人不存在后，仍不得为如著作人尚存即构成侵害其著作人人格权之行为，但依其行为之性质及程度、社会状况之变动或其他情事可认为不违反该著作人之意思者不在此限。"[③]其对著作者死后的人格权的保护进行了必要的规定。在接下来的条文中还对侵害著作者人格权的权利主张主体、得以进行主张的情形、损害赔偿的内容以及权利主张的时限进行了较为明确的规定。《日本著作权法》第一百一十六条规定："①于著作人死亡之日后，其遗属（指死亡人之配偶、子女、父母、孙、祖父母或兄弟姐妹，以下与本条同）得时就该著作人为违反第六十条规定之行为之人或行为之虞之人为第一百一十二条之请求；对因故意或过失为侵害著作人人格权之行为或违反第六十条规定之行为之人为前条之请求。②得为前项请求之遗族之顺位，依同项所定之顺序。但著作人以遗嘱另定其顺位者，依其顺序。③著作人得以遗嘱指定替代遗族得为第一项之请求之人。此时，受指定之人，于该著作人死亡日所属年之次年起算经过五十年后（于其经过之时间有遗族存在时，自其不存在后），不得为其请求。"[④]在日本的现行成文法中，除以上规定之外则无其他关于死者人格权之规定。

德国法和日本法之外，荷兰和希腊民法认为：近亲属拥有假设死者活着、在人格权受侵害时所拥有的一切权利，既包括财产损失也包括非财产损失的赔偿请求权。

《西班牙民法典》则明确指出：近亲属——只要法院认为"他们自己的权利也遭受了侵害"——也可以提起精神损害赔偿之诉。[⑤]

---

① 参见张明楷：《日本刑法典》（第 2 版），法律出版社 2006 年版，第 86 页。

② 参见宋英辉：《日本刑事诉讼法》，中国政法大学出版社 2000 版，第 56 页。

③ 参见陈清秀：《国际著作权法令暨判决之研究——参日本著作权法令暨判决之研究》（法令篇），植根杂志有限公司 1996 年版，第 194—195 页。

④ 参见陈清秀：《国际著作权法令暨判决之研究——参日本著作权法令暨判决之研究》（法令篇），植根杂志有限公司 1996 年版，第 194—195 页。

⑤ 参见汪志刚：《论受害人近亲属的精神损害赔偿请求权》，载张新宝主编：《侵权法评论》2003年第 1 期，人民法院出版社 2003 年版，第 68 页。

《捷克民法》第十五条规定："人死亡之后,其人身权之保护请求,属于死者之配偶与子女。没有配偶与子女的,属于其父母。"

《匈牙利民法》第八十六条规定："死者之名誉受到侵犯时,可由死者的亲属和死者遗嘱受益人提起诉讼。如果损害死者(或者已撤销的法人)声誉的行为同时也损害社会利益,则检察长也有权提起诉讼。"①

《俄罗斯联邦民法典》第一百五十二条第一款第二项规定："市民的名誉和尊严以及其死后的名誉和尊严,基于其利害关系人的请求得到保护。"②

《葡萄牙民法典》第七十一条规定："一,人格权在权利人死亡后亦受保护。二,属上款所指之情况,死者之生存配偶或死者之任一直系血亲卑亲属、直系血亲尊亲属、兄弟姊妹、侄甥或继承人,均有请求采取上条第二款所指措施之正当性。三,侵犯之不法性系因未经同意而产生时,具有正当性共同或分别请求采取上款所指措施之人仅为应被取得同意之人。"③

第二节 英美法系的理论与实践

在英国和美国的侵权法上,关于名誉和隐私的权利被认为是受害人的一种专属权。因此,在英美法中是不存在对死者名誉权保护问题的,只有受害人为活人的情况下侵害名誉的侵权行为才可能构成。④ 并且,在死者的名誉、隐私受到侵害时,遗属不能代替死者行使权利。但是,在侵害死者的名誉、隐私的同时,也侵害了遗属自身的名誉、隐私时,属于例外。⑤

英美法长久以来坚定地拒绝对诽谤死者行为提供私人诉因,无论是死者的近亲属还是死者的遗产管理人都没有诉权,原因在于诽谤行为没有直接伤害他们。⑥ 甚至在诽谤行为做出时被诽谤者还没有死,但只要被诽谤者

---

① 转引自杨立新等:《人身权的延伸法律保护》,载《法学研究》1995 年第 2 期。

② 参见[日]宇田川幸则:《中国围绕精神损害的经济赔偿的法律与实务(1)》,载《北大法学论集》48 卷 2 号,第 380 页起。

③ 参见《葡萄牙民法典》,唐晓晴等译,北京大学出版社 2009 年版,第 18 页。

④ See William Lloyd Prosser, Cases and Materials on Torts, 8th edition, Foundation Press, 1988, p.877; R. F. V. Heuston and R. A. Buckley, Salmond Heuston, on the Law of Torts, 19th edition, London: Sweet and Maxwell, 1987, p.153.

⑤ 参见[日]五十岚清:《人格权法》,[日]铃木贤、葛敏译,北京大学出版社 2009 年版,第 29 页。

⑥ See Carlson V. Dell Publ'g Co., 65 Ill. App. 2d 209 (App. Ct. 1965); Eagles V. Liberty Weekly, Inc., 244 N. Y. S. 430 (Sup. Ct. 1930); Rose V. Daily Mirror, Inc., 284 N. Y. 335, 337 (1940).

一死,就没有私人诉因可以对诽谤行为提起诉讼。① 如在英国,"只有当对死者的诽谤同时也构成对生者的诽谤才能构成后者的诉因"的判例法。所谓死后人格权的保护这一概念在英国法上是完全陌生的。② 只有一种与死者名誉有关的诉因,这就是对死者的诽谤同时也构成对生者的诽谤才能构成后者的诉因的情形。假设一个人对死者的妻子说,她的丈夫实际上是死于艾滋病,则她有可能根据自己的权利提起诉讼,因为这一表达使她陷于被艾滋病感染的嫌疑之中。③

在美国,原先诽谤死者可以构成犯罪行为,美国很多州的刑法将诽谤先人定为一项轻罪(misdemeanor,相对处刑监禁 1 年以上的重罪而言),因而还能对诽谤死者行为给予处罚。但是随着近几十年来刑事诽谤法的名存实亡(virtual desuetude),对诽谤死者行为在法庭上就没有了救济手段。④ 这些规定至今还在本本上,并未废除,只是碍于联邦最高法院扩大言论自由的判例,无法定罪罢了。⑤ 在美国唯一例外的州是罗德岛(Rhode Island)。在 1974 年,罗德岛颁布了一项法律允许仅仅在相当有限的条件下对诽谤死者的行为提起诉讼。条件是:诽谤发表在一个讣告或类似文件中。而且,这部法律只允许 1 年的诉讼时效。⑥

实际上,认为个人名誉并不随着个人的死亡而终结的观念一直在法律和判例中若隐若现。特别是在 1998 年的 Swidler & Berlin V. United States 一案中,法官们明确认可一个人的名誉利益并不止于他的死亡。⑦

---

① See Fasching v. Kallinger, 510 A. 2d 694, 700-01 (N. J. App. Div. 1986).

② 参见[德]克雷斯蒂安·冯·巴尔:《欧洲比较侵权行为法》(下卷),焦美华译,法律出版社 2001 年版,第 150—151 页。

③ 参见[德]克雷斯蒂安·冯·巴尔:《欧洲比较侵权行为法》(下卷),焦美华译,法律出版社 2001 年版,第 150 页注 771。

④ See Franklin, Good Names and Bad Law: A Critique of Libel Law, 18 U. S. F. L. REV. 1, 30(1983); Lisa Brown, Dead but Not Forgotten: Proposals for Imposing Liability for Defamation of the Dead, 67 Tex. L. Rev. 1525(1989); Raymond Iryami, Give the Dead Their Day in Court: Implying a Private Cause of Action for Defamation of the Dead from Criminal Libel, 9 Fordham Intell. Prop. Media & Ent. L. J. 1083(1999), p. 1083.

⑤ 参见冯象:《孔夫子享有名誉权否》,载冯象:《政法笔记》,江苏人民出版社 2003 年版,第 127—137 页。

⑥ See Raymond Iryami, Give the Dead Their Day in Court: Implying a Private Cause of Action for Defamation of the Dead from Criminal Libel, 9 Fordham Intell. Prop. Media & Ent. L. J. 1083 (1999), p. 1092.

⑦ See 524 U. S. 399, 118 S. Ct. 2081(1998). 该案实际上与诽谤死者行为没有关联,只是认为律师没有义务公开其与顾客交谈的内容,尽管这位顾客已经死亡。

在理论上,也早有学者提出对诽谤死者行为提供私人诉因,[①]而美国学者 Raymond Iryami 更是通过对《侵权行为法重述(第 2 版)》(1977 年)的解释,推导出法院应该对诽谤死者行为提供私人诉因。《侵权行为法重述(第 2 版)》(1977 年)第 874A 条列举了法院是否允许一个侵权救济的 6 个判断因素:①立法条文的本质;②现存救济的充分性;③私人诉因在现存法律实施和救济机制上的冲突;④立法时法律的显著目的;⑤对当前侵权法的偏离程度;⑥允许私人诉权对法院所造成的负担。Raymond Iryami 对照这 6 个因素,一一指出对诽谤死者行为提供私人诉因的合法性:[②]

第一,立法条文的本质。隐含私人诉权的来源是刑法,而不是宪法。刑法具体描述了所指控的行为,而宪法只是宽泛地勾勒了它的一些参数。而宽泛的宪法特别需要法院的解释,而法院的自由裁量权使其有权允许私人诉权。

第二,现存救济的充分性。由于刑事诽谤法的名存实亡,刑事救济方法实际已被废止。而模范刑法典的起草者明显忽视了禁止对诽谤死者行为提起民事诉讼的普通法规则。为了证明他们这种疏忽的正当性,模范刑法典的起草者假定民事诽谤法已经提供充分救济。但是普通法法院拒绝承认对诽谤死者行为的私人诉权,这摧毁了模范刑法典起草者之假定的有效性。因此,从充分性上说,也应该允许私人诉权。

第三,私人诉因在现存法律实施和救济机制上的冲突。民事诉讼、刑事追诉和行政处罚之间是否存在冲突?《侵权行为法重述(第 2 版)》的起草者对此的态度是含糊不清的。由于刑事追诉在事实上的废弃、行政机关对诽谤行为的漠不关心,使得民事诉讼有很大的空间。

第四,立法时法律的显著目的。《侵权行为法重述(第 2 版)》的起草者认定名誉权应该保护,而且应在法律和法院中有充分的救济。普通法法院虽然拒绝了对诽谤死者行为的私人诉权,但是它们并不是将这一假定建立在一个人的名誉是一个次要的而非基本的权利的观念之上。换句话说,拒绝承认对诽谤死者行为的私人诉权,并不意味着拒绝承认死者名誉的保护。因此,就立法目的来说,也应该给予私人诉权。

第五,对当前侵权法的偏离程度。在某种意义上说,如果坚持传统的普

---

① Lisa Brown, Dead but Not Forgotten: Proposals for Imposing Liability for Defamation of the Dead, 67 Tex. L. Rev. 1525(1989).

② See Raymond Iryami, Give the Dead Their Day in Court: Implying a Private Cause of Action for Defamation of the Dead from Criminal Libel, 9 Fordham Intell. Prop. Media & Ent. L. J. 1083 (1999), pp. 1120-1124.

通法规则,对诽谤死者的私人诉权确实偏离了当前侵权法。但是构成对死者诽谤的事实要件与构成传统诽谤的事实要件并无显著区别,不允许对死者诽谤的私人诉权只是一个历史的偏差,而且按照法院的术语来说,死者仍然有他的名誉利益。从现实来说,法律也在朝允许对诽谤死者行为的私人诉权方向迈进。

第六,允许私人诉权对法院所造成的负担。允许私人诉权是否会导致泄洪门事件(a "floodgates" scenario)?如果允许对诽谤死者行为提起民事诉讼会造成法院过重的负担,侵权法就会宣布私人诉因的非法性。但是罗德岛的实践推翻了这一假定。罗德岛二十多年的经验证明:如果进行适当限制,允许对诽谤死者行为的私人诉权不会造成法院体制的过重负担。

此外,美国还保护死者的公开权(the right of publicity)。所谓公开权是指个人,尤其是公众人物或知名人士,对自己的姓名、肖像以及其他类似物的商业性利用行为实施控制或制止他人不公平盗用的权利。[①] 公开权首先在 1953 年的 Haelen Laboratories Inc V. Topps Chewing Gum, Inc. 一案中出现,但是该案只是提出了这一概念,并没有进行理论上的说明。而在 1954年,Melville Nimmer 发表了著名的《论公开权》一文,该文对公开权进行了较为完整的理论说明。[②] Nimmer 强调了隐私权的不足,呼吁提高对公开权的认识,但法院并不愿意马上接受这种新权利的存在。[③] 事实上,一些法院更倾向于将它们的决定建立在更为传统的责任基础上,就像宾夕法尼亚州普通法院在 Hogan V. A. S. Barnes & Co. Inc. [④]一案中阐明的一样。对于原告主张的被告侵犯其公开权的请求,法院持有的观点是:公开权,尽管在 Haelan Laboratories 一案中获得承认,但仅仅是适用不正当竞争原则的另一种途径,仅仅是贴了另外一个标签的不正当竞争,而不是另外一个独立的诉因:"公开权"就是个标签。[⑤] 在 1977 年,公开权在 Zacchini V. Scripps-Howard Broadcasting Co. 案中被最高法院大张旗鼓地承认了。在该案中,最高法院在侵犯隐私和侵犯公开权之间划了一条泾渭分明的界限:尽管通

---

① 参见薛波主编:《元照英美法词典》,法律出版社 2003 年版,第 1202 页。

② See Melville Nimmer, the right of publicity, 19 law & contemporary problems 203(1954).

③ See e. g. , Strickler V. National Broadcasting Co. , 167 F Supp. 68(SD Cal. 1958), 70. 法院声明,自己不希望作为先行者,在加利福利亚将公开权作为一种诉因。See, also, generally, McCarthy, Rights of Publicity and Privacy § 1. 9, and H. I. Berkman, "the Rights of Publicity-Protection for Public Figures and Celebrities"(1976)42 Brook L Rev 527, 534 et seq.

④ 114 USPQ 314(Pa. Comm. Pl. 1957).

⑤ [澳]胡·贝弗利·史密斯:《人格的商业利用》,李志刚、缪因知译,北京大学出版社 2007 年版,第 200—201 页。

过侵犯隐私权的虚假陈述诉因所保护的利益是个人的名誉利益,还暗示有精神损害的因素,公开权的基本原理是:"保护个人对于自己行为所享有的金钱权利,部分目的是鼓励这样一种娱乐活动。"[①]到现在,美国有 28 个州明确保护公开权。公开权是人格权商业化利用的表现,主要是保护人格权中的财产利益,而这种财产利益可以由权利拥有者的继承人继承,从而在其死后仍然延续保护。[②]

　　总体上说,美国社会一直以言论自由为主导价值,就言论自由和名誉权保护的取舍来看,也可以很好地印证这一基本精神。其中,最具有里程碑意义的莫过于 New York Times V. Sullivan 一案[③]。在此案中,美国联邦最高法院主张:《联邦宪法》第一修正案规定了保护言论和出版自由,这就意味着立法机关从宪法的角度限制了他人的名誉权。言论自由原则已经得到了国民的深刻认同,必须保证关于公共问题的辩论应当是不受抑制的、活跃的和充分开放的。[④]并且,美国法院通过此案将宪法审查引入到了名誉侵权诉讼之中,并创立了"实际蓄意"原则。然而,在当代窥探隐私癖和追求轰动效应的报刊主义文化(voyeuristic, tabloid-journalism culture)下,隐私已经死亡(the death of privacy)。[⑤]因而近年来,美国法学开始重视隐私的保护和对言论自由的限制,从而有学者更将视角伸向死亡的隐私(the privacy of death)。[⑥]在实践中,美国法也确实在朝允许对诽谤死者行为的私人诉权方向迈进;而在理论上,自 Raymond Iryami 之后也有许多学者论证应该对死者名誉提供保护,[⑦]但是在死者名誉为什么应该被保护的问题上,美国学者大多只是将死者名誉定位为一种客观利益,从而需要从法律上得到保护。

---

① 433 US 562(1977),p.573.转引自[澳]胡·贝弗利·史密斯:《人格的商业利用》,李志刚、缪因知译,北京大学出版社 2007 年版,第 200—201 页。

② 参见刘丽娜:《论美国形象公开权对名人姓名的保护》,载《电子知识产权》2005 年第 6 期;王利明:《人格权法论》,中国人民大学出版社 2005 年版,第 266—269 页。

③ New York Times V. Sullivan, 376 U. S. 254(1964).

④ 张民安、林泰松:《名誉侵权的抗辩事由——事实真实、公正评论、绝对或相对免责特权等对行为人名誉侵权责任的免除》,中山大学出版社 2011 年版,第 449 页。

⑤ See Clay Calvert, Revisiting the Voyeurism Value in the First Amendment: From the Sexually Sordid to the Details of Death, 27 Seattle U. L. Rev. 721(2004).

⑥ See George J. Annas, Family Privacy and Death-Antigone, War, and Medical Research, New Eng. J. Med., Feb. 3, 2005;Clay Calvert,The Privacy of Death: an Emergent Jurisprudence and Legal Rebuke to Media Exploitation and a Voyeuristic Culture, 26 Loy. L. A. Ent. L. Rev. 133,(2005 / 2006).

⑦ See Matthew H. Kramer,Do Animals and Dead People Have Legal Rights? 14 Can. J.L. & Juris. 29(2001);Jessica Berg,Grave Secrets: Legal and Ethical Analysis of Postmortem Confidentiality,34 Conn. L. Rev. 81(2001).

当然,这也与普通法的传统有关,一项利益只要在社会上客观存在,有保护的必要性,就会从法律上提供救济,并不像大陆法系那样在死者的权利能力、利益归属、诉权主体等问题上做过多的分辨和纠缠。

第三节　对两大法系考察的小结

通过对以上两大法系的考察,我们可以很清楚地得出以下结论。

一、两大法系对死者人格利益的法律保护问题主要是近几十年开始讨论的事情

英美法系的法律实践和理论开始讨论死者名誉的保护问题只是 20 世纪 80 年代后期的事情;而大陆法系也只是在 20 世纪 70 年代才开始专门讨论涉及死者名誉的保护问题。俾斯麦遗体偷拍案虽与死者名誉权相关但在理论层面其也仅仅局限于死者人格利益保护的层面,是死者人格利益保护的思想启蒙。

二、两大法系都承认人死后,其人格利益并不随之终结,应该得到法律的保护

英美法系主要通过判例来承认死者人格利益的保护,而大陆法系立法明文规定和判例的承认两种形式都有。在立法上,有俄罗斯、葡萄牙、西班牙、捷克和匈牙利等国民法的明确规定;在判例上,德国和日本主要以判例的形式承认对死者人格利益的保护。

三、在死者的人格利益是否应该独立保护的问题上,存在分歧

有的认为死者人格利益附随于死者近亲属的人格利益而得到间接保护,有的认为死者人格利益应独立保护,与是否存在近亲属没有关联性。这在德国法中表现得最为明显。

四、在死者的人格利益的保护请求权的行使主体问题上,存在分歧

多数国家认为,死者人格利益的保护请求权的行使主体可以是近亲属或遗嘱管理人;只有少数国家认可保护请求权可以由人民检察院行使,如匈牙利法律就是如此。

五、在死者的人格利益保护期限规定的问题上，存在分歧

大多数国家对死者的人格利益保护期限规定不明，这当然可以适用权利的最长保护期。但美国罗德岛州的一项法律特别规定了1年的诉讼时效，而德国的保护期限比较长，自死亡起30年。

第五章　学理上的争议

本章对当前学说上的相关争议进行清理,理出他们的主要分歧点和问题之关键,①从而树立问题的标靶,以便集中论述。对纷纭的争论进行清理是一个辩证的过程,旨在穿透重重迷雾,找到真理的基点。

第一节　相关观点

关于死后人格利益的保护问题,在学说上首先有肯定说与否定说之争。就否定说而言,有我国台湾地区学者认为:"外国学者所云死者某种人格权,亦有受法律保护之必要,实为我国旧说,而非最新理论。现依'台湾民法'第6条后段,即明定人之权利能力终于死亡,则人已死亡,人格即告终了,人格权无所附丽,任何外国新理论,在现行法规定之下,均不能用以解释现行民法。"②否定说主要是基于我国台湾地区立法的规定,以无具体规定而予以否定。

如前所述,我国在司法解释上已经明确承认死后人格利益的保护,因而肯定说占主导地位。肯定说又分很多不同说法,归纳起来主要有下列几种观点。③

---

① 有时分歧点并不是问题的关键,因为分歧点只是大家观点上的不一致,而不是解决问题的核心点。有时甚至分歧点还可能遮蔽了问题的关键,因为大家都关注分歧点,为此而辩论不休,可是却可能是弄错了方向。

② 姚瑞先:《论人格权》,载台湾《法令月刊》第43卷第5期。转引自杨立新:《人身权法论》,人民法院出版社2002年版,第300页。

③ 以下论述在杨立新、葛云松、刘国涛三位先生归纳的基础上进行了综合。参见杨立新:《人身权法论》,人民法院出版社2002年版,第388页;葛云松:《死者生前人格利益的民法保护》,载《比较法研究》2002年第4期;刘国涛:《死者生前人格利益民法保护的法理基础》,载《比较法研究》2004年第4期。

一、"死者权利保护说"

该说的主要观点是,自然人死亡后,仍然可以继续享有某些人身权。其中,有人认为自然人死亡后民事权利能力仍部分继续存在;[①]有人认为民事权利能力和民事权利可以分离,尽管民事权利能力终于死亡,但自然人仍然可以在死后享有某些民事权利。[②] 例如有学者亦认为,"尽管立法规定公民权利能力始于出生终于死亡,但从历史上看,民事权利能力并不总和人的出生死亡相始终,从外国和我国有关法律规定看,民事权利能力始于出生终于死亡的观念亦被突破,并有加剧趋势,因此,死者可称为名誉权的主体,应当受到法律保护"[③]。

二、"死者法益保护说"

该说认为,就我国现行法律规定而言,自然人死亡后,民事权利能力终止,就不再享有人身权。但是法律不仅仅保护权利,而且还保护超出权利范围的合法权益,对于死者,法律所保护的就是权益,这不仅仅是死者自身利益的需要,而且是社会利益的需要。"因此,死者名誉应该作为一种合法利益而存在,并受到法律的切实保护。"[④]另外,有学者提出保护死者的"准名誉权"的说法,[⑤]其实质同与此说,只不过是将死者名誉利益用了一个明确的称呼——"准名誉权"。

三、"近亲属权利保护说"

该说认为,自然人死亡后,民事权利能力终止,名誉权即告消灭,但是在我国现阶段,根据公民通常的观念,死者的名誉、好坏,往往影响对其近亲属的评价,其近亲属也会因此而产生荣誉受损、精神压抑等损害,因此,侵害死者名誉可能同时侵害其亲属的名誉。如果侵害,则亲属可以以自己的权利

---

① 参见民兵:《民事主体制度若干问题的探讨》,载《中南政法学院学报》1992 年第 1 期;郭林、张谷:《试论我国民法对死者名誉权的保护》,载《上海法学研究》1991 年第 6 期。

② 参见佟柔主编:《中国民法学·民法总则》,中国人民公安大学出版社 1990 年,第 98 页;于德香:《析民事权利和民事权利能力可以适当分离》,载《政治与法律》1992 年第 2 期;龙卫球:《民法总论》,中国法制出版社 2001 年,第 339—340 页。

③ 参见郭林等:《试论我国民法对死者名誉权的保护》,载《上海法学研究》1991 年第 6 期。转引自杨立新:《人身权法论》,人民法院出版社 2002 年版,第 301 页。

④ 参见王利明主编:《人格权法新论》,吉林人民出版社 1994 年版,第 444—445 页。

⑤ 参见孙加锋:《依法保护死者名誉的原因及方式》,载《法律科学》1991 年第 3 期。

为依据要求加害人承担侵权责任。① 还有学者指出,纯粹侵害死者名誉时,因为死者人格已不存在,所以不是侵权行为;如果侵害死者名誉导致死者遗属名誉受损,则属于侵害了遗属的名誉权;或者损害了遗属对死者的敬爱追慕之情,也侵害了遗属的人格利益,遗属均得请求停止侵害和损害赔偿。②

四、"人格利益继承说"

该说认为,人身权是专属权,不能继承,但是人身权和人身利益不可混为一谈,后者具有可继承性。就名誉而言,继承人所取得的不是名誉权,而是名誉利益的所有权。死者的身体利益、人格利益和部分身份利益都可以继承。名誉利益也可以由法律主体以遗嘱方式遗赠给他人。③ 与此类似,有学者主张名誉权包括名誉所有权(一种无形财产权)。自然人死亡后,名誉权消灭,但是名誉所有权成为遗产,可以继承。④

五、"人身遗存说"

该说认为,死者的人格利益是死者的人身遗存,对死者的人身遗存的侵害,实际上是对生者的精神的侵害,尤其是对死者的近亲属的精神的侵害,法律有必要像规定遗产的继承一样,规定对死者的人身遗存的保护。⑤

六、"家庭利益说"

该说认为,死者的名誉遭到侵害时,其遗属的名誉也往往会遭到侵害,这两者之间的连接点就是"家庭名誉"。家庭名誉是冠于一个家庭之上,对于一个家庭的信誉、声誉的社会评价。个人名誉是家庭名誉的组成部分,家庭名誉是对家庭成员名誉的一种抽象,家庭名誉并不因家庭个别成员的死亡而消灭。因此,在对死者名誉加以侵害时,家庭名誉也就必然遭到侵害。⑥还有学者认为,所谓死者名誉权实际上是死者亲属的一种权利,按性质说,它是一种家族权。家族权可以解释为什么只有死者的近亲属而不是朋友、

---

① 参见魏振瀛:《侵害名誉权的认定》,载《中外法学》1990 年第 1 期;张新宝:《名誉权的法律保护》,中国政法大学出版社 1997 年版,第 36—37 页;葛云松:《死者生前人格利益的民法保护》,载《比较法研究》2002 年第 4 期。

② 参见梁慧星:《民法总论》,法律出版社 2001 年版,第 132 页。

③ 参见郭明瑞、房绍坤、唐广良:《民商法原理(一):民商法总论·人身权法》,中国人民大学出版社 1999 年版,第 468 页以下。

④ 参见麻昌华:《死者名誉的法律保护》,载《法商研究》1996 年第 6 期。

⑤ 参见李锡鹤:《论保护死者人身遗存的法理根据》,载《华东政法学院学报》1992 年第 2 期。

⑥ 参见陈爽:《浅论死者名誉与家庭名誉》,载《法学研究生》1991 年第 9 期。

师长或学生可以起诉，保护死者的名誉。一个人死后，他仍然具有其所属家族的身份，对死者的侮辱和诽谤，实际上是对家族的侮辱和诽谤。家族成员理当会因别人对其先人的诽谤而感到沮丧、情绪低落和愤怒。① 该说与"近亲属权利保护说"类似，关键区别在于该说认为在个人人身利益之上，还有一个家庭的整体利益，这种家庭利益是全体家庭成员的抽象人身利益。也就是说，这一观点创造了一类民事主体——家庭。

七、"人身权利延伸保护说"

该说认为，死者利益的保护实际上是对死者生前享有权利的保护在其死亡后再延续一段时间，转由死亡公民的近亲属行使之。例如，对于身体权的保护。在主体死亡后，对遗体的保护，就是这样延续的保护。② 这一观点主要由杨立新先生提出。有学者认为，"延伸保护说"和"死者法益保护说"的实质主张几乎完全一样，只不过杨先生将死者保护和胎儿保护一并考察后提出了一个抽象的"人身权延伸保护"理论。③ 确实，"延伸保护说"与"死者法益保护说"的基本立场一致，但是"延伸保护说"是对"死者法益保护说"的推进，因为"死者法益保护说"没有揭示死者生前人格权与死者人格法益的关联性。正是由于此点，笔者将"死者法益保护说"与"人身权利延伸保护说"区别开来，分别作为两种独立的观点。

八、"近亲属、社会利益关联说"

该说认为，人格利益具有客观性，死者的人格利益和其近亲属的人格利益是相关联的。侵害死者名誉会有双重损害，既侵害死者的名誉利益，也侵害死者近亲属的名誉权。死者的近亲属维护死者人格利益的实质是维护其自身的利益。此外，死者的人格利益也可能是社会利益的构成部分（对于名人尤其如此），从公法角度或通过公益诉讼的形式也可对死者生前人格利益加以保护，从而达到保护现世的人和社会的私益和公益之目的。④

---

① 参见冯象、汪庆华：《临盆的是大山，产下的却是条耗子——汪庆华采访冯象》，载《中国法律人》2004年第10期。

② 参见杨立新：《公民身体权及其民法保护》，载《法律科学》1994年第6期。更详细的论述参见杨立新：《人身权法论》，人民法院出版社2002年版，第273页以下。

③ 参见葛云松：《死者生前人格利益的民法保护》，载《比较研究》2002年第4期。

④ "近亲属、社会利益关联说"的提出者刘国涛先生在2004年的解说是"近亲属、社会利益关联说"（参见刘国涛：《死者人格利益民法保护的法理基础》，载《比较法研究》2004年第4期），而在2005年出版的专著中，刘国涛先生将其进一步修正为"近亲属、社会利益关联说"（参见刘国涛：《人的民法地位》，中国法制出版社2005年版，第126—138页）。

第二节 争议的焦点

可以说,各种学说观点迥异,这就有必要整理出其中主要的分歧点,即争议的焦点,从而使论题更为集中,做到有的放矢。

一、死者的人格利益该不该保护

在这一点上,各种观点都承认对于死者的某些人格利益,须予以某种方式和程度的保护。这可能是源于我国司法解释已经明确表示保护死者的人格利益。如前所述,从比较法上考察,各国法律对于死后的人格利益是否还需要保护的问题还是有很大的分歧的。因此,不应紧守法条,而应该跨越实在法,对死后人格利益在法律上的成立给予说明,即要证成(justify)这种法律保护。

二、保护的是死者的利益,还是死者近亲属的利益,抑或两者都保护

对此,"死者权利保护说"、"死者法益保护说"、"人身权利延伸保护说"认为保护的是死者利益;"近亲属权利保护说"、"人格利益继承说"、"家庭利益说"认为保护的是死者近亲属的利益;"人身遗存说"、"近亲属、社会利益关联说"认为两者都保护。

三、对死者的人格利益是直接保护还是间接保护,或者换句话说,死者的人格利益该不该独立保护

在前面两个观点中,有看似矛盾的地方:在第一点上,笔者认为各种观点都承认对于死者的某些人格利益,须予以某种方式和程度的保护;而在第二点上,又说有观点不承认对死者利益的保护。问题就在保护方式的区别上,"近亲属权利保护说"、"人格利益继承说"、"家庭利益说"认为保护的是死者近亲属的利益,实质上是认为直接保护的是死者近亲属的利益,通过保护死者近亲属的利益而间接保护死者的利益。如"近亲属权利保护说"认为,损害死者的名誉,有可能构成侵害死者近亲属的名誉权或者人格尊严,死者近亲属可以为了保护自己的人格权而获得法律救济,包括要求停止损害死者生前人格利益的行为,从而可以间接地对死者的生前人格利益予以合理的保护。[①] 在是否独立保护的问题上,

---

[①] 参见葛云松:《死者生前人格利益的民法保护》,载《比较法研究》2002年第4期。

"死者权利保护说"、"死者法益保护说"、"人身权利延伸保护说"、"人身遗存说"赞同,而其他观点反对。

总体上说,各种学说在基于民法理论上的什么立足点而保护死者的名誉利益、以什么样的方法保护、保护的程度如何等问题,存在较大分歧。为使问题集中且迎刃而解,诚如葛云松先生所说,要将讨论的重点放在"如何为保护死者生前人格利益而建构一个简单、清晰和与现有的民法概念体系兼容的制度,避免不必要的逻辑矛盾和混乱,并达到更为合理的保护效果"[①]。

第三节　对各种观点的清理

可以说,死者人格利益的保护是世界范围内新近兴起的一个话题,但是这一主题涵盖面很小,不大可能对现有的民法基础理论造成冲击。正如龙卫球先生所说:"法律发展不能突破自我逻辑是近代法治确立的法律发展的基本原则。法律依自我逻辑发展是保证法律信用和法律效力的社会心理基础的前提。当代法治国家在自然人人格权的制度发展中,坚持了尊重法律发展自我逻辑的立场。"[②]因此,可以首先排除一些对民法基础理论提出颠覆性观点的学说。

一、从民事权利能力理论出发,可以排除"死者权利保护说"

由于权利的存在是以权利能力为基础和前提的,当主体死亡时,权利自然消灭,因此,死后人格权应该消灭。[③]"死者权利保护说"基本上否定了我国已经采用并被民法学界的主流观点所接受的权利能力理论,因而基本不可采用。[④]

二、从继承法基本理论出发,可以排除"人格利益继承说"和"人身遗存说"

这些学说遵循的是这样一个逻辑过程:名誉权是名誉所有权(或者包括名誉所有权),而所有权是财产权,所以名誉所有权是财产权;财产权可以继

---

① 葛云松:《死者生前人格利益的民法保护》,载《比较法研究》2002 年第 4 期。
② 龙卫球:《民法总论》,中国法制出版社 2001 年版,第 341 页。
③ 参见刘国涛:《死者生前人格利益民法保护的法理基础》,载《比较法研究》2004 年第 4 期。
④ 关于从民事权利能力理论出发反驳"死者权利保护说"的详细论证,可以参见葛云松:《死者生前人格利益的民法保护》,载《比较法研究》2002 年第 4 期。

承,所以名誉所有权可以继承。其推理过程的基础是提出了人身利益"所有权"或"名誉所有权",这是一种财产权,可以继承。这个提法违反了民法上的基本常识。所有权是就"物"享有权利,①名誉无论如何不是物,对名誉的权利无论如何也不能是所有权。名誉权作为一项独立的民事权利,其性质是财产权还是人身权,学说上已有定论,新学说没有提出任何有力的论证,因此不需要再讨论。②

三、从民事主体理论出发,"家庭利益说"也可以排除

"家庭利益说"创设家庭名誉的概念,反复推理,得出侵害死者名誉实际上侵害的是家庭名誉的结论,不但在逻辑上繁琐,而且其大前提,即存在家庭名誉的命题本身在民法上就不成立。民事主体只有公民和法人,扩大一步说有合伙、联营这种准主体,无论如何也难以得出有家庭这种民事主体的结论来。这种观点的错误之处至为明显。③

经过排除,还剩下"近亲属权利保护说"、"近亲属、社会利益关联说"、"死者法益保护说"和"延伸保护说"。如前所述,"延伸保护说"是对"法益保护说"的深化,从而可以以"延伸保护说"作为代表。而"近亲属、社会利益关联说"基本可以容纳"近亲属权利保护说",只是前者更详细地用"利益关联"说明了为什么侵害死者生前人格利益会造成近亲属权利受损。但是"近亲属、社会利益关联说"又是一个折中的学说,也正因如此,其中有一些不可调和的矛盾,如该说既承认双重损害,即侵害死者的名誉利益的同时又侵害死者近亲属的名誉权,又说死者的近亲属维护死者人格利益的实质是维护其自身的利益,④如此,则死者的名誉利益就得不到法律保护了,因为没有人代表他们的利益进行起诉。关键的问题还是在于,该说没有认清死者和死者近亲属在一个侵权法律关系中的地位,侵害死者名誉并不必然侵害死者近亲属的名誉,如一个非婚生子可能在死者生前没有什么关联,侵害死者名誉对其自身名誉没有什么影响,只是在死者身后基于血缘而享有诉权,这时他参与诉讼肯定是代表死者利益的。当然,"近亲属、社会利益关联说"在双重损害、死者与近亲属的利益关联、法益与权利的区分等问题的阐述上还是很有启发的(这一点在后文详细论述)。在此,笔者还是将"近亲属、社会利益

---

① 参见葛云松:《股权、公司财产权性质问题研究》,载梁慧星主编:《民商法论丛》(第11卷),法律出版社1999年,第61—62页。

② 参见葛云松:《死者生前人格利益的民法保护》,载《比较法研究》2002年第4期。

③ 参见杨立新:《人身权法论》,人民法院出版社2002年版,第303页。

④ 参见刘国涛:《死者生前人格利益民法保护的法理基础》,载《比较法研究》2004年第4期。

关联说"排除出去,而以"近亲属权利保护说"与"延伸保护说"作为两种典型的代表观点。

　　如前所述,两种观点分歧的焦点在死者生前人格利益是否需要直接保护上。"近亲属权利保护说"持反对态度而"延伸保护说"表示赞同。在展开论述之前,笔者先表明基本立场:赞同死者生前人格利益的独立保护,但"延伸保护说"还有需要完善的地方,同时也认可侵害死者生前人格利益会造成近亲属权利受损,这与前者并不矛盾。因为公民死亡后,死者的名誉好坏,有可能影响对其近亲属的评价,因而侵害死者名誉、披露其隐私可能同时侵害了其亲属的名誉。如果其近亲属可以证明其人格利益因此而受到侵害,他可以单独地以其自己的人格利益受到侵害为由提起诉讼,并不一定要以死者的人格利益受到侵害为由主张权利。[①] 这也是我国司法解释所承认的,而在国外的立法例中也不乏类似规定。

　　由于"近亲属权利保护说"是相对晚近才出现的理论,对"延伸保护说"进行了有力的反驳,因而笔者先站在"延伸保护说"的立场对这些反驳进行反反驳,然后指出现有的"延伸保护说"理论的缺陷,对其加以修正和完善。

---

　　① 参见魏振瀛:《侵害名誉权的认定》,载《中外法学》1990 年第 1 期。

第六章 对"近亲属权利保护说"之反驳

通过上一章的整理,我们可以看出,"近亲属权利保护说"是反驳笔者所支持的"延伸保护说"最有力量的观点,要树立"延伸保护说"必须对"近亲属权利保护说"进行反驳。因此,本章将指出"近亲属权利保护说"的弊端和缺陷。这实际上是反证,从反面来印证"延伸保护说"的可采性。

第一节 对"近亲属权利保护说"的基本反驳

在本章开篇,笔者需要叙明的是"延伸保护说"对"近亲属权利保护说"的这样一种反驳是没有力量的:"称保护死者名誉实质是保护其近亲属的名誉,有悖于名誉是对特定人的社会评价,以及权利主体与权利客体相统一的原理,将权利主体与权利客体相分割,将死者的名誉改变成其近亲属权利的客体,也是不适当的。"[1]名誉固然是对特定人的评价,但是社会对特定人进行评价时考虑的因素却不全是特定人自身的所做所为,通过考虑某人的家庭情况而形成对该人某些方面的判断,是再平常不过的事情,因而诽谤死者的行为也是有可能侵害其近亲属名誉的。例如,一个人对死者的妻子说,她的丈夫实际上是死于艾滋病,则她有可能根据自己的权利提起诉讼,因为这一表达使她陷于被艾滋病感染的嫌疑之中。[2]至于"权利主体和权利客体相统一"的"原理"是一种听起来来头很大、非常高深但是不知其来自何处、也不知所云的"原理"。[3]因此,也就没有说服力。

但是,"延伸保护说"的这样一种反驳是有力量的:保护死者近亲属的名

---

^① 杨立新:《人身权法论》,人民法院出版社 2002 年版,第 303 页。

^② 参见[德]克雷斯蒂安·冯·巴尔:《欧洲比较侵权行为法》(下卷),焦美华译,法律出版社 2001 年版,第 150 页注 771。

^③ 参见葛云松:《死者生前人格利益的民法保护》,载《比较法研究》2002 年第 4 期。

誉权或者人格尊严,对死者的人格利益仅仅是间接地加以维护,在很多情况下,从保护死者的角度说,这是不充分的。[①] 而且,在某些情况下还可能造成公民的不平等保护。具体来说,可以分以下四种情况。

第一,死者没有近亲属。如果只是通过保护死者近亲属的名誉来保护死者的名誉,那么没有近亲属的,就得不到保护了。也就是说,死者的名誉能否得到保护取决于他有没有近亲属,这显然对独身或近亲属先去世的人来说是不平等的。而且随着现代社会中单身主义者越来越多,他们若死了则其名誉都不会得到保护,"近亲属权利保护说"将会使死者名誉保护的范围变得相当狭窄。

第二,近亲属不愿意主张权利。将死者的名誉保护完全寄托于近亲属(主要是将诉权局限于近亲属),如果近亲属不愿意出来主张权利,那么死者的名誉保护即使在法律上得到承认,由于现实中没有人去维护,也就只是纸上谈兵,不会转化为现实。如"樊傻儿"官司,死者近亲属就因为种种原因主动撤诉了。[②]

第三,近亲属自己侵害死者的人格利益。有时候,近亲属本身会侵害死者名誉,这时近亲属显然不会站出来,自己反对自己。这在现实上是可能的,如父子关系僵化、兄弟阋墙等等情形,都有可能发生近亲属侵害死者名誉的情况。

第四,宣告死亡后的人重新出现而毁损名誉的行为发生在宣告死亡期间的情形。按照"近亲属权利保护说"的观点,死者近亲属维护死者人格利益的实质是维护其自身的利益,那么在宣告死亡期间,就只有死者近亲属为着自己的利益而打死者名誉官司,但是死者重新出现(因为宣告死亡只是法律拟制的死亡,并不是真实的死亡)时,他该如何维护自己的名誉、他维护自己名誉的诉讼与其近亲属的诉讼关系如何、其近亲属是否因为死者的重新出现而不再享有诉权呢?

提出"近亲属权利保护说"的学者认为,毫无根据地诋毁死者名誉,也是对"社会价值观"、对"社会对人的正确评价机制"的侵害,死者的人格利益也可能是社会利益的构成部分(对于名人尤其如此),因此,在前述情形下,可以从公法角度(行政管理、公诉等)或通过公益诉讼的形式对死者的人格加以维护,从而全面保护现世的人与社会的私益和公益。[③]

---

① 参见杨立新:《公民身体权及其民法保护》,载《法律科学》1994 年第 6 期。
② 具体案情参见附录一中的案例十一。
③ 参见刘国涛:《人的民法地位》,中国法制出版社 2005 年版,第 188 页。

对社会价值的侵害就一定要用公法手段来制裁吗？民法中的公序良俗原则就没有用武之地？公法手段主要是行政管理和刑事制裁，但是一般诋毁行为用得着上升到国家机关强制干预的程度吗？如对爱国大诗人屈原、民族英雄岳飞的诽谤行为如何进行行政管理？对其定罪更不适宜。而且以有没有近亲属而作为现实保护的标准无论如何会造成公民的不平等保护，违背平等保护的宪法原则。

"近亲属权利保护说"对立法的解释也是没有覆盖力的。比如，在对国外相关法律的考察中，可以知道，对死者名誉的保护，可以提起诉讼的除了近亲属外还有遗嘱管理人，而遗嘱管理人有时并不是近亲属，而是律师或好朋友等，而这些人按照"近亲属权利保护说"，如果不是因侵害死者名誉行为而自身利益受损，是没有资格提起诉讼的。

第二节　对"近亲属权利保护说"关于死者名誉没有必要独立保护的观点之反驳

如果只赋予近亲属诉权会导致对死者名誉的不充分保护，针对这一说法，"近亲属权利保护说"提出对死者的生前人格利益没有独立保护的必要并以此为据来进行反驳。笔者认为，"近亲属权利保护说"这一反驳的论证是不充分的。"近亲属权利保护说"从四个方面来论证对死者的生前人格利益没有独立保护的必要。[①]

第一，法律没有必要维护死者的名誉和尊严。首先，恐怕谁也无法证明死者会因为名誉受损而有任何痛苦或者其他不利，除非法律承认死后灵魂不灭、灵魂可以感受痛苦并且认为灵魂的痛苦需要俗世法律来解救。也就是说，从死者角度，不存在任何可以观察和测量的利益减损。死者并不需要法律多此一举。其次，有学者担心，如果人死亡以后名誉得不到法律保护，可以任意侵犯，那么对人们平时行为的道德约束就会受到不利的影响。从这个意义上说，保护死者名誉和尊严的确关乎社会利益。但是，这是不是意味着法律应当介入？具体说，法律介入直接保护死者名誉和尊严，能够在多大程度上补救此种损害？是否有某种我们不愿意看到的代价？让人民享有最大限度的自由也是公共利益之所在，要以法律限制人民

[①]　参见葛云松：《死者生前人格利益的民法保护》，载《比较法研究》2002 年第 4 期。

的表达自由,必须经过全面和慎重的考虑,有充分的理由。实际上,社会自身,特别在一个言论自由、舆论发达的社会,社会可以很好地通过自身的机制维护对死者的正当评价。一般来说,从一个长时段来看,一个自由的舆论市场可以大致做到比较客观公正。就好像人自身有很强的抵抗力,在自身抵抗力足以抗病的情况下,使用药物反而不见得对身体有益。使用法律的时候同样要谨慎。

第二,法院并不能更好地维护死者名誉和尊严。在当今社会变得越来越多元的时代,对于一个人的社会评价,不同的人可能会有完全不同的理解。所谓"千秋功罪,任后人评说",古人尚且有这样的胸襟,在崇尚言论自由的现代社会,难道反而是"千秋功罪,只许往好里说"?对于过去的任何事情,要想发现其真实情形都会面临各种困难和疑问,所以诉讼中的事实证明才总是充满疑点。正如诉讼时效制度的目的之一是为了防止年代久远之后证据湮灭、正确确定案件事实变得特别困难,法律应当尽量避免对已经过去太久的事情加以判断。为了保护死者亲属的名誉权或者人格尊严而对死者的有关事实予以审查,是因为死者亲属的个人利益受到了伤害,并且这种伤害的性质和一般情形相同,所以应当给予法律救济。从一定意义上说,这实属迫不得已。而如果已经不存在应予保护的个人利益,法律对于陈年往事应当唯恐避之而不及,何必还要涉入那些纠缠不清的事情呢?

第三,言论自由是现代宪政国家的主要基石之一。而且,获得各种信息和了解对某些人的各种不同评价是公众的权利。所以,如果没有非常有力的理由来限制言论自由和公众的知情之权,就应当尽量维护之。

第四,如果说维护死者名誉和尊严是社会利益所要求的,那么这种要求似乎并不随着年代的流逝而消退。当然,也有学者主张应当对死者名誉权或者名誉利益的保护设定期限,方法是,只有死者近亲属有权提出主张,所以当近亲属全部死亡后,名誉权也消灭。既然保护死者名誉是为了维护社会利益,而显然这个社会利益不会因为死者没有近亲属就消失,或者随着死者近亲属的全部故去而消失。所以,这里的论证在逻辑上是不能够做到一贯的。

在以上四个方面的反驳中,最关键的一点是说死者没有感觉和灵魂,被诽谤时不会感到痛苦和不安,也就是没有受损害。这就需要正面论证死者生前人格利益独立保护的必要性,"延伸保护说"也正是在这一点上没有从正面或者说从正面论证得不充分,这也是本研究将主要着力的地方,拟放在下文详细论述,在此,撇开这一点来论证以上四方面反驳的不合理性。以上四个方面的反驳,大多是一般名誉侵权都会遭遇到的,是否普通名誉权就不独立保护了?

首先,其第一和第三点都用言论自由来论证死者名誉不需要独立保护,实际上,言论自由和名誉权的冲突是现代社会中的普遍性冲突。活人的名誉权也会与言论自由发生冲突。如果"社会自身,特别在一个言论自由、舆论发达的社会,社会可以很好地通过自身的机制维护对死者的正当评价。一般来说,从一个长时段来看,一个自由的舆论市场可以大致做到比较客观公正"的说法能成立,那就没有名誉权保护这回事了,因为舆论市场能够维护好一个人的名誉,没有必要用法律来保护。但是,事实上,在西方比较发达的国家,甚至是那些所谓言论自由、舆论发达的国家,如美国,反而是名誉权官司风起云涌、种类繁多、应接不暇的地方。

其次,如果相比其他评价机构,"法院并不能更好地维护死者名誉和尊严",那么同样,法院也并不能更好地维护活人的名誉和尊严,因为"在社会越来越多元的时代,对于一个人的社会评价,不同的人可能完全不同",法院同样并不天然地拥有评价活人名誉与尊严的权威。但是这一论证是反事实的,因为名誉权案件诉至法院屡见不鲜,而且现代社会的制度安排赋予了法院裁判权威。另外,保护名誉权并不是对一个人就不能说坏话了,只要是基于客观事实做出的结论,就不是侵犯他人的名誉权,因此,不是"千秋功罪,只许往好里说",而是应以事实为依据进行论说。如前面所分析的中国死者名誉纠纷案件不认定为侵害死者名誉的一个基本理由是:所发表言论有事实根据。

再次,如果说毁损死者名誉,"从死者角度,不存在任何可以观察和测量的利益减损"。那么,毁损死者的著作权,从死者角度,也"不存在任何可以观察和测量的利益减损",死者的著作权就不应该保护了吗?这显然是与当今法律的通行规定相违背的,因为我国和世界各国法律以及著作权的国际公约都规定了著作权在死后的保护。①

最后,社会利益也是有期限的,死者名誉保护基于社会利益的保护也是有一定期限的。"保护需求消失的程度是,对死者的记忆已经逐渐淡漠,并且随着时间的流逝,在死者生前形象不受歪曲上的利益已经减少。"②至于死

① 《中华人民共和国著作权法》(2001 年 10 月 27 日)第二十条规定:"作者的署名权、修改权、保护作品完整权的保护期不受限制。"第二十一条规定:"公民的作品,其发表权、使用权和获得报酬权的保护期为作者终生及其死亡后五十年,截止于作者死亡后第五十年的 12 月 31 日;如果是合作作品,截止于最后死亡的作者死亡后的第五十年的 12 月 31 日。"

② [德]迪特尔·施瓦布:《民法导论》,郑冲译,法律出版社 2006 年版,第 94 页。

者名誉保护的期限是否应以近亲属死亡之日为期限,这是可争辩的,属于制度设计问题,但是并不危及死者名誉独立保护的结论。

有意思的是,"近亲属权利保护说"自认为不能成立的一个问题根本不是问题。

"其实,持相反观点的学者,本可以对此说提出一个非常有力的质疑。对一个活着的自然人名誉的损害显然也可以因为同样的原因而造成其近亲属的名誉受损或者人格尊严受到侵犯,那么是否可以由他们直接向侵权人主张?这个问题的确很难回答。……(因为)自然人身体健康受到其他损害时,其近亲属也同样有精神痛苦,但是法律上并不提供救济。"①

其实,法律恰恰是有救济的,近亲属是可以直接主张损害赔偿请求权的。如意大利热那亚上诉法院 1993 年 7 月 5 日判决:因医疗过失错误切除了一妇女的卵巢,她的丈夫获得了自己的精神损害赔偿,因为他作为父亲的愿望无法实现了。②

又如德沃金所举的"McLoughlin 案"。基本的案例事实是:McLoughlin 的丈夫与四个孩子在车祸中伤亡,但是当时美国与英国的判决先例都认为除非亲眼目睹近亲属意外事故发生或是几分钟内赶到现场,方能够获得精神损害赔偿,但是本案 McLoughlin 却于 2 小时后方赶抵医院,是否亦能受到赔偿?此时法官并不以之前判决的理由——是否可以预见作为判决之理由,反而以政策的理由作为判决之依据,法院认为如果承认了这样的一个较大的责任范围也包括了非现场目睹亲属受伤的情形,对于整个社群会有不利的后果,它可能导致了诈欺请求的开始、责任保险费率的增加等等。③ 虽然法官在这些案件中有利益平衡,不能过于救济因近亲属受损害而自己精神也受损害,但是至少在某些条件下,自然人身体健康受到损害时,其近亲属如果有精神痛苦,普通法是提供救济的。

此外,"近亲属权利保护说"将权利能力理解得过于机械,认为只具有权利能力才可以成为法律上的主体。尹田教授经过考证后认为,德国人为了满足《德国民法典》在形式结构方面的需要,创立了"权利能力"一词,从技术上解决了自然人与法人在同一民事主体制度下共存的问题,从而避开了主

---

①　葛云松:《死者生前人格利益的民法保护》,载《比较法研究》2002 年第 4 期。

②　参见[德]克雷斯蒂安·冯·巴尔:《欧洲比较侵权行为法》(下卷),焦美华译,法律出版社 2001 年版,第 73 页注 312。

③　参见[美]德沃金:《法律帝国》,李常清译,中国大百科全书出版社 1996 年版,第 22—26 页。

体的伦理性。但主体地位(人格)同权利能力是不一样的。[①] 也就是说,权利能力的设置只是一个技术上的需要,尽管相当重要,在现代民法也具有基础性地位,但不是说就完全不可以突破。"从法律逻辑技术的层面上看,权利能力是法律人的条件,即具有权利能力,才能成为民事主体;但是从法律思想的层面上看,人的伦理价值则是权利能力的基础,进而是法律人的基础。"[②]因此,基于伦理和法律完善的需要,仍然可以将权利能力做一些延伸,如著作权在作者身后仍然得到保护就是显例。

① 参见尹田:《论法人人格权》,载《法学研究》2004 年第 4 期。
② 马俊驹、张翔等:《关于人格、人格权问题的讨论》,http://www.civillaw.com.cn/rdbbs/dis-pbbs.asp? boardID＝3&RootID＝38230&ID＝38230,2012-07-21。

第七章　对当前"延伸保护说"的补正

经过前面章节的整理实际已经表明"延伸保护说"所具有的局限性,但这种局限性是可以修正的。这种修正不是基本立场的推翻,而是对其中的缺陷进行完善。也就是说,经过修正,"延伸保护说"还是可以维护的。本章将集中处理"延伸保护说"的修正与完善问题。

第一节　赞成"延伸保护说"的基本理由

在前面的章节中,本人论述了其他观点的矛盾、不妥当与不合理之处,但是,论证其他观点不正确并不能证明"延伸保护说"就是正确的,这在逻辑上是推导不出来的,因为"延伸保护说"并不是其他观点的逆反命题。因此,还需要从正面来论证"延伸保护说"的合理之处。

大致说来,"延伸保护说"相比于其他学说有以下优点。

一、对相关民事制度的解释更为圆通和严密

从实证法上考察,"延伸保护说"既具有直接的法律依据,又可以对类似制度如胎儿权益、死亡赔偿请求权以及尸体的保护等做出一体化、协调一致的解释。如在前面第三、四章所阐述的,中国法和外国法均规定了死者名誉的保护,"延伸保护说"对这些规定是可以提供解释的,虽然不无争议之处,但是,从法律规定上看不出"延伸保护说"有直接违背法律规定之处。

而从类似制度层面来说,对"延伸保护说"也是予以支持的。

(一)胎儿保护制度

对胎儿利益的保护就是人的权利能力形成前对其先期人身法益的延伸保护。这几乎成为各国立法的通例。如1804年《法国民法典》第三百一

十二条规定："子女于婚姻关系中怀孕者，夫即取得父的资格。"父之资格的取得，乃为亲权之取得，可见胎儿在尚未出生之时，即已成为亲权的主体。《法国民法典》第七百二十五条还规定，必须于继承开始时生存之人，始能继承，但尚未受胎者除外。这就意味着继承开始时已受胎者，就享有继承的权利。《德国民法典》第八百四十四条"致人死亡时第三人的赔偿请求权"中规定"第三人在被害人被侵害当时虽为尚未出生的胎儿者，亦同"，对人身权保护做向公民出生前延伸的规定。《日本民法典》第七百二十一条规定："胎儿，就损害赔偿请求权，视为已出生。"《瑞士民法典》第三十一条规定："权利能力自出生开始，死亡终止。""胎儿，只要其出生时尚生存，出生前即具有权利能力的条件。"日本民法和瑞士民法的这些规定，对于人身权保护延伸至公民出生之前，也是相当明显的。①

还未出生的子女由于其身体尚与母亲相连，所以还不能作为完全独立的生命存在，因此也就还不能作为独立的权利主体参与法律往来。② 对此，卡尔·拉伦茨有更为详细的解释："人的器官也许是从受胎之后开始发育，然而人的'人格'的发展开端，即意识、自我意识、意志和理智的开端只在其出生的时刻才能予以确定。如果把受胎的时刻作为权利能力的开始，显然难以精确地确定和证明这个时刻。从人的权利能力始于形成一个独立的不依赖母体而存在的人体这种思想出发，通行的学说把'出生的结束'解释为婴儿与母体完全分离。"③但是，有时为着胎儿的利益，又必须将胎儿视为有权利能力来看待。如在继承法上，胎儿被作为在继承发生时已经具有权利能力来对待。④ 这就是法律为着更好地保护人之法益而在技术上对人做了延伸。

这种延伸保护的范围主要是亲属法上的身份利益。这种身份利益，存在于胎儿受孕之始，当其成功地怀于母体之中时起，事实上就已存在了该胎儿与其父母及其他亲属之同构身份关系。法律对胎儿先期身份利益的延伸保护，主要是确认这种身份关系，以切实保护胎儿的作为子女、作为亲属的法益。"为保护孩子的利益，甚至可以在孩子尚未孕育成胎时就采取保护措施。"⑤同时，着重保护的还有继承遗产的法益和享受扶养请求的法益。如继承法关于胎儿特留份的规定，保护的是继承的法益；侵权法关于致人死亡或丧失劳动能力之时，受害人的已受孕的胎儿享有对加害人的扶养损害赔偿

① 参见杨立新等：《人身权的延伸法律保护》，载《法学研究》1995 年第 2 期。
② 参见[德]迪特尔·施瓦布：《民法导论》，郑冲译，法律出版社 2006 年版，第 89—90 页。
③ [德]卡尔·拉伦茨：《德国民法通论》，王晓晔等译，法律出版社 2003 年版，第 125 页。
④ 参见[德]迪特尔·施瓦布：《民法导论》，郑冲译，法律出版社 2006 年版，第 90—91 页。
⑤ [德]迪特尔·施瓦布：《民法导论》，郑冲译，法律出版社 2006 年版，第 91 页。

潜在权利的规定,保护的是胎儿请求扶养的法益。①

死者名誉的保护也可以做如此类推。死者不具有权利能力,不能成为权利主体,但是其法益仍然可以延伸保护,将其作为似乎具有权利能力那样来对待。

(二)死亡赔偿请求权

死亡赔偿请求权是另一个死者名誉保护可以比拟的制度。侵害生命权是以受害人死亡为其结果,受害人既已死亡,该侵权法律关系缘何而生,有各种不同的理论主张:"民事权利能力转化说"、"加害人赔偿义务说"、"同一人格代位说"、"间隙取得请求权说"以及"双重直接受害说"。②

刘国涛先生认为,在前面四说中,有一个共同点,就是都认为侵害生命权的损害赔偿请求权存在一个继承的问题,即侵害生命权的受害人享有损害赔偿请求权(或地位),在其死亡之后由其继承人继承。这些学说忽视了一个客观的事实,就是在侵害生命权的法律关系中,实际上存在双重直接受害人。所谓双重直接受害人,是指侵害生命权的行为,既造成了生命权人生命丧失的损害事实,又造成了生命权人的近亲属的财产损失的损害事实。生命丧失的直接受害人是死者,而财产损失的受害人则是死者的近亲属。这两种受害人,均为侵害生命权的直接受害人。依照这种理论,侵害生命权的损害赔偿请求权实际上不存在继承的问题;同时,作为加害人,其负有的损害赔偿义务,实际上存在两个权利人,其中死者死亡以后,还存在另外一个权利人,因而加害人的损害赔偿义务并未发生任何变化,只是向仅存的受害人清偿赔偿义务而已。③

刘国涛先生的"双重直接受害说"也是有问题的:

首先,如果死者是一个丧失劳动能力的老人,其子女对其负有赡养义务,而他被侵害致死,反而是减轻了其子女的负担,这时是不是说其子女不但没有财产受损,反而因义务的免除而实际生活中的财产增加了? 那么,他们还能主张财产损害赔偿权吗?"双重直接受害说"有不能覆盖的情形,即不周延。

其次,如果死者没有近亲属,岂不是只有一个受害人,"双重直接受害说"岂不是缺乏支撑吗?

再次,如果存在两个受害人——死者和其近亲属,其近亲属因财产受损而主张了权利,而死者的生命权受损害由谁主张权利呢? 这里面实质上仍然有一个代位行使的问题。

---

① 参见杨立新等:《人身权的延伸法律保护》,载《法学研究》1995 年第 2 期。
② 参见刘国涛:《死者生前人格利益民法保护的法理基础》,载《比较法研究》2004 年第 4 期。
③ 参见刘国涛:《死者生前人格利益民法保护的法理基础》,载《比较法研究》2004 年第 4 期。

最后,实际生活中的法律规定也是与此主张相反的。如我国台湾地区"民法"第194条规定,因侵权行为被害死亡者,被害人之父母、子女、配偶对于加害人有非财产上损害赔偿请求权。其实,死亡损害赔偿请求权问题"既包括他自己也包括他作为继承人额外继承的加害人对死者的赔偿"①。刘国涛先生的主张只能解决死者近亲属的损害赔偿请求权问题,如前文所提到的德沃金所举的"McLoughlin案",死者近亲属权益受损害可以直接、单独提起诉讼,但是不能解决死者的生命损害赔偿请求权问题。

死亡赔偿请求权问题既要从近亲属,也要从死者角度考虑。法律不应该忽视"对死者生前已无法实现而死亡后应加以保护的利益"。② 死者失去生命,也就失去权利能力,不可能再亲自主张权利,但是他的生命受损害是客观的事实,并不会因为他死去而消失,这种客观利益受损害可以由近亲属来代为行使。这实际上让死者的生命利益有一定的延伸,而不止于其生命终结的那一刻。由此类推,死者的名誉也是可以延续至其身后。

(三)尸体的保护

尸体一般来说,被作为物来对待,但是不能当做是能够被任意处置的普通的物。尸体是死者的人身遗留,必须以虔诚的态度来对待,这是世界各国通行的文化意识都要求的。"总的来说,应当以既不伤害亲属的感情也不伤害法律共同体中的其他成员的感情的方式来对待(尸体)。"③例如,在中国春秋时期,伍子胥为报父兄之仇,率兵攻入郢都,而此时,仇人楚平王已死,于是,伍子胥掘开楚平王坟墓,鞭尸三百。显然,尸体还是有着象征意义的,不是纯粹的物。

尸体之所以还不能当做一个纯粹的物来看待,正因为它是人的躯体,在其上还附有人格因素。④ 如奥地利最高法院在其1972年12月6日的判决(载SZ45/133)中就指出:"只要尸体还能被确定为某一特定死者的躯体,它就不是一个物而是'延伸的人格'。"⑤这就是说,人格是可以延伸的。也许正因如此,我国最高人民法院2001年3月10日颁布的《关于确定民事侵权精

---

① [德]克雷斯蒂安·冯·巴尔:《欧洲比较侵权行为法》(下卷),焦美华译,法律出版社2001年版,第74页。
② [德]克雷斯蒂安·冯·巴尔:《欧洲比较侵权行为法》(下卷),焦美华译,法律出版社2001年版,第78页。
③ [德]迪特尔·施瓦布:《民法导论》,郑冲译,法律出版社2006年版,第95页。
④ 尽管《德国民法典》已经规定"动物不是物",但是动物的尸体还是被作为一般的物,如果是属于可流通,可以作为商品买卖。
⑤ [德]克雷斯蒂安·冯·巴尔:《欧洲比较侵权行为法》(下卷),焦美华译,法律出版社2001年版,第71页注308。

神损害赔偿责任若干问题的解释》第三条和第七条就将死者的遗体和遗骨与死者名誉的保护做了类似的规定。① 其第三条规定：

　　自然人死亡后，其近亲属因下列侵权行为遭受精神痛苦，向人民法院起诉请求赔偿精神损害的，人民法院应当依法予以受理：

　　（一）以侮辱、诽谤、贬损、丑化或者违反社会公共利益、社会公德的其他方式，侵害死者姓名、肖像、名誉、荣誉；

　　（二）非法披露、利用死者隐私，或者以违反社会公共利益、社会公德的其他方式侵害死者隐私；

　　（三）非法利用、损害遗体、遗骨，或者以违反社会公共利益、社会公德的其他方式侵害遗体、遗骨。

　　其第七条规定：

　　自然人因侵权行为致死，或者自然人死亡后其人格或者遗体遭受侵害，死者的配偶、父母和子女向人民法院起诉请求赔偿精神损害的，列其配偶、父母和子女为原告；没有配偶、父母和子女的，可以由其他近亲属提起诉讼，列其他近亲属为原告。

（四）著作权的保护

　　我国和世界各国法律以及著作权的国际公约都规定了著作权在死后的保护。② 为什么著作权在作者死后仍然会保护呢？因为按照一般权利能力理论，死者不具有权利能力，人死后自然不能再拥有权利。对此，董炳和先生有较为完整和科学的回答：第一，著作人身权的客体不随主体的消灭而归

---

　　①　笔者认为，遗体、遗骨和尸体虽然在措辞上不一样，但是在法律解释上，可以将它们等同。

　　②　如我国《著作权法》（2001年10月27日）的相关规定有：

　　第十九条　著作权属于公民的，公民死亡后，其作品的使用权和获得报酬权在本法规定的保护期内，依照继承法的规定转移。

　　著作权属于法人或者非法人单位的，法人或者非法人单位变更、终止后，其作品的使用权和获得报酬权在本法规定的保护期内，由承受其权利义务的法人或者非法人单位享有；没有承受其权利义务的法人或者非法人单位的，由国家享有。

　　第二十条　作者的署名权、修改权、保护作品完整权的保护期不受限制。

　　第二十一条　公民的作品，其发表权、使用权和获得报酬权的保护期为作者终生及其死亡后五十年，截止于作者死亡后第五十年的12月31日；如果是合作作品，截止于最后死亡的作者死亡后的第五十年的12月31日。

　　法人或者非法人单位的作品、著作权（署名权除外）由法人或者非法人单位享有的职务作品，其发表权、使用权和获得报酬权的保护期为五十年，截止于作品首次发表后第五十年的12月31日，但作品自创作完成后五十年内未发表的，本法不再保护。

　　电影、电视、录像和摄影作品的发表权、使用权和获得报酬权的保护期为五十年，截止于作品首次发表后第五十年的12月31日，但作品自创作完成后五十年内未发表的，本法不再保护。

于消灭。第二,作者与作品之间的关系不随作者的死亡而中断。第三,被侵害的对象始终不变。第四,著作人身权主要体现为禁止权,而不是实施权。著作人身权通常只是意味着作者可以禁止他人未经其许可的署名、修改等行为。作者的著作人身权就是通过阻止侵权行为而实现的。如果作者不能够阻止,由法律规定的其他人阻止也同样会实现其权利。因此,对于禁止权而言,实际上由谁来禁止,对权利往往影响并不大。只有禁止权,才可以脱离主体而存在,因为禁止权并不需要权利主体的作为。①

与著作权相对照,董炳和先生认为,公民的名誉在其死后仍然应该得到保护。一方面,公民死亡之后,作为其生前享有的名誉权的主体消灭了,但作为权利的客体名誉仍然存在,并不随主体的消灭而消灭。在这一点上,名誉权与著作人身权是相同的。也就是说,在不依赖于主体的人身存在这个方面,名誉与作品极为相似。另一方面,名誉权也主要是一种禁止权。名誉权并未授权主体要求别人对其做出公正的评价。任何人的评价都是主观的,不可能完全公正。他人也没有义务按照主体的要求做出评价。因此,名誉权的权利人只是有权禁止他人损害其名誉,而不特定的义务人则仅负不作为之义务,而无作为义务。这表明,权利人做或不做行为,都不影响其名誉权的实现。也就是说,这种权利可以由他人"代为行使",与其本人行使产生同样的效果。综合起来,名誉权与著作人身权是极为相似的。在客体方面、在侵害对象方面、在权利的性质、功能和作用方面,都存在着明显的相似性。②

虽然著作权在法律上明确定为权利而死者名誉在法律上并没有明确定位为权利,但是这仍然不妨碍死者名誉应该直接保护的结论。因为名称不会损害实质,从下文对权利与法益的区别也可以看出,其区别只是法律保护的力度、明文规定性等方面不同,而不是该不该保护这种实质的区别。

二、有法哲学上的支持

康德在18世纪末出版的《法的形而上学原理》一书中,已经提出了"一位好名声的人死后继承存在的权利"的学说。他认为:"一个人死了,在法律的角度看,他不再存在的时候,认为他还能够占有任何东西是荒谬的,如果这里所讲的东西是指有形物的话。但是,好名声却是天生的和外在的占

---

① 参见董炳和:《论死者名誉的法律保护》,载《烟台大学学报(哲学社会科学版)》1998年第2期。
② 参见董炳和:《论死者名誉的法律保护》,载《烟台大学学报(哲学社会科学版)》1998年第2期。

有(虽然这仅仅是精神方面的占有),它不可分离地依附在这个人身上。"①
在此,康德将有形物与无形物做了区分,他认为有形物可以与人身相分离,
因而不可在死后仍然拥有,但是无形物(如名声)不一样,必须依托于人身,
在死后也依附一个人,那他应不应该保护呢?答案是肯定的。"我们看待
人仅仅是根据他们的人性以及把他们看作是有理性的生命。因此,任何企
图把一个人的声誉或好名声在他死后加以诽谤或诬蔑,始终是可以追究
的。"②名声或名誉等是人作为一个有人性的人存在于世界的标志,而在其
死后可以任意诽谤是伦理上可责备的。"由于一个一生无可指责的人,死
后也应该受到尊重,那就要承认,这样的一个人可以(消极地)获得一个好
名声,并构成某种属于他自己所有的东西,纵然他在人间已不能再作为一
个有形的人存在了。还可以进一步认为,他的后代和继承者——不管是他
的亲属或不相识的人——都有资格去维护他的好名声,好像维护他自己的
权利一样。理由是,这些没有证实的谴责威胁到所有的人,他们死后也会
遭到同样对待的危险。"③更形而上的理由是,"抽象就是撇开一切存在于空
间和时间的那些有形的具体条件,于是,考虑人时,就逻辑地把他和附属于
人体的那些物质因素分开……在这种情况下,他们有可能确实受到伤者对
他们的伤害"④。

　　康德认为,"一位好名声的人死后继承存在的权利"是自然法的要求,
"它们早已先验地包括在自然状态这个概念之内,因而在它们的经验现象未
存在之前必然是可以想象的",一切人为的法都应该按照这种理性概念的指
示进行规定。⑤

　　康德的赞同在法理学上相当重要,因为正是康德奠定了权利能力理论
的思想基础。康德的理论阐述了法律思想的巨大变革。他所探讨的不是
"自然人",而是"主体"。随着"法律主体"替代"人",产生了"权利能力"理
论,即一个自然人享受权利和承担义务的能力的理论。⑥既然一个奠定了权
利能力理论思想基础的人都赞成死者名誉的保护,那么我们就不应该死守
权利能力理论而反对死者名誉的独立保护。

----

①　[德]康德:《法的形而上学原理》,沈叔平译,商务印书馆1991年版,第119页。
②　[德]康德:《法的形而上学原理》,沈叔平译,商务印书馆1991年版,第119—120页。
③　[德]康德:《法的形而上学原理》,沈叔平译,商务印书馆1991年版,第120页。
④　[德]康德:《法的形而上学原理》,沈叔平译,商务印书馆1991年版,第121页。
⑤　参见[德]康德:《法的形而上学原理》,沈叔平译,商务印书馆1991年版,第115页。
⑥　参见[德]汉斯·哈腾鲍尔:《民法上的人》,孙宪忠译,载《环球法律评论》2001年第4期。

三、现代民法对人的生老病死更为深切的关怀

从近代民法向现代民法的转变中，民法中的人也发生了转变："从理性的、意识表示强而智的人向弱而愚的人"转变。① 由此，人格权才得到普遍承认。"作为属于人的权利，人格权得到强调，不是一切人均平等地对待，而是向保护弱者、愚者的方向大大地前进了。这种倾向一言以蔽之，也可以称为民法中的'人的再发现或复归的方向'。"②这种转变更关心具体的人，更关心人的苦难和烦恼。"法律制度不仅要考虑人对其身体的自我保护的利益，而且要考虑精神和心灵领域中最重要的基本需求。"③这才是人格权产生的根本原因。

"由于对所有的人的法律人格即权利能力的承认成为民法典的规定从而成为实定法上的原理，得到从法律实证主义立场的承认，故而其自然法的基础却逐渐被忘却了。"④重返自然法就需要对人做更为无微不至的关怀，而围绕人的出生与死亡的先期法益与延续法益保护正好体现了这一理念。

有学者针对现代民法对人更全方位的关怀而呼吁，新时代的民法典不必太在意公法与私法的区分，私法能够做到的，就不必要留到公法去做；应该扭转传统民法典以财产和财产变动为关注重心，而应该将人的保护作为中国民法典编纂的价值基础。⑤ 对这一观点，笔者做一点衍推，在民法慈母般的眼睛里，对人的保护应是"从摇篮到坟墓"的关怀。

第二节 "延伸保护说"的缺陷

最先系统和详细地阐述"延伸保护说"的杨立新教授认为，"延伸保护说"的理论要点是：⑥

---

① ［日］星野英一：《私法中的人——以民法财产法为中心》，王闯译，载梁慧星主编：《为权利而斗争》，中国法制出版社 2000 年版，第 354—355 页。
② ［日］星野英一：《私法中的人——以民法财产法为中心》，王闯译，载梁慧星主编：《为权利而斗争》，中国法制出版社 2000 年版，第 371 页。
③ ［德］迪特尔·施瓦布：《民法导论》，郑冲译，法律出版社 2006 年版，第 209 页。
④ ［日］星野英一：《私法中的人——以民法财产法为中心》，王闯译，载梁慧星主编：《为权利而斗争》，中国法制出版社 2000 年版，第 368 页。
⑤ 参见薛军：《人的保护：中国民法典编纂的价值基础》，载《中国社会科学》2006 年第 4 期。
⑥ 参见杨立新：《人身权法论》，人民法院出版社 2002 年版，第 303—305 页。

(1)民事主体在其诞生前和消灭后,存在着与人身权利相区别的先期法益和延续法益。法律规定,民事主体之所以享有人身权利,是因为其具有民事权利能力。但是,就客观事实而论,民事主体在其取得民事权利能力之前和终止民事权利之后,就已经或者继续存在某些人身利益,而且这些人身利益都与该主体在作为主体期间的人身利益相联系。这些存在于主体享有民事权利能力之前和之后已经存在的先期利益和延续利益,对于维护该主体的法律人格具有重要的意义,当其受到侵害,将使其事后取得和已经终止的法律人格造成严重的损害。法律确认这种先期利益和延续利益,使其成为民事主体的先期法益和延续法益,同样予以法律的严密保护。民事主体所享有的这种先期的和延续的人身法益,与人身权不同。其根本区别在于,人身权利为有民事权利能力的主体所享有,人身法益是在主体的权利能力取得前和终止后已经存在和继续存在一定期间。

(2)人身法益与人身权利互相衔接,统一构成民事主体完整的人身利益。民事主体的人身法益由两个部分即先期法益和延续法益构成。在先期法益与延续法益之间,与这两种法益紧密地前后相衔接的,就是人身权利。先期法益、人身权利、延续法益之所以能够紧密地、有机地衔接在一起,原因在于它们具有共同的基础,即它们的客体都是人身利益。民事主体有关人身的先期利益和延续利益作为先期法益和延续法益的客体,享有主体资格期间的人身本体利益作为人身权利的客体,在客观上是一脉相承、先后相序的一个整体;先期人身利益作为先导,引发和转变为人身本体利益;本体人身利益作为基础和中心,在其终止后,转变成延续人身利益,并使其继续存在。在这样一个前后相接、完整有序的人身利益的链锁之中,先期人身利益、本体人身利益和延续人身利益都是其不可或缺的一环,缺少任何一个环节,都会使这一链锁出现残缺,从而导致民事主体人身利益的不完整,也必然导致民事主体人格的损害。民事主体人身利益的统一性和完整性,决定了先期人身法益、人身权利和延续人身法益也构成一个统一、完整的系统。

(3)民事主体人身利益的完整性和人身法益与人身权利的系统性,决定了法律对民事主体人身保护必须以人身权利的保护为基础,向前延伸和向后延伸。民事主体人身利益的法律保护,必须是也必然是以人身权利的保护为中心,这也正是现代人权观念最基本要素的体现。没有这种法律保护,民事主体的人身权利不复存在或者任意受到侵犯,民事主体就丧失了最基本的人权,丧失了法律人格或者造成法律人格的残损,人就无异于动物。如果法律仅仅保护民事主体的人身权利,也是不够的,必然使其先期人身利益和延续人身利益缺少必要的法律保护,使之成为自然的利益,无法抵御外来的侵害,进而损害人身权利的本身。法律确认民事主体的先期人身利益和延续人身利益为法益,就确切地表明,法律以对民事主体人身权的保护为基础,向前延伸以保护民事主体的先期人身利益,向后延伸以保护民事主体的延续人身利益。这种双向的人身利益延伸保护,以人身权利的法律保护作为基础和中心,在时间顺序上与之相衔接,构成了对民事主体人身利益法律保护的完整锁链,确保民事主体的人身权利、人身法益不受任何侵犯。这种完备、统一的人身利益法律保护,不仅是维护民事主体个体利益的需要,同时也是维护社会利益的需要。通过对个体人身利益的完备保护,确立社会统一的价值观、荣辱观、道德观,引导人们珍视自己的人身利益,尊重他人的人格和尊严,创造和睦、友善、利人的良好社会风范,并且通过制裁侵害他人人身权利和法益的违法行为,维护整个社会利益。

以上论证存在以下问题:

首先,第一点有一定道理,指出延伸保护包括先期利益和延续利益两个方面,这两个方面构成了"延伸保护说"的基本要素,但是没有道出为什么会存在先期利益和延续利益。王利明先生也指出:"延伸保护说"没有揭示出延伸的根源,尤其在很多情况下,对死者利益的保护和对生者利益的保护交织在一起,此说也没有揭示出此种利益归属于谁。①

其次,第二、三点有些循环论证,主要围绕着民事主体完整的人身利益打转,但是没有揭示出完整的利益为什么包括人身权利和人身法益。第二点几乎是第三点的同语反复。前面说"人身法益与人身权利互相衔接,统一构成民事主体完整的人身利益",后面说"民事主体人身利益的完整性和人身法益与人身权利的系统性,决定了法律对民事主体人身保护必须以人身权利的保护为基础,向前延伸和向后延伸"。系统和完整几乎就是同一用语,而向前延伸与向后延伸也只不过是这种系统与完整的必备内容,分成两个方面来说看不出有什么层次和内容上的差别。

对于延伸的根源,虽然在上一节有所论述,但是更为详细和超越实证法的论述将在下一章展开,而在本章只对利益的归属和法益与权利的区分做更为清晰的阐述。

---

① 参见王利明:《人格权法论》,中国人民大学出版社 2005 年版,第 197 页。

第三节　对"延伸保护说"的补正

针对"延伸保护说"的缺陷,笔者从以下两个方面提出补正。

一、侵害死者名誉行为会有双重侵害,即既侵害死者的名誉,也侵害死者近亲属的名誉

(一)从对名誉评价的过程来说,名誉是社会对主体的综合性评价

供给社会进行评价的因素是名誉的构成要素。名誉构成要素可以是主体客观存在的任何一种因素或信息。作为具有亲属关系的人相互联系的因素之一,一方的名誉往往也是另一方名誉的构成要素,即供给社会进行评价的一种对象。对评价对象的破坏必然破坏评价本身,从而破坏主体应有的名誉,进而侵犯该主体的名誉权。因此,侵害死者名誉也是对死者生存亲属名誉的侵害。[①]

(二)按照我国基本的文化观念,死者的名誉、好坏,往往影响对其近亲属的评价

因此,侵害死者名誉可能同时侵害其亲属的名誉。如果侵害,则近亲属可以以自己的权利为依据要求侵权者承担侵权责任。[②] 在现实生活中,也的确有人通过辱骂某人的亲属来羞辱某人,如辱骂祖宗的行为即属此类。

(三)基本的社会交往礼仪表明,尊重一个人,也必须尊重其家属

如果不尊重一个人的家属,这种不尊重也被视为对其本人的冒犯。同样,一个人的不名誉也会给家庭带来羞辱。如果死者名誉受到不公正的侵害,死者家属所感到的愤怒、屈辱都是社会常识可以想象的合理和正常反应。此外,一般人都对死去的亲人抱有深深的怀念之情。对死者名誉的损害常常会对死者亲人造成巨大的感情伤害。因此,在死者名誉受到侵害时,死者的亲属所获得的社会评价降低,或者其人格尊严受到损害,其对死者的追思怀念之情受到伤害,这都是社会上的普遍现象。[③] 前面所述的 13 个现实中的案例有 13 个都是在主张死者名誉受损的同时自己也遭受了名誉损害或精神伤害。

[①] 参见刘国涛:《死者生前人格利益民法保护的法理基础》,载《比较法研究》2004 年第 4 期。

[②] 参见魏振瀛:《侵害名誉权的认定》,载《中外法学》1990 年第 1 期;张新宝:《名誉权的法律保护》,中国政法大学出版社 1997 年版,第 36—37 页。

[③] 参见葛云松:《死者生前人格利益的民法保护》,载《比较法研究》2002 年第 4 期。

承认侵害死者名誉行为会有双重侵害,从而近亲属可能会有双重诉权,即直接主张自己的名誉受损和主张其近亲属(死者)的名誉受损。这并不矛盾,只不过在双重损害发生时,近亲属一体化地提出主张,使两种损害纠纷合二一了。其实,前面讲述的13个现实中的案例大多都主张了双重损害。但是以上所说只是表明,死者的名誉受损可能会给死者近亲属带来损害,但不是必然会产生损害,因此,在近亲属权益没有受损害时,他们仍然有诉权主张其近亲属(死者)的名誉受损,这时,就是单一诉讼。

二、对法益与权利的清晰区分

杨立新先生认为:"法益,是指应受法律保护的利益。"虽然杨立新先生承认法益与权利的区别,认为法律没有认可为权利但仍然给予保护的利益就是法益,但是前面对法益的界定也是不清晰的,而且"应受法律保护的利益"是一个广泛的概念,包括权利本身,因为权利也是一种利益,而且得到法律的明确承认。因此,要对权利与法益做更为清晰、详细的区分。对此,曾世雄先生有着较为准确、合理、精当的论述。

曾世雄先生认为,民法规范部分生活资源,规范之方法有提供完整之保护、有提供局部之保护、有放任自生自灭之分。提供完整之保护者,当生活资源之享有未尽顺遂时,即以法律之力量强制介入担保其实现;提供局部之保护者,仅止于承认生活资源享有之合法性,当生活资源之享有未尽顺遂时,法律视情形,或强制介入担保其实现,或袖手旁观期待因其他救济方法之出现,间接带动重归顺遂;放任自生自灭者,在法律上不被承认合法,然亦不认之为违法。上述三类型之生活资源,分别依附于"权利"、"法益"和"自由资源"之外观出现。[①]

曾世雄先生的这种区分主要针对"权利本位"的弊端。在"权利本位"之下,权利在法律上具有耀眼之主要地位,而法益和自由资源,相形之下几被忽略。为纠正"权利本位"之偏颇,曾世雄先生提出"生活资源本位说",即民法保护者为生活资源,而不仅限于权利。在"生活资源本位说"下,法益是指法律上主体得享有经法律消极承认之特定生活资源。其存在样态有以下几种。[②]

(一)不特定多数人共享之生活资源

生活资源归属于不特定多数人享有,如社区之住户共享社区之清洁干净、厂商公平竞争之交易机会、消费者共享排除独占、结合或联合行为、以比

---

① 参见曾世雄:《民法总则之现在与未来》,中国政法大学出版社2001年版,第87页。
② 参见曾世雄:《民法总则之现在与未来》,中国政法大学出版社2001年版,第98页。

较合理之价格取得商品或服务之交易环境、劳工共享有关安全之各项设施等。

(二)他人权利反射出之生活资源

非权利人而受他人权利之庇荫所获取之生活资源亦为法益之一种样态,传统学说常以反射利益称之。例如房屋之承租人有租赁权,承租人之配偶及子女亦得居住。承租人之亲属面对出租人,并无任何权利,借承租人租赁权之庇荫而获得居住之生活资源。

(三)形成权利过程中之生活资源

人类社会生活,先有彼此接触,然后形成法律关系。法律关系形成后,权利浮现,生活资源随之而变动,但彼此接触阶段,尚无权利可言,只是杂有生活资源。

(四)权利门槛外之生活资源

民法上之权利,属于制度上之一种设计。设计上或有欠缺绝对理由,进而借助技术安排者,安排在内则为权利,安排在外者即为非权利。非权利,可能即为法益。例如消灭时效之年数及法定扶养权益亲属之范围,属于技术安排。安排在年数或范围之内者为权利,之外则为法益。

(五)公序良俗所保护之生活资源

人类社会生活之生活资源,原则上受法律保护。法律条文有时而穷,保护之重任即转由公序良俗承担。公序良俗,乃抽象且变动之概念,难以界定具体内容外,又因时空而更改内容。因此,有必要将一些在法律无法确定为权利但又可归于公序良俗之利益定为法益加以保护。

由于权利的存在是以权利能力为基础的,当主体死亡时,名誉权自然消灭,但是法益的主体并不以权利能力为基础,法益还是有归属的,只是其主体已经死亡而已。法益主体的死亡,并不意味着法益客体的消失,例如死者的"名誉(名誉利益的客体)"作为一种客观存在并没有消失。[①] 那么,死者名誉作为法益到底是上述样态中的哪一类型呢?

刘国涛先生认为,死者的法益恰恰是近亲属权利反射保护、间接保护之利益。[②] 这恰恰是对反射利益的误解。反射利益借用了物理学上光的发射作用来说明法律上的一种间接利益。反射利益必须有一个在先的权利为前

---

① 参见刘国涛:《死者生前人格利益民法保护的法理基础》,载《比较法研究》2004 年第 4 期;董炳和:《论死者名誉的法律保护》,载《烟台大学学报(哲学社会科学版)》1998 年第 2 期。

② 参见刘国涛:《死者生前人格利益民法保护的法理基础》,载《比较法研究》2004 年第 4 期。

提，如前面曾世雄先生所举的租赁关系中的租赁权。这个在先的权利是直接利益，而其反射作用的利益是间接利益，即反射利益。在侵害死者名誉中，近亲属的名誉受损害的前提是死者的名誉受损害，死者的名誉是先在利益，近亲属的名誉才是间接利益，是反射利益。因为"反射的非财产上损害，倘依法得请求赔偿时，赔偿请求权人所请求赔偿的乃是自己所感受的痛苦与损害，而非替他人主张权利"①。刘国涛先生刚好弄反了直接利益和间接利益的关系。刘国涛先生还认为："死者生前身份不同，其名誉保护应区别对待。对于公众人物、社会名流、国家工作人员的名誉保护要比普通公民有更多的限制。对死者生前的职务行为进行评价是公民行使监督权的表现。"②如果死者的法益恰恰是近亲属权利反射保护、间接保护之利益，那么死者近亲属的权利应不依赖于死者生前的权利，死者的名誉保护又何来区别对待？

　　笔者认为，死者名誉是权利门槛之外、由公序良俗所保护之法益。因此，死者名誉之所以成为法益还不能从法律的明文规定中找，其成立法益的基本立足点不是由法律明文规定的权利推出，而是社会、文化、伦理以及哲学的依据。这正是本书下一章关注的中心。

　　① 曾世雄：《非财产上之损害赔偿》，中华书局 1989 年版，第 15 页。
　　② 刘国涛：《人的民法地位》，中国法制出版社 2005 年版，第 188 页。

第八章　死者名誉独立保护的正当性

本章将论证死者名誉独立保护的正当性。在理论上，"延伸保护说"最为根本的缺陷在于没有指明人格利益延伸的根源，这也是"延伸保护说"能否成立的最为关键的问题。人格利益延伸的根源就在于死者人格利益独立保护的正当性。只有恰当地论证了死者名誉保护的正当性，才能说死者权利的延伸保护是必要的。这就需要深入法律制度的背景，考究立法的正当性根源。因此，本章从伦理学、社会学、哲学上的生存论以及中国文化传统等角度论证死者权利的延伸保护的正当性。

第一节　死者名誉独立保护之正当性论证的意涵

这样一种说法比较普遍："所谓权利，是法律赋予民事主体享有的利益范围或者实施一定行为以实现某种利益的可能性。"①"权利赋予说"的错误在于将权利定位于法律之后，先有法律后有权利，其实应该是先有权利，后有法律，法律不过是权利认定书。就死者名誉保护而言，在我们没有专门规定之前，处于自然意义的生活世界之中，类似于罗尔斯所言的"原初状态"。②从原初状态进入法律世界，即从自然状态进入对之约束的规范状态或者如黄茂荣先生所言的将生活事实变为法律事实，需要经过一个过程，即立法。③

---

① 姚辉：《陈秀琴诉魏锡林、〈今晚报〉侵害已故女儿名誉权案》，http://www.sifakaoshi.org/jmhtml/showcc91.html? id=2228&cid=270,2011-06-03。
② 参见[美]罗尔斯：《正义论》，何怀宏、何包钢、廖申白译，中国社会科学出版社1988年版，第113—184页。
③ 参见黄茂荣：《法学方法与现代民法》，中国政法大学出版社2001年版，第189页。"到底哪种生活事实该是这种事实(指法律事实——引者注)，应保留给立法者来做出决定。"由此可推知，立法的一项重要任务是将生活事实转变为法律事实。

而立法所要进行的前期性工作是合法性（legitimacy）论证，使自己的行为合法化。

合法性与合法化是一对相伴而生的概念，合法性的核心要旨是"由于被判断或被相信符合某种规则而被承认或被接受"。与此相应，合法化是指"显示证明或宣称是合法的、适当的或正当的，以获得承认或授权"。①

在原初状态之下，我们没有人造规则，有的只是行为习惯。而现在要在原初状态之上构造出一个规范世界，那么在原初的生活世界上为何会耸立一个规范的世界（法律制度或法律场域）？从生活世界到规范世界需要一个证明过程，即证明法律世界的正当性，因此，我们就必须寻找理由来为此辩护——"正名"。就现代社会而言，这种构造活动即立法由国家所垄断，立法活动是国家权力的一种体现。对立法活动的合法性论证就是这样一个正名的过程，这也部分地说明了为什么古往今来的政治哲学家都关心合法性或权利的合法化问题。② 为避免两个合法性（legitimacy 与 legality）的混淆，有学者就将 legitimacy 翻译为正当性，而将 legality 翻译为合法性。但是，legitimacy 不仅仅是正当性，从词根上说，还有与法律的关联性之意。此处所说死者名誉独立保护的正当性是就 legitimacy 而言的。

更进一步说，死者名誉保护的合法性（legitimacy）问题可分解为两个方面：一方面是死者名誉保护的正当性，即死者名誉应当被保护，这主要是由法律背后的伦理、社会、哲学等作为支撑；另一方面是死者名誉保护与法的关联性，即死者名誉保护需要一种名为法律的东西来规范。③ 本章要解决的正是前一个问题。

第二节　死者名誉独立保护的伦理依据

尽管法律与道德的关系是一个法律思想史上长期争论不休的话题，而各种立场都有著名人物和经典论述作为支撑，但是笔者在此显然无力对这一问题做出清理和阐述，只是简单表明自己的态度：法律与道德是相关联的，法律的良好性需要有美德的支撑。用亚里士多德的名言来表达就是：

---

① 参见高丙中：《社会团体的合法性问题》，载《中国社会科学》2000 年第 2 期。
② 参见强世功：《法律移植、公共领域和合法性——转型国家中的法律（1840—1980）》，载朱苏力、贺卫方主编：《20 世纪的中国·学术与社会·法学卷》，山东人民出版社 2001 年版，第 56—57 页。
③ 关于合法性的这种论证路线的较详细解释，参见刘三木：《安乐死的合法性问题初探》，载《法学评论》2003 年第 2 期。

"人们所服从的法律是制定得良好的法律。"而"要阐明美德与法律的道德性之间的关系,就要考察在任何一个时代建立一个共同体——为了实现一种共同的筹划,这一筹划旨在产生某种被所有那些参与这一筹划的人公认共享的善——所要涉及的东西"。① 也就是说,这个社会"必须承认某一系列品质为美德、与此相对的一系列缺点为恶"。② 法律和道德的基本连接点是它们都以正义为旨归。法律和道德都涉及对人的行为的评价与判断,而这评价与判断的决定性标准就是正义。③ "人所建树、决定、抉择的一切皆是正义。"④这就恰如笛卡尔所言:"我所称其构成适当武器的东西,取决于对善恶知识坚定而又决定性的判断,它的实行结果是要指导其生活的行动。"⑤

就民法上的人而言,"人虽是肉体的存在,但其与其他动物的不同之处在于其是具备理性和意识的,可谓是伦理的存在"⑥。人在民法中不仅仅是一个自然的存在,更重要的是作为伦理人的存在。可以说,名誉⑦是人在民法中作为伦理人存在的一个象征。名誉不是美德,而是美德之体现。名誉对于个人生存于世的重要性自古以来一直表现得非常明显。

且不说现代生活对人之尊严、隐私与人格独立之珍视。上溯到《荷马史诗》描绘的英雄时代,名誉就是一个人有尊严地处于一个社会中的标志。"荣誉属于战斗或竞赛中的优胜者,作为被其家庭与共同体所承认的一种标志。"⑧"荣誉是具有同等地位的人们授予的;没有荣誉,一个人就毫无价值。"⑨而在古希腊的雅典,荣誉问题脱离了具体的社会角色,已成为"什么是一个人的分内"的问题。⑩

由于名誉对个体之重要性,因此,"如果个体在人格性世界的条件下得

---

　　① 转引自[美]A·麦金太尔:《追寻美德——伦理理论研究》,宋继杰译,译林出版社2003年版,第190页。

　　② 参见[美]A·麦金太尔:《追寻美德——伦理理论研究》,宋继杰译,译林出版社2003年版,第191页。

　　③ 也许正因如此,许多哲学家将其法哲学理论放在道德哲学之中,是其道德哲学的一部分,如德国的康德和英国的亚当·弗格森等。

　　④ [德]马丁·布伯:《我与你》,陈维纲译,生活·读书·新知三联书店1986年版,第71页。

　　⑤ 转引自[加拿大]查尔斯·泰勒:《自我的根源:现代认同的形成》,韩震等译,译林出版社2001年版,第230页。

　　⑥ [日]星野英一:《私法中的人——以民法财产法为中心》,王闯译,载梁慧星主编:《为权利而斗争》,中国法制出版社2000年版,第327—328页。

　　⑦ 基于前文的界定,这里所说的名誉是广义的,几乎相当于一般人格,包括隐私,荣誉等。

　　⑧ [美]A·麦金太尔:《追寻美德——伦理理论研究》,宋继杰译,译林出版社2003年版,第154页。

　　⑨ [美]A·麦金太尔:《追寻美德——伦理理论研究》,宋继杰译,译林出版社2003年版,第158页。

　　⑩ 参见[美]A·麦金太尔:《追寻美德——伦理理论研究》,宋继杰译,译林出版社2003年版,第167页。

到其满足,那么,他就不会继续培养或者甚至会停止培养其开辟通向他自己的目标的新道路的能力;也就是说,他的能力至少被'封盖'"①。也是说,名誉是个体自我完善和发展提升的重要条件。个体追求自我的完善应该一直延续。正如施瓦布所言:"使法律后果在死亡之后仍然得以产生的能力,不是死者的法律地位,而是人在其生前所享有自由的一部分。"②显然,这是赞同"延伸保护说"的。

这种对名誉的追求和保全至死不渝。因此,法律应该保护这种追求。这一点通过对希腊民法保护死者名誉的立法动机的说明可以看得很清楚:"在希腊,一些人生活的目的就在于死后能给子女留下好的名声。这一现象并不少见。法律不能无视这些高尚的思想,它必须保护后人对死者的崇敬之情。"③

名誉是一个人在社会上应该受到与其个人社会地位、人格相当的评价。"'名誉',也即一个人的声誉,是社会交际活动的产物,它并非仅只与这个人相关,而是同时也与其他人相关。"④因此,从社会善良风俗之要求来考虑,也应该给予死者名誉保护。德国法院的一个判决指明了这一点:"德国慕尼黑上诉法院在其 1994 年 1 月 26 日的判决中(载 NJW-RR,1994 年,第 925 页)指出:一个人活着时的尊严及人格的自由发展,只有当他能够期待在其死后也能够获得法律对该权利至少是在遭到他人严重侵权情况下的保护,并且能在这种期待中生活时,才能算是获得了法律的充分保护。"⑤可以说,保护死者名誉是社会公德的要求。"公德最核心的内涵就是,公民在日常生活中应该避免损害公众的集体利益以及其他个别社会成员的权益。公德是一种不作为、消极性的、有所守的行为,它要求人们不为自己的利益或方便而伤害陌生人与社会……"⑥损害死者的名誉有时甚至还不是一种损人利己的行为,而是损人不利己的行为。例如对雷峰名誉的损害实际是对一代人情感的伤害,而又对于行为人自己没有任何益处(除了耸人听闻以获得所谓的"名声")。

---

① [德]京特·雅科布斯:《规范·人格体·社会——法哲学前思》,冯军译,法律出版社 2001 年版,第 39 页。
② [德]迪特尔·施瓦布:《民法导论》,郑冲译,法律出版社 2006 年版,第 96 页。
③ [德]克雷斯蒂安·冯·巴尔:《欧洲比较侵权行为法》(下卷),焦美华译,法律出版社 2001 年版,第 149 页。
④ [德]迪特尔·施瓦布:《民法导论》,郑冲译,法律出版社 2006 年版,第 216 页。
⑤ [德]克雷斯蒂安·冯·巴尔:《欧洲比较侵权行为法》(下卷),焦美华译,法律出版社 2001 年版,第 71 页注 307。
⑥ 陈弱水:《公共意识与中国文化》,新星出版社 2006 年版,第 32 页。

第三节　死者名誉独立保护的社会依据

名誉也具有社会性，名誉的获得必须得到社会的承认。死者名誉需要予以独立保护，其社会依据如下。

一、多米诺理论(domino theory)[①]

当前社会处于道德滑坡状态已经是不争的事实。而更为不幸的是，社会还流行炮轰死者风，如"21世纪还让鲁迅代表中国人实在太落后"、"一百个孔子裸奔，顶不过一个超女"、"岳飞自杀是自找，秦桧没有必要下跪"。[②]这些毫无禁忌和不负责任的言论，在法律上当然无可非议，因为这都是言论自由的范围，但是可以反映一种社会风气，即对死者的冷漠和不尊重。其实，死者往往是我们的祖先，他们在我们的视野中应该占有一席之地，应该对我们有所谓，而不是无所谓。如果死者的名誉(没有近亲属或近亲属已死的)可以任意毁损，这样风气一开，第一张骨牌倒下，自然会有连锁反应。喜好求名，意在吸引眼球，话越出格越能吸引注意，就遇事都要起哄，死者就会成为纯粹的死狗而被随意攻击。

二、旁观效应

如果不保护死者的名誉会造成一种旁观效应，即旁观者会效仿这些行为，从而互相贬低、诋毁对方的祖先名誉，弄得社会成为一个互相谩骂和猜忌的社会。反过来说，保护死者名誉会有一种标榜效应，树立公共形象受法律保护的模板，会使人们互相尊重、爱护名声。而那些不愿去诋毁他人的人看见死后名誉就这样被轻易毁灭，自然会阻碍他的努力之情。著名论文《让法庭还死者清白》[③]也正是在这样的社会刺激下写就的。作者 Raymond Iryami 先生是 Fordham 大学的毕业生。初入校时，有一本科同学不幸失踪，警

[①]　也称多米诺骨牌效应，指在一个存在内部联系的体系中，一个很小的初始能量就可能导致一连串的连锁反应。

[②]　参见阿巍:《放过这些早已入土为安的人吧!》,http://blog.sina.com.cn/myblog/article/article_print.php? blog_id=494c79d3010005a2,2012-05-03。

[③]　Raymond Iryami,Give the Dead Their Day in Court: Implying a Private Cause of Action for Defamation of the Dead from Criminal Libel,9 Fordham Intell. Prop. Media & Ent. L. J. 1083 (1999)。

察搜寻两个月才找到尸体,传媒群起炒作,不负责任地议论死者。Raymond Iryami 发现法律居然不能保护去世同学的名誉,深受刺激,立志探索对策,花两年时间写出这篇文章。①

三、特别是在葬礼上,更不允许诽谤死者名誉

根据英国著名人类学家马林诺夫斯基(Malinowski)的研究,葬礼有一种心理的抚慰和社会的整合功能。丧葬仪式"不但专使个人精神得到完善,同样也使整个社会得到完善"②。正是在葬礼上,"死,这专私的行为,任何人唯一最专私的行为,乃变成一项公共的事故,一项部落的事故"③。这种"聚在一起"的社会性仪礼有助于人们战胜因死亡而造成的削弱、瓦解、恐惧、失望等离心力,从而使受了威胁的群体生活得到最有力量的重新统协的机会,有了这种群体的统协,才能保持文化传统的持续和整个社会的再接再厉。正是在这些仪式中,死亡绝不仅仅是个体的生理现象,而是社会的公共事务,它们联结了个人与社会以及社会之间的关系。④ 而毁损死者名誉行为在葬礼上的出现,会破坏这些功能,使社会统协出现断裂。

四、事实上的案件表明需求

通过前面第三章对实际案例的讨论,我们可以看出,在当今社会中,对死者名誉法律保护的需求还是相当大的。如果法律不提供保护,就会出现法律供给不足的问题,从而使法庭上的和平解决纠纷变成街头抗争和私人暴力救济。

第四节　死者名誉独立保护的哲学依据

死亡一直是哲学思考的重要主题。⑤ 以这些思考为参照,笔者主要从生存论层面提出死者名誉独立保护的哲学依据。一个人的人生之展开有三个

---

① 冯象:《孔夫子享有名誉权否 》,载冯象:《政法笔记》,江苏人民出版社 2003 年版。
② [英]马林诺夫斯基:《巫术、科学、宗教与神话》,李安宅译,中国民间文艺出版社 1986 年版,第 33 页。
③ [英]马林诺夫斯基:《巫术、科学、宗教与神话》,李安宅译,中国民间文艺出版社 1986 年版,第 30 页。
④ 郭于华:《死的困扰与生的执着——中国民间丧葬仪礼与传统生死观》,中国人民大学出版社 1992 年版,第 36 页。
⑤ 参见段德智:《死亡哲学》,湖北人民出版社 1991 年版,第 23 页。

层面：①①与自然相关联的人生，实际是人与自然之关系；②与人相关的人生，这是人际关系的人生；③与精神相关联的人生，这是关系个人内心之完满、充足与否的世界，实际是个体的内心世界。死亡在第一个层面的意义不在本书讨论的范围，因为死亡在自然意义上说，只不过是人对自然的回归，是参与自然物质循环的一部分。第二个层面可以分解为个人与熟人、个人与陌生人两个方面，而个体的内心世界是个人安身立命于社会的居所。因此，本节从三个方面来论证死亡对人的生存论意义。

其中，笔者以家庭为熟人世界的代表，因为在中国社会中，家庭是最核心的熟人世界，一个人的熟人世界是以家庭为核心圈而层层向外推演的。②

一、死亡在个人生存论上的意义

(一)个人之生存结构

人之生存是一个从无到有再到无的过程，用图来表示就是：

$$胎儿——出生：无——存在（有）$$
$$生者——死亡：存在（有）——无$$

法国启蒙哲学家狄德罗对此有很精彩的描述：

"从物质中产生，随之而来的连续阶段依次是，首先是一个无活动能力的物体，随之是一个有感觉的存在，一个能思考的存在，然后是一个能解决分点岁差问题的存在，他成熟，变老，死亡，腐烂分解，随后返回土壤中去。"③

如果说胎儿的出生是一个生命（人）的开始，是一个从无到有的过程，那么死亡就是一个生命（人）的终结。胎儿应该延伸保护，那么死者还需不需要延伸保护呢？问题在于死亡是不是进入纯粹的虚无？答案是死亡并不是一个纯粹虚无的开始。死亡是一种回归，是对大地的回归。死亡"涉及死者，涉及那个在其茫茫存在的漫长系列之外，在一个唯一完成的形象之中接待自身的人，涉及那个在琐碎生命的不安之外，上升到简单普遍性的安宁之中的人"④。人是充满符号意义的人，而人之死亡是那些满是意义符号的运

---

① 参见［德］马丁·布伯：《我与你》，陈维纲译，生活·读书·新知三联书店 1986 年版，第 20—21 页。
② 参见费孝通：《乡土中国》，香港三联书店 1986 年版。
③ ［法］狄德罗《达朗贝尔的梦》。转引自［加拿大］查尔斯·泰勒：《自我的根源：现代认同的形成》，韩震等译，译林出版社 2001 年版，第 535 页。
④ ［德］黑格尔《精神现象学》。转引自［法］艾玛纽埃尔·勒维纳斯：《上帝·死亡和时间》，余中先译，生活·读书·新知三联书店 1997 年版，第 93 页。

动的停止，①但是运动停止了，意义还在。"人，就是当他还无所做为之时也
还存在之物。"②因此，"不使死亡变得无冒犯性，不为它辩护，不承诺永恒的
生命，而是试图显示出它赋予人类历险的意义，也就是说，显示出死亡所赋
予存在之状态、或存在状态之外之物的意义"③。既然死亡之后并不是虚无
一片，那么对于那些意义符号就应该给予延续保护。

（二）死亡的象征意义

存在主义似乎主张，生活目的与大量的生命活动唯有在与死亡相对照
并反抗死亡时，才可获得其意义。④ 虽然这种观点过于极端，将"意义"这一
术语贬义地运用了，但是它反映出死亡在人类生存论上的重要地位。

人在垂死过程中会感到六种恐惧：对未知物的恐惧、对孤独的恐惧、对
失去家人和朋友的恐惧、对失去身体的恐惧、对失去自我控制的恐惧、对失
去同一性的恐惧和对回归的恐惧。⑤ 因此，人在垂死过程中特别需要帮助，
这是临终关怀兴起的重要原因，而对死者名誉的保护有助于人们克服对失
去同一性的恐惧。"在垂死过程中，人被迫面对的，是保持一个完整的自我
的危机。……完整性是对人自己的、也是唯一生命周期的认可。……完整
之人私人认识到各种不同的生活模式——此模式给予了人类奋斗的意
义——具有相对性，但他仍将准备保护他自己生命模式的尊严。这种尊严
是与所有生理上的和经济上的威胁相对立的。……失望却是失去自尊的结
果，即没有保持住他自己的尊严，没有保留住他曾经拥有过的东西。"⑥对死
者名誉的保护可以让人觉得自尊和精神同一性仍然在死后保留，从而克服
对失去自我、失去同一性的恐惧。

"对死亡的忧虑倒正是对未完成的这一忧郁（它并不是虚荣心的受损
伤）的方式。对死的恐惧，是惧怕留下一个未完成的作品，因而也是惧怕没

---

① 参见[法]艾玛纽埃尔·勒维纳斯：《上帝·死亡和时间》，余中先译，生活·读书·新知三联
书店1997年版，第4页。

② [德]贝克勒等编著：《向死而生》，张念东等译，生活·读书·新知三联书店1993年版，第
153页。

③ 参见[法]艾玛纽埃尔·勒维纳斯：《上帝·死亡和时间》，余中先译，生活·读书·新知三联
书店1997年版，第128页。

④ 参见[美]塔尔科·特帕森斯、维克多·利兹：《美国社会中的死亡》，载南川、黄炎平编译：
《与名家一起体验死》，光明日报出版社2001年版，第23页。

⑤ 参见[法]E·曼塞尔·帕提森：《垂死过程中的帮助》，载南川、黄炎平编译：《与名家一起体
验死》，光明日报出版社2001年版，第103—111页。

⑥ [法]E·曼塞尔·帕提森：《垂死过程中的帮助》，载南川、黄炎平编译：《与名家一起体验
死》，光明日报出版社2001年版，第108页。

有亲历过。"①当人的完成物可以被任意毁损时,对死的恐惧会加剧。

"象征永生性是人需要内在意识的一种表现。……永生性的意义不仅仅是对死亡的否认,它来自人在历史过程中产生的强制性的、提高生命价值的幻想。"②获得永生的两种方式:一种是从生理上使自己的血脉通过子女延续,另一种是通过留下精神产品使自己的生命延续。

帮助克服临终恐惧使人可以坦然面对死亡,体现人之伟大和尊严。"唯有人能够十分自觉地面对死亡,这属于人的伟大和至尊。这使得人有能力视生命为一整体,视生命为有始有终。死亡使人超越自身的生命并且赋予人以永恒。因此,人关于自身之死的知识,同时也就是他居于死之上的知识。要死的与不死的同时并存,这就是人的命运。"③

二、死亡在个人与家庭生存论关系上的意义

死亡伦理是家庭伦理学的重要组成部分。"确实有着一种家庭所特有的伦理学,它从它人世的道德观念出发,与地下世界有关,它就是埋葬死者。"④家人与死者的关系不是人与物的关系,也不仅仅是血缘的关系,更是文化、意识和德行的关系。"一个有着普遍本质而又不是公民的某人,就是死者。在家庭与黑暗王国的关系中,有着一种家庭所特有的德行。对死者的责任就是埋葬他们的责任,是它构成了家庭所特有的德行。埋葬行为是一种与死者的关系,而不是一种与尸体的关系。"⑤死者不是尸体,而是富有人格因素的遗留。

埋葬是一种象征行为,"通过这一象征行为,血缘亲属关系十分自由地保护了死者"。⑥葬礼有一套礼仪,"生者们通过葬礼的体面夺走了无名之解体的耻辱。生者们就这样把死者变成了活生生的记忆"⑦。这种"活生生的

---

①　[法]艾玛纽埃尔·勒维纳斯:《上帝·死亡和时间》,余中先译,生活·读书·新知三联书店1997年版,第112页。

②　[法]罗伯特·杰·列夫顿:《争取文化的再生》,载南川、黄炎平编译:《与名家一起体验死》,光明日报出版社2001年版,第40页。

③　[德]保尔·蒂利希:《深处有真理:宗教言论》,载[德]贝克勒等编著:《向死而生》,张念东等译,生活·读书·新知三联书店1993年版,第143页。

④　[法]艾玛纽埃尔·勒维纳斯:《上帝·死亡和时间》,余中先译,生活·读书·新知三联书店1997年版,第92页。

⑤　[法]艾玛纽埃尔·勒维纳斯:《上帝·死亡和时间》,余中先译,生活·读书·新知三联书店1997年版,第93页。

⑥　[法]艾玛纽埃尔·勒维纳斯:《上帝·死亡和时间》,余中先译,生活·读书·新知三联书店1997年版,第98页。

⑦　[法]艾玛纽埃尔·勒维纳斯:《上帝·死亡和时间》,余中先译,生活·读书·新知三联书店1997年版,第96页。

记忆"由祭礼来维持。

出于家庭所特有的德行,家人会起而维护死者的名誉。在实际生活中,有人装死以检验后人对其死后的态度,这说明人非常在意家人的挂念和对其身前的评价。"家庭使死者脱离无意识欲望和抽象存在本质的这一有损名誉的操作,以它自己的操作代替它们,使死去的家人与大地的胸膛、与永不枯竭的基础的个性结合起来;通过这些,家庭成为一个占支配地位的共同体的合伙者,并把独特物质的力量和卑下的生命力掌握在它的控制下,要知道,这些力量与生命力总是想冲破死亡的限制并毁灭它。"①对死者的名誉的护卫使家人和死者在历史中继续藕断丝连,统一于一部家庭史中。"祖先死了,但是一切死人也往往是我们自己的生命视野中占有固有的一席。这个地位虽然相当尴尬,但却比死人呆在死人国、与活人又缺乏内在联系的状况来说,那就牢靠得多了。不论是此,还是彼,死人总归了有了支点,人们凭此可以找到他们。"这个支点就是"扬弃死人之国和生命之国在空间上以及内在的分离,并把两者统一在一部历史之中"。②

三、死亡在人与人(两个陌生人之间)的生存论关系上的意义

在海德格尔对死亡的分析中,人们吃惊地看到死亡被归结于向死存在,归结于此在之结构,也就是说,归结为原始意义上的主观性,与存在的真正关系——从此一关系出发,另外的一个人可以被领会。③ 两个陌生人能共处于一个社会之中,其生存论关系在死亡事件上更能清晰地展现出来。海德格尔说:"日常状态的自己却是常人,它是在公众解释事情的讲法中组建起来的,而公众讲法又是在闲言中道出自身的。据此,闲言就必定会开出日常此在以何种方式向自己解释其向死存在。"④名誉就是一种公众讲法,参与组建人之本质。

"一个人乃是人类生存的延续路线之部分。……人乃是持续不断的共同体之部分,乃是其家的扩展与延续之部分。"⑤"我—你"构成最基本的人类结构,在社会的这种结构性关系中,一个人对另一个人自然负有责任。"自

---

① [德]黑格尔:《精神现象学》,转引自[法]艾玛纽埃尔·勒维纳斯:《上帝·死亡和时间》,余中先译,生活·读书·新知三联书店1997年版,第96页。

② [德]贝克勒等编著:《向死而生》,张念东等译,生活·读书·新知三联书店1993年版,第52页。

③ 参见[法]艾玛纽埃尔·勒维纳斯:《上帝·死亡和时间》,余中先译,生活·读书·新知三联书店1997年版,第104页。

④ [德]马丁·海德格尔:《存在与时间》,陈嘉映、王庆节译,生活·读书·新知三联书店2000年版,第290页。

⑤ [法]E·曼塞尔·帕提森:《垂死过程中的帮助》,载南川、黄炎平编译:《与名家一起体验死》,光明日报出版社2001年版,第109页。

我——或者在我的奇特性中的自我——是某个摆脱了它的观念的人。只有在面对他人时担负起一种责任心的情况下，自我才显露在它的独特性中，在这种责任心面前，没有任何的躲避，在这种责任心中，我不知如何摆脱干系。"①这种责任并不因死亡的来临而终结。"现时并非指我们观念中眼下呈现的'已逝'时间的终点，时光流程里凝固的一瞬，它是真实生活、沛然充溢的现在。仅在当下、相遇、关系出现之际，现时方才存在；仅当'你'成为当下时，现时方会显现。"②

在德国哲学家马丁·布伯所说的"我与你"正是要求个体将他者变成一个对话者"你"，通过对话而不使人成为对象、成为客体，从而完成康德的箴言"永远不要将人作为手段"。③ 其实，在对话的过程中也有助于自我的完满。这恰如帕斯所言：

> "为了成为我自己，我必须成为另一个人，
> 离开我自己，在其他人中把我寻觅，
> 如果我不存在，别人也不会是别人，
> 因为有了别人，我才能完全存在，
> 我不是我，也没有我，永远是我们。"④

"只有担负起对他人的责任，终结所意味着的死亡才能用来衡量死亡的意义所及——实际上，人们以这一责任体现了自我本身：人们以这一不可转让、不可委托的责任，成为其自身。……因为他人是会死的，我对他人才负有责任。"⑤如果死亡是纯粹的终结，如何能向死而生？一个人在朝向死亡的过程中，其精神不断丰富，也就是说相对独立于肉体的人格成长起来，这才是真正的向死而生。"……死亡同生命的真谛是矛盾的。然而，对人来说，这真谛就在于：在正反事例的衔接处，会亲历和认识到一种有益于生命的联系。总观现代历史，如果人们不想把今天如此大加渲染的成就视为人性的进步，人就不能认识这样富于意义的联系。"⑥正因如此，"社会之挂虑推动着

① ［法］艾玛纽埃尔·勒维纳斯：《上帝·死亡和时间》，余中先译，生活·读书·新知三联书店1997年版，第17页。

② ［德］马丁·布伯：《我与你》，陈维纲译，生活·读书·新知三联书店1986年版，第28页。

③ 参见陈维纲：《马丁·布伯和〈我与你〉（译者前言）》，载［德］马丁·布伯：《我与你》，生活·读书·新知三联书店1986年版，第6—9页。

④ ［墨西哥］奥克塔维奥·帕斯：《太阳石》，尹承东译，漓江出版社1992年版，第126页。

⑤ ［法］艾玛纽埃尔·勒维纳斯：《上帝·死亡和时间》，余中先译，生活·读书·新知三联书店1997年版，第44页。

⑥ ［德］贝克勒等编著：《向死而生》，张念东等译，生活·读书·新知三联书店1993年版，第16页。

全部的知识和文化,本体论的专门词汇与他人相连"。①

但是在现代社会,把一个人"像死狗一样堕入他的墓穴"太容易了。②"把个人像时间数轴上的点一样的抹平,在信息微机处理的后工业社会中,简直易如反掌。再加上为协调而标准化的'文化政策',为时尚而趋同化的'文化市场',个人的真实性完全像一个处在经济危机中的观念价值可望而不可及。"③

人生活在易逝的肉体中,唯一能使他肉体消失后还能保留的是精神,而如果这一点精神还不能得到保护,那么人就会在法律世界中永远消失。

第五节 死者名誉独立保护的中国文化依据

法律制度的建立与实施脱离不了文化的制约,这在法学界已基本形成共识。虽然笔者不赞成文化决定论④——文化决定着历史结构的恒定兴衰,支配着社会发展的进程,而人之意识、意志只不过是其附庸,但是,一种文化能够生存久远,自然有其存在之道理。"倘若文化不再参与生机盎然、时时更新的关系进程,则它将僵死在'它'之世界,而孤独之精神仅能偶尔以其灿烂作为穿透世界之重重阻碍。"⑤文化之鲜活正在于它不断参与历史,影响历史。我们可以用一个简单却又耐人寻味的例子来说明文化对法律的影响。在 20 世纪 50 年代,大学里有位男生和一位女学生发展出非常亲密的关系。他本来答应和她结婚,但是当发现她怀孕时,却写信否认其承诺。这位女学生随即到他的宿舍去找他。遍寻不着后,她随即上吊自杀。那名男学生立刻被捕,并且被判 10 年徒刑,因为他的不负责任导致女孩走上绝路。很显然,从刑法上的因果关系来说,男学生的行为与女学生的死没有因果关系。但是由于男学生的行为使女学生成为"不名誉"的人,她才走上不归路。这事例说明"不名誉"在中国社会有很严重的后果,而文化观念也使一个本不应该负刑事责任的人承担了 10 年徒刑。当然,这个事例说明了文化对法律

---

① [法]艾玛纽埃尔·勒维纳斯:《上帝·死亡和时间》,余中先译,生活·读书·新知三联书店 1997 年版,第 104 页。

② 参见[法]E·曼塞尔·帕提森:《垂死过程中的帮助》,载南川、黄炎平编译:《与名家一起体验死》,光明日报出版社 2001 年版,第 108 页。

③ 张志扬:《缺席的权利——阅读、演讲与交谈》,上海人民出版社 1996 年版,第 198 页。

④ 对"文化决定论"精彩绝伦的批判请参见秦晖:《文化决定论的贫困——超越文化形态史观》,载秦晖:《问题与主义:秦晖文选》,长春出版社 1999 年版,第 285—349 页。

⑤ [德]马丁·布伯:《我与你》,陈维纲译,生活·读书·新知三联书店 1986 年版,第 28 页。

的影响的消极面,现今已不这么处理了。就本节主题而言,从中国固有文化(从积极面看)出发,死者名誉也应该给予独立保护。

一、尊重先人是中国文化传统的美德

把历史名人认作为祖宗是中国人的一个普遍心理,如姓关的则说是关羽的子孙,姓李的必称诗仙李白之后。将历史名人请来作为祖先,以名门贵族的后裔来增加自己的身份,也许在契约社会里是一种不合时宜的风气。但这自有其传统文化之根源,是一种民族情感,应该以积极的态度来对待,应重视其中追思古人、激励后人的积极作用。如明代某地,有朱、项两姓祠堂毗连。朱姓祠堂挂出对联云:"一朝天子,历代为儒宗。"意思是说当今皇帝姓朱,是天下万民之主,而朱熹又是宋代大儒,字里行间有小看项姓之意。项氏祠堂也针锋相对地贴出一副对联:"曾烹天子父,也作圣人师。"上联用项羽在广武山与刘邦对峙时曾欲烹刘邦之父的典故,下联取项橐曾为孔子师的传说,从而以此压倒朱姓。又如清人李元度,是道光时的举人,工于文学。有一次,四川人刘乃香过往,问以贵姓,李元度回答:"骑青牛,过幽谷,老子姓李。"这句话不仅拖出老子李耳为自己增光,而且借谐音自称"老子"。而刘乃香回答:"斩白蛇,入武关,高祖是刘。"这句话除以帝王压低老子外,更借刘邦的庙号"高祖"之谐,凌驾于李元度之上。这些可能在字里行间有些意气用事,但是其间也充满着智慧,是一个姓氏和家族的精神财富。[①]

此外,社会上还盛行同姓之间认宗、连宗,即一般所谓的"认本家"。认宗即双方本是同一远祖传下的子孙,后来分房别支,徙居别处,但在家谱上却是有案可查的,既出于同谱,两下相认,叙一下谱系,以后联络起来就可以了。如鲁迅在《阿Q正传》中提及的阿Q与赵太爷认本家的情节,从字面上来看,属认宗:"赵太爷的儿子进了秀才的时候,锣声镗镗的报到村里来。阿Q正喝了两碗黄酒,便手舞足蹈地说,这于他也很光彩,因为他和赵太爷原来是本家,细细地排起来他还比秀才长三辈呢。"所谓"细细地排起来",就是说阿Q的祖先在赵太爷家谱上还是有踪可寻的。至于连宗,则是把陌不相干的同姓人认做"本家",《红楼梦》中刘姥姥所在的王家与王夫人家之间就是这样一种关系。《红楼梦》第六回对此做了这样的介绍:"原来这小小之家,姓王,乃本地人氏,祖上也做过一个小小京官,昔年曾与凤姐之祖、王夫人之父认识。因贪王家的势利,便连了宗,认作侄儿。"由于连宗双方原来本无亲戚关系,所以一旦连宗,一般还要举行仪式,有祠堂的,要到祠堂中烧

---

① 参见夏民安:《谈谈姓氏对联》,载《神州民俗》2005 年第 2 期。

香,要能知族人,将来修谱时,还要按辈份叙入家谱,谓之"能谱",以后凡按照本族、本家人的礼数来往。① 以上所举例子虽然说似乎不是什么特别值得提倡的好风气,但是对于社会的稳定和社会秩序的维护是有好处的。同姓之人在一起,一起追思先人、夸宗颂祖、激励自己,何尝不是好事呢? 如我国台湾地区所谓"刑法"在第 320 条规定了"诽谤死人罪"。论者就认为该规定之目的端在保护后人之"孝思忆念"。② 虽然说这种"孝思忆念"之情是否一定要上升到刑法保护的高度,是可以商榷的,但是其背后对传统民众情感的保护还是值得认同的。正如孔子所说:"慎终追远,民德归厚矣。"③荀子更是将对先祖的尊重提到礼之本的高度:"礼,有三本:天地者,生之本也;先祖者,类之本也;君师者,治之本也。无天地,恶生? 无先祖,恶出? 无君师,恶治? 三者偏亡,焉无安人。故礼,上事天,下事地,尊先祖,而隆君师。是礼之三本也。"④

汪庆华先生认为:"是否保护死者的名誉权体现了一种文化差异,而根本不是一个好坏对错和自由多少的问题。这种权利保护机制体现了中国人固有的祖先崇拜观念:家族观念并没有因为革命而销声匿迹,相反,它倒是换了行头,回到我们的日常生活,并经由法律而重新统治我们。"⑤既然不是好坏对错和自由多少的问题,我们当然不必逆文化而行,不去保护死者的名誉。

二、传统的"入土为安"观念

中国人的"入土为安"观念是指对死者应该让其安息,不去打搅和骚扰他们。死者死矣,就让他们好好安息吧。清明时节的祭奠就是对死者安宁的维护。中国人注重对人从生到死的观念,甚至强调事死如事生。

"礼者,谨于治生死者也。生,人之始也,死,人之终也,终始俱善,人道毕矣。故君子敬始而慎终,终始如一,是君子之道,礼义之文也。夫厚其生而薄其死,是敬其有知,而慢其无知也,是奸人之道而倍叛之心也。君子以倍叛之心接臧谷,犹且羞之,而况以事其所隆亲乎! 故死之为道也,一而不可得再复也。"⑥

① 参见夏民安:《谈谈姓氏对联》,载《神州民俗》2005 年第 2 期。
② 参见杨仁寿:《法学方法论》,中国政法大学出版社 1999 年版,第 7 页。
③ 《论语·学而》。
④ 《荀子·礼论》。
⑤ 冯象、汪庆华:《临盆的是大山,产下的却是条耗子——汪庆华采访冯象》,载《中国法律人》2004 年第 10 期。
⑥ 《荀子·礼论》。

善始善终才是完整的礼节中的大事,送终与接生都是中国文化传统。

"事生,饰始也;送死,饰终也;终始具,而孝子之事毕,圣人之道备矣。刻死而附生谓之墨,刻生而附死谓之惑,杀生而送死谓之贼。大象其生以送其死,使死生终始莫不称宜而好善,是礼义之法式也。"①

因此,在中国传统文化中,一直注重葬礼。"丧礼者,以生者饰死者也,大象其生以送其死也。"②"生,事之以礼;死,葬之以礼,祭之以礼。"③荀子详细地解释了这种风俗的形成:"祭者,志意思慕之情也,忠信爱敬之至矣,礼节文貌之盛矣。苟非圣人,莫之能知也。圣人明知之,士君子安行之,官人以为守,百姓以成俗。"④

其实,近年来"死亡学(Thanatology)"在西方的兴起,也表明对人更为完整的关怀。⑤ 我们当然大可不必张扬这一学问的兴起,因为在我们的文化根源里本身就有对临终以及死后的关怀。"哀夫! 敬夫! 事死如事生,事亡如事存,状乎无形,影然而成文。"⑥那么,法律也是不是不应该忽视中国传统中这种对待死者的态度呢?⑦

三、中国人对"青史留名"的追求

人的肉体是不可永留的,但是精神流芳百世、永垂不朽是可以做到的。许多人生前为社会做贡献,甚至为民族、国家之公益而献身,也是为了能青史留名、名垂千古。就算没有想过这么伟大,但至少是不希望受到后人指责、唾弃,甚至遗臭万年。"雁过留声,人过留名"、"人生自古谁无死,留取丹心照汗青"等名言典型地反映了人们希望通过自己生前的努力获得一个死后的好名声。多少仁人志士修身养性、廉洁自好,追求立德、立功、立言,也是为了身后能博得一个好名声。就是一个失败者也往往愿意不惜代价来维

---

① 《荀子·礼论》。
② 《荀子·礼论》。
③ 《论语·为政》。
④ 《荀子·礼论》。
⑤ 参见南川、黄炎平编译:《与名家一起体验死》,光明日报出版社2001年版,第1页。
⑥ 《荀子·礼论》。
⑦ 在广西某镇发生过这样一个案例:王姓家里有人死了,请风水先生看风水,看中了一块风水宝地,于是上山挖墓,以葬家人。可是在挖的过程中,挖出了另一陈姓家的祖坟,他们仍然不顾,将他人坟墓抛弃,继续挖好墓,葬下死者。后来,陈姓知道了此事,遂起争执,以至于差点酿成家族械斗。而且陈姓家族还有明朝地契作为证据,证明那块坟地自明朝以来就是他们家族的坟地。祖坟在现代民法中是没有地位的,这样的事情在法律上就没有说法,但是发生后确实影响社会的稳定与和谐。祖坟在民法上如何定位、挖祖坟是不是侮辱人格的行为等都是值得人们思考的问题。

护自己的荣誉,如秦汉之际的项羽。项羽乌江自刎时说:"籍与江东子弟八千人渡江而西,今无一人还,纵江东父兄怜我而王,我何面见之?纵不言,籍独无愧于心乎?"①项羽无颜见江东父老而选择自杀。他认为逃回江东是很丢脸②的事,为维护名誉不得不自刎。其实,项羽真的回了江东,重振旗鼓,也未必是刘邦的对手,但是由于他的勇于承担责任,自杀以谢父老才赢得世人对他的尊敬,视他为英雄。③

正是因为人们对好名声的不懈追求,才推动着社会道德的进步和人类文明的提高。因此,任何一个社会都要鼓励人们追求符合当时社会所要求的良好名声,而这种鼓励之一就是对死者名誉的维护。保护死者生前的人格利益,尤其是死者的名誉,对于鼓励生者积极向上、奋发有为,从而促进社会进步,具有重大意义。④

---

① 《史记·项羽本纪》。
② 脸面就是"荣誉"更为本土化的说法。
③ 如李清照的名句"生当为人杰,死亦做鬼雄"就是对项羽的赞赏。
④ 参见魏振瀛主编:《民法》,北京大学出版社 2000 年版,第 54 页;王利明:《人格权法论》,中国人民大学出版社 2005 年版,第 193 页。

第九章 死者名誉保护的制度设计

本章是关于死者名誉保护的制度设计问题。如果一种理论有美好的理念,但是在制度上行不通,不具有操作性,这种理论就是空想,对法律学这一重视且应该致力于实践的学科来说,其意义就是微乎其微的,"因为没有人可以对不可能的事物或不真实的事物拥有权利"①。制度设计的过程实际上是从可实践性的角度对理论的一种验证。关于死者名誉保护的制度设计也是学者们关注的重点,笔者对这些建议多有选择和借鉴,但主要还是按照笔者所主张的"延伸保护说"来进行的。

第一节 死者名誉法律保护的必要性

前文的论述主要从应然层面来论证死者名誉保护的正当性根据。这些正当性根据基本是社会基础、伦理学或哲学的,即从人类生活方面的论证。虽然死者名誉应当保护,但是否一定要用法律这种人类社会中最正式、最规范化的控制手段来保护呢?② 如葛云松先生就提出过类似的质疑:"……保护死者名誉和尊严的确关乎社会利益。但是,这是不是意味着法律应当介入?具体说,法律介入、直接保护死者名誉和尊严,能够在多大程度上补救此种损害?是否有某种我们不愿意看到的代价?"③笔者认为答案是肯定的,主要理由如下。

---

① [英]亚当·弗格森:《道德哲学原理》,孙飞宇、田耕译,上海世纪出版集团上海人民出版社2003年版,第106页。

② 如恋爱中要忠诚、图书馆自习要保持安静等等社会伦理保护的利益就不需要上升为法律规范。

③ 葛云松:《死者生前人格利益的民法保护》,载《比较法研究》2002年第4期。

一、死者名誉保护对社会及个体的重要性使其需要用法律来保护

如前所述,死者名誉的保护对社会及个体具有重要意义,是由于重要意义,才需要用法律加以专门确认,这正如言论自由的重要性而需要专门用法律加以确认一样。

二、死者名誉保护是一个有着巨大社会争议的问题,需要法律加以明确化

并不是所有的人都承认死者名誉的保护,即使承认也在保护程度与方式上存在巨大分歧。如前所述,初审法院第一次接到死者名誉纠纷案时,也是拿不准,需要请示最高人民法院来明确是否保护的问题。当然,就中国当前的客观实际状况而言,死者名誉保护事件事实上已成为了法律事件,因为中国已经有了好多起死者名誉纠纷案。对于这样一个有着重大分歧,并且常常会诉诸法庭的问题,法律是不能置之不理的。当前我们所讨论的诸多典型性的法律问题,也并非天然地存在于法律的调整范畴之内。"每一个法律的存在及其内容完全由社会来源来决定"[1],法律的界限从来也都是一个动态的范畴,所以在现实问题出现争论并且需要法律作为一个有效调节手段时,固守法律原有的界线或因现实理论的局限而冒然将现实问题排除在法律之外的做法是欠思量的。从法律最原始的"定纷止争"目的来看,在死者名誉保护纠纷日益突出,而公众又急需法律进行调节的使命感召下,法律亦当义不容辞。

三、死者的名誉保护有被滥用的可能性

死者的名誉利益也有被滥用的可能。在实际的社会生活中,可能会发生近亲属为获得损害赔偿而滥用死者名誉被侵害的名义,这一方面会造成法院的诉累,另一方面会造成言论自由权的限缩。事实上,死者人格利益的"延伸保护"是有范围和期限限制的,因此,需要法律将死者名誉保护规范化以避免被滥用。从另一个侧面来讲,即使在法律对死者名誉权的保护没有更具体规定的现实背景下,法院依旧不能拒绝死者近亲属提起的关于死者名誉权的诉讼,而此时,对于案件的裁判是没有较为统一的判定标准可以参

---

[1] Joseph Raz, The Austhority of Law : Essays on Law and Morality. Oxford University Press, 1979, p. 46.

照的,因为在法律上存在盲区。由此,则势必导致各级法院对死者名誉权案件裁判结果的非正义。因为在此背景下,对死者名誉权案件的裁判将主要依靠的是法官的自由裁量权,而非现实的法律。由此从这个侧面来讲,法律对死者名誉权的规定也当必不可少。

四、对死者名誉的救济,法律具有终局性与和平性

如果诉诸私力救济,一方面会没完没了,如在报刊上大打口水仗,互相吐文字唾沫;[①]另一方面,有时矛盾激化会造成武力冲突。在现代社会中,法律是最重要的社会控制手段,诉诸法律应该是社会解决纠纷的首要选择。

五、通过立法,可以使死者名誉保护具有可操作性

如果仅仅宣称拥有某种法益,而不使这种法益的享有变得实际可行,那么所谓的法益只是口号式的法益,而不是实实在在的法益。而且在实现死者名誉保护时还需要与一些相近似的行为,如人格权的商业化利用,区分开来。因此,需要用法律来使死者名誉保护具有可操作性。

侵害死者名誉虽然是一种特殊的侵害名誉的行为,但是它还是具有侵害名誉权行为的一般结构,因此以下只就侵害死者名誉的特殊性来谈,包括人格利益延伸保护的范围、起诉主体以及保护期限三个方面的问题。

第二节　死者人格利益延伸保护的范围

对于究竟应当保护死者的哪些人格利益,大致上有三种观点:第一种观点认为,只保护名誉利益、肖像利益和姓名利益;第二种观点认为 2001 年 3 月 10 日《最高人民法院关于确定民事侵权精神损害赔偿责任若干问题的解释》所确定的死者人格利益的保护范围比较合适,这就是保护死者的姓名利益、肖像利益、名誉利益、荣誉利益、隐私利益以及遗体、遗骨的利益;第三种观点认为,除此之外,还应当加以保护,例如死者的其他身份利益等。[②]

---

① 如美国学者 Raymond Iryami 就建议鉴于法律不保护死者名誉,那么被损害者的维护者可以在报刊等媒体毁损对方至亲死者的名誉。See Raymond Iryami, Give the Dead Their Day in Court: Implying a Private Cause of Action for Defamation of the Dead from Criminal Libel, 9 Fordham Intell. Prop. Media & Ent. L. J. 1083(1999).

② 参见杨立新:《制定民法典人格权法编需要解决的若干问题:"中国民法典制定研讨会"讨论问题辑要及评论(一)》,载《河南省政法管理干部学院学报》2004 年第 6 期。

2004 年 7 月由中国人民大学民商事法律科学研究中心主持在山东荣成召开了"中国民法典制定研讨会"。该研讨会的成果认为,对死者人格利益的保护,应当适当。其标准是:第一,这种死者人格利益是能够保护的;第二,这种保护是确有必要的;第三,这种保护不至于对他人的行为自由设置过多的限制。按照这个标准,前述第二种观点较为适当。这就是,人格权法应当规定保护死者人格利益的范围为:死者的姓名利益、肖像利益、名誉利益、荣誉利益、隐私利益以及遗体、遗骨的利益。除此之外的死者人格利益不再予以保护。①

其实上述标准仍然有些抽象,不能为具体保护死者的哪些人格利益提供明确的标准。

首先,什么叫"能够保护的"、"确有必要的"以及"过多的"? 这些都是不确定概念,其具体内涵还需要再提供标准来确定。

其次,"这种保护不至于对他人的行为自由设置过多的限制"这一提法实际上不能构成一个标准。因为任何权利都可能会与其他权利发生冲突,名誉权与言论自由就是常见的冲突。而解决二者的冲突不是确定哪一类型的权利需不需要保护的问题,而是划定二者的界限问题。因此,"这种保护不至于对他人的行为自由设置过多的限制"不能成为确定哪些类型的利益是否需要保护的标准。

其实,龙卫球先生已经提出一个确定死者的哪些人格利益需要保护的可操作的标准。他认为,有些人格权利,其存在目的与本人生命有不可分割之关系,本人死亡则损及其目的,故该权利应随同消灭,如生命权、健康权、自由权,与人的生命存在有不可分割的目的联系,随同人之死亡而消灭。但有的权利则并不如此,如名誉权、荣誉权、隐私权、名称权、肖像权,它们的存在目的并不完全依附于人的生命,而是涉及人类的整体尊严和善良风俗,故有延后存续和保护的价值,不宜使之随同人的生命终止而立即消灭。② 这一种划分人身利益延伸保护范围的标准就是与本人之生命是否有不可分割之关系,有则不能延伸,反之则可。当然,按照这一标准所确定的范围与《最高人民法院关于确定民事侵权精神损害赔偿责任若干问题的解释》所确定范围是一样的,但是结论的一致并不代表各自所持理据就是一样的。③

---

① 参见杨立新:《制定民法典人格权法编需要解决的若干问题:"中国民法典制定研讨会"讨论问题辑要及评论(一)》,载《河南省政法管理干部学院学报》2004 年第 6 期。

② 参见龙卫球:《民法总论》,中国法制出版社 2001 年版,第 340 页。

③ 关于死者人格利益延伸保护的范围,杨立新先生具体列举了七种,笔者基本同意,具体可以参见杨立新:《人身权法论》,人民法院出版社 2002 年版,第 307—308 页。

第三节　死者人格利益的保护主体

由于死者已经死亡,不可能再亲自到法庭去为自己的名誉而斗争,这样就有一个死者人格利益的保护主体问题。最高人民法院《关于审理名誉权案件若干问题的解答》(1993年8月7日)第三条规定:"死者名誉受到损害的,其近亲属有权向人民法院起诉。近亲属包括:配偶、父母、子女、兄弟姐妹、祖父母、外祖父母、孙子女、外孙子女。"《最高人民法院关于确定民事侵权精神损害赔偿责任若干问题的解释》(2001年3月10日)第三条规定:"自然人死亡后,其近亲属因下列侵权行为遭受精神痛苦,向人民法院起诉请求赔偿精神损害的,人民法院应当依法予以受理:(一)以侮辱、诽谤、贬损、丑化或者违反社会公共利益、社会公德的其他方式,侵害死者姓名、肖像、名誉、荣誉;(二)非法披露、利用死者隐私,或者以违反社会公共利益、社会公德的其他方式侵害死者隐私;(三)非法利用、损害遗体、遗骨,或者以违反社会公共利益、社会公德的其他方式侵害遗体、遗骨。"而赞同死者人格利益保护的学者的一般观点是死者有近亲属的,由近亲属来保护,没有近亲属的,由人民检察院作为保护主体。例如,《〈中国民法典·人格权法编〉草案建议稿》(2002年4月8日)第六十二条规定:"死者的人格利益,死者的配偶、父母、子女有权进行保护。没有配偶、父母和子女的,其他近亲属有权进行保护。"[1]《中国民法典草案建议稿》(2004年9月19日)第十六条规定:"自然人死亡后,对其人格实施侵害行为的,死者的配偶或二亲等以内的血亲,享有本法第十三条规定的请求权,并可以根据侵权行为的规定请求赔偿损害。侵害行为严重危害公共利益的,人民检察院享有本法第十三条规定的请求权。下列行为是对死者人格的侵害:(一)侮辱、非法损害死者的遗体或者对死者的遗体非法实施暴力行为的;(二)侮辱、非法损害死者的骨灰的;(三)未经死者生前同意,将其遗体或遗体的一部分进行解剖、器官移植或其他科学和医疗用途的,对该项同意,如果死者死亡时为无民事行为能力人或者限制行为能力人的,本法第十一条第二款和第三款的规定同样适用;(四)实施本法第二十七条第(三)至(六)项的行为,非法侵害死者姓名的;(五)实施本法第三十一条的行为,非法侵害死者肖像其他标识的;(六)实施

---

① 王利明、杨立新:《〈中国民法典·人格权法编〉草案建议》,http://www.yanglx.com/shownews.asp? id＝240,2011-07-21。

本法第三十七条的行为,非法侵害死者名誉的;(七)实施本法第三十八条的行为,非法侵害死者信用的;(八)实施本法第四十九条的行为,非法侵害死者隐私的;(九)其他侵害死者人格的行为。前款第(三)项的同意,适用本法第十一条的规定。"《中华人民共和国侵权责任法司法解释草案建议稿(草案)》(讨论稿 2010 年 6 月 30 日)第四条规定:"违反保护他人的法律,或者故意违背善良风俗,侵害下列民事利益的,应当认定为侵权责任法第二条第二款规定的民事利益保护范围:……(二)死者的姓名、肖像、名誉、荣誉、隐私以及遗体或者遗骨等人格利益;……前款规定的死者的人格利益,由死者的近亲属予以保护。"①

　　最近的观点是设置死者人格利益保护人制度,由死者近亲属以死者人格利益保护人的身份,直接享有保护请求权。而近亲属作为死者人格利益的保护人,应当规定两个顺序,第一顺序为配偶、父母、子女,第二顺序为祖父母外祖父母、孙子女外孙子女、兄弟姐妹。第一顺序的保护人缺位,第二顺序的保护人才能够行使保护人的权利。②

　　采用死者人格利益保护人的制度,规定死者的近亲属就是死者人格利益的保护人,直接享有保护请求权,在理论上更为准确,也贴近现实,不必在理论上绕远。因为死者近亲属行使死者人格利益保护请求权时,由于死者人格利益的保护请求权并不是其近亲属的权利,必须基于何种事实再转移到死者近亲属身上,这在理论上是很难说明和解释的。③

　　笔者认为,设置死者人格利益保护人制度仍然没有避免在理论上要说明保护人基于何种事实具有保护死者人格利益的资格,不能由于法律直接规定了,就说按照法律规定具有资格就可以规避对这一问题的回答。法律规定也是要讲道理的,不能盲目规定吧?

　　这实际上可以借用代理制度来解释这一问题。由于死者没有行为能力(连权利能力都没有,自然没有行为能力),只能由他人代他来行使,而近亲属基于身份关系当然是首选的代理人。同时可以比照代理制度规定,当没有近亲属或近亲属无能力或不适宜代理时,可以指定代理。这样就避免了

　　① 中国人民大学民商事法律科学研究中心"侵权责任法司法解释研究"课题组:《中华人民共和国侵权责任法司法解释草案建议稿(草案)》,http://www.civillaw.com.cn/article/default.asp?id=49876,2011-07-21。
　　② 参见杨立新:《制定民法典人格权法编需要解决的若干问题:"中国民法典制定研讨会"讨论问题辑要及评论(一)》,载《河南省政法管理干部学院学报》2004 年第 6 期。
　　③ 参见杨立新:《制定民法典人格权法编需要解决的若干问题:"中国民法典制定研讨会"讨论问题辑要及评论(一)》,载《河南省政法管理干部学院学报》2004 年第 6 期。

有死者因为没有近亲属或近亲属不能代理而造成的不平等保护。

按照这一新的观点,人民检察院是不适宜担任死者人格利益保护人角色的,因为人民检察院毕竟是国家机关,而民事诉讼主要是平等主体的私人之间的诉讼,没有特别的理由人民检察院是不适宜作为诉讼当事人的。但是有一种情形,也许可以让人民检察院作为权利保护人,即当死者名誉被认定为文化遗产时。例如,中国伟大诗人屈原的罹难地——湖南岳阳生产了一种"屈原"牌猪饲料,"屈原"被注册为猪饲料的商标。据报道,生产"屈原"牌猪饲料的厂家系岳阳某科技发展有限公司,以生产猪用饲料、鸡鸭鱼饲料为主,部分产品以"屈原"命名,商标注册时间为 1999 年,在湖南省内外广为销售。得知此事后,湖北秭归县屈原文化研究会代表屈原家乡的民众向厂家发函,对这种"亵渎先贤"的行为表示强烈不满。① 而自从"屈原成为猪饲料品牌"的新闻"见光"以后,引来了网民们的口诛笔伐。民众普遍认为商家此举亵渎了先圣屈原,玷污了传统文化。原因在于:屈原是我国杰出的政治家和爱国诗人,他忧国忧民,品格高尚,出污泥而不染。尽管其倍受佞臣诬陷,但精忠报国的决心始终不渝,"路漫漫其修远兮,吾将上下而求索"的至理名言,激励了一代又一代中国人,其千古绝唱《离骚》更是成为了中华民族丰厚文化的一部分。屈原已经不是哪一个家族、哪一个地方的文化遗产,就如同长城所承载的历史内涵一样,已成了中华民族共有的文化精神载体,成了一种公共资源,一种文化品牌,谁也没有资格想拿他想做什么就做什么。②

此外,还必须划清人身权延伸保护与侵权行为既侵害了死者名誉又侵害了其近亲属的名誉权的界限。前者是单一的诉讼法律关系,后者在诉讼中是两个平行的诉讼法律关系。③ 也就是说,在后一种情形中,近亲属拥有双重诉权。同时,这也显示有些单位也可以作为诉权主体,如名誉的授予单位。有时,死者是全国劳动模范、三好学生标兵等。而对这些名誉的侵害同时也是对名誉授予单位名誉的侵害。因为全国劳动模范、三好学生标兵等名誉涉及名誉授予单位的公信力问题。我们可以举一个反面的例子来作为证明:全国牙防组织十年来到处发布认证,而这些证书十有八九是名不副实的,最终全国牙防组织由于认证不符实际而被取缔。④ 反过来说,如果有人肆意诋毁某些人的名誉,而这些名誉又是由某一组织授予的且是符合实际

① 参见《"屈原"成猪饲料品牌　屈乡民众认为亵渎先贤》,载《楚天金报》2006 年 10 月 17 日。
② 参见高福生:《"屈原"成猪饲料品牌的四重拷问》,http://history. 163. com/06/1023/13/2U4FU65L00011MTH. html,2010-06-12。
③ 参见杨立新:《人身权法论》,人民法院出版社 2002 年版,第 303 页。
④ 《全国牙防组织十年违规认证》,http://bbs. mmsk. cn/archiver/? tid-10514. html,2010-06-12。

的，那就对这一组织的利益造成了侵害。因而这一组织可以作为受害人起诉。最近发生的"董存瑞名誉权案"也可以证明笔者的观点。

在"董存瑞名誉权案"中，受理法院允许董存瑞生前所在部队作为第三人参与诉讼。董存瑞生前所在部队要求作为第三人参与诉讼的请求是，英雄董存瑞是全军的英模人物，作为董存瑞生前所在部队，与英雄名誉有着直接利害关系。被告的行为构成侵犯英雄董存瑞的名誉权，应当依法承担民事责任，被告还应在《大众电影》和中央电视台上承认错误，赔礼道歉，消除影响。可以说，董存瑞生前所在部队是有独立请求权的第三人。如果董存瑞的近亲属不提起诉讼，董存瑞生前所在部队完全可以独立提起诉讼。也就是说，与死者名誉有着直接利害关系的并不仅仅是死者的近亲属，还包括死者所在的单位和组织。

第四节 死者人格利益保护的期限

一般认为，对死者人格利益的保护必须确定期限，但至于为什么有期限，学界没有详细的解释。笔者认为，主要原因在于：

首先，保护的意义减弱，以至于不需要再用法律这种现代社会最强制的手段来保护。如德国民法对死者人格利益的保护就设有时间限制，其原因就在于"保护需求消失的程度是，对死者的记忆已经逐渐淡漠，并且随着时间的流逝，在死者生前形象不受歪曲上的利益已经减少"。①

其次，时期太长，一方面会难以查明真相，另一方面，即使能查明真相，由于时代变迁，评价尺度也有变化，当然无从给予权威、独断的说法。历史上的人物，由于年代久远，当时发生的事情就无法考证了。如曹操是否为英雄就见仁见智了。另外，"由于人们观察的角度、对于史料（证据）可信度的判断、价值观念等的不同甚至截然对立，评价是否公正常常没有一个共同的标准"②。比如，岳飞是否为民族英雄，由于对民族的内涵因为时代的变迁发生了变化，因而这又成了一个可争辩的问题。

最后，任何权利都有一个最长的权利保护期。没有期限的权利是不利于社会秩序的稳定和确定的。如果对人格利益保护太久，也会钳制言论自

---

① ［德］迪特尔·施瓦布：《民法导论》，郑冲译，法律出版社 2006 年版，第 94 页。
② 葛云松：《死者生前人格利益的民法保护》，载《比较法研究》2002 年第 4 期。

由,如在我国台湾地区发生的"诽韩(韩愈)案"就被指为文字狱。①

对于死者人格利益的保护期限,有三种主张:第一种主张认为可以参照《著作权法》的规定,直接规定对死者的人格利益保护期限为 50 年或者 70 年,超出此期限的,不再予以保护;第二种主张认为应坚持现行司法解释的做法,根据死者的近亲属的范围决定对死者人格利益的保护期限,这是形式上没有期限而实质上有期限的做法,死者的近亲属不存在了,对死者的人格利益也就不再保护了;第三种主张认为,对死者的人格利益的保护还是要有所区别,即区别死者人格利益的不同,而在保护期限上也有所不同。例如对肖像利益的保护,就应当适当限制,不然对死者肖像制作人的著作权无法进行保护。②

主流的观点认为:第一,仍然采用以死者近亲属范围确定对死者人格利益保护期限的做法。这样做,基本上是符合实际情况的,同时在保护期限上也是适当的。民法典不应采用直接规定保护期限的做法。第二,对于死者近亲属不存在但是确有必要保护的死者人格利益,法律可以规定公益诉讼保护人的制度,用公益诉讼的方法解决。第三,对于死人格利益保护的期限,除了死者肖像利益应当适当限制之外,其他的死者人格利益的保护应当一视同仁。死者肖像利益保护的限制,主要针对死者肖像的著作权人,可以参照德国法的做法,只保护 10 年,超过 10 年,死者肖像的著作权人可以不经其近亲的同意而使用;其他任何人对于死者肖像的使用,适用这一规定。③例如:《〈中国民法典·人格权法编〉草案建议稿》(2002 年 4 月 8 日)第六十三条规定:"禁止非法使用或者利用死者的肖像。自然人死亡后超过 10 年的,死者肖像的作者可以艺术目的,对该肖像予以使用。"④

笔者认为,上述观点值得商榷:

首先,既然在前面已经设立了死者人格利益保护人制度,就没有必要再设置公益诉讼保护人制度。一方面,这是重复设置;另一方面,公益不公益以死者有没有近亲属为标准是不妥当的。

其次,设立死者人格利益保护人制度就需要规定一个保护期,因为这涉及保护人的注意义务期限问题,而且如果有公益诉讼,那期限就过长了,因

---

① 参见杨仁寿:《法学方法论》,中国政法大学出版社 1999 年,第 3 页以下。

② 参见杨立新:《制定民法典人格权法编需要解决的若干问题:"中国民法典制定研讨会"讨论问题辑要及评论(一)》,载《河南省政法管理干部学院学报》2004 年第 6 期。

③ 参见杨立新:《制定民法典人格权法编需要解决的若干问题:"中国民法典制定研讨会"讨论问题辑要及评论(一)》,载《河南省政法管理干部学院学报》2004 年第 6 期。

④ 王利明、杨立新:《〈中国民法典·人格权法编〉草案建议》,http://www.yanglx.com/shownews.asp? id=240,2011-11-12。

为公益诉讼人总是可以找到的。

笔者认为死者人格利益的保护期限应定为死后 18 年（肖像权的保护可以除外），理由如下：

一、孔子与其学生宰我有一个关于守孝年限的对话，这一对话对我们有启示意义

宰我问："三年之丧，期已久矣。君子三年不为礼，礼必坏；三年不为乐，乐必崩。旧谷既没，新谷既升，钻燧改火，期可已矣。"

子曰："食夫稻，衣夫锦，于女安乎？"

曰："安！"

"女安则为之。夫君子之居丧，食旨不甘，闻乐不乐，居处不安，故不为也。今女安，则为之。"宰我出。

子曰："予之不仁也！子生三年，然后免于父母之怀。夫三年之丧，天下之通丧也。予也有三年之爱于其父母乎？"①

宰我认为人已死，守孝一年就行了，而孔子认为人出生后三年才能离开父母怀抱而生活，因而应该守孝三年，孔子坚持久丧之礼。关于三年丧礼，《荀子·礼记》也有记载："三年之丧，哭之不反也，清庙之歌，一唱而三叹也。"可见三年丧礼是通行的观点，当然后来也确实制度化了。

如果以离开父母具有独立生活能力为标志，按照我国民法的规定应为 18 年。因此，我们也可以将死者的人格利益保护期限定为 18 年，18 年之后，死者可以彻底地到另外一个世界去生活了。

二、18 年作为死者彻底回归大自然的期限应该说不算短了

死者面对的恐惧之一是，觉得回归大自然后，对后人就没有所意味了。"如果说垂死者从自身生命史的经验出发，通过信仰和希望找不到他采取镇静自若的理由，那么听之任之的自由对于垂死者来说就是靠不住的。宗教生活含有某种更高级的特定感性能力，这种能力是完全可以信仰的内容。只不过这种超越理性和非理性的区别的能力由于无神论的不断传播和宗教淡漠的增强已日益受到削弱。"②通过给予死者人格利益一个保护期，让其可以在现代社会中确确实实地找到一种回归大自然的过渡方法。

---

① 《论语·阳货》。
② ［德］贝克勒等编著：《向死而生》，张念东等译，生活·读书·新知三联书店 1993 年版，第 8 页。

三、相比国外立法例,这是一个适中的期限

如在 1974 年,美国罗德岛州颁布了一项法律,允许仅仅在相当有限的条件下对诽谤死者的行为提起诉讼。条件是:诽谤发表在一个讣告或类似文件中。而且,这部法律只允许 1 年的诉讼时效。[①] 而德国的保护期限比较长,自死亡起 30 年。[②] 两相比较,18 年显然是一个居中的期限。

此外,需要说明的是,是否在期限之后,就可以对死者的名誉为所欲为了。18 年之后,以毁损死者名誉为手段损害死者近亲属名誉或其他权益的,仍然会被起诉。而且肆意诋毁死人,虽然没有法律的制裁,但由公共舆论来维持。

第五节　侵害死者人格利益的赔偿责任

侵害死者名誉行为会造成双重侵害,即既侵害死者的名誉,也侵害死者近亲属的名誉。从侵害死者的名誉角度来讲,其近亲属是不能代死者主张精神损害赔偿请求的,日本学者五十岚清便指出:"有认可侵害了死者遗属固有的人格权的情况,也有认可侵害了对死者的虔敬情感的情况,从而对原告的抚慰金请求都做出了认可。那么,死者自身的人格权受到侵害时情况会怎样呢? 笔者的个人意见是:既然死者自身不可能感受精神痛苦,遗属就不能代为行使。"[③]由此也不难看出,死者近亲属因死者名誉受损而主张精神损害赔偿的请求是应当获得支持的。但在此笔者要指出的是,此时死者近亲属是否仅仅可以提出精神损害赔偿而不能因死者人格利益受损提起其他赔偿请求呢? 答案显然是否定的。死者近亲属可以提起的损害赔偿请求权应当更为宽泛,且至少应当包含追诉损失请求权和商业利益损失请求权两种。

追诉损失请求权是基于实质公平的需求。因为,死者近亲属在对侵害死者人格利益的行为进行追诉时,必然耗费巨大的财力和精力。案件旷日持久者不乏少数,如果侵权人的行为实质上构成侵害死者人格利益而法院仅仅判决其赔礼道歉、恢复名誉和消除影响,并不能公平合理地弥补死者近

---

① See Raymond Iryami, Give the Dead Their Day in Court: Implying a Private Cause of Action for Defamation of the Dead from Criminal Libel, 9 Fordham Intell. Prop. Media & Ent. L. J. 1083 (1999), p. 1092.

② 参见[德]迪特尔·施瓦布:《民法导论》,郑冲译,法律出版社 2006 年版,第 94 页。

③ [日]五十岚清:《人格权法》,[日]铃木贤、葛敏译,北京大学出版社 2009 年版,第 34 页。

亲属的损失。即使在侵权人造成死者近亲属精神损害的情况下,法院判决侵权人对死者近亲属进行精神损害赔偿亦不能弥补死者近亲属的损失。在此背景下,赋予死者近亲属追诉损失请求权是十分必要的。

商业利益损失请求权是基于人格权商业化的社会化需求。在此首先需要指出的是,此处所讲的商业利益与基于法人人格权形成的商誉等利益有着本质区别,其依旧是基于自然人的人格利益而产生的。众所周知,财产权与人格权是有明显区别的,但其二者的界限却也并不是绝对清晰的。某些人格权在一定条件下能与主体脱离而成为财产性权利,如姓名权、肖像权、隐私权等,正因为如此,所以形成了人格权商化、财产化的现象。① 在我国学界,已经出现了关于“人格权经济利益”的探讨②,认为部分人格权已经逐渐成为经济活动上的重要客体,兼具财产价值和财产的可转让性。美国学者托马斯·迈卡西(J. Thomas McCarthy)在其出版的《公开权与隐私权》一书中将公开权界定为:每一个自然人固有的对其人格标的商业使用进行控制的权利。③ 由此便不难看出人格权商业利用背后凸显的财产性。在此背景下,死者近亲属基于死者人格权商业利用的权益因侵权人对死者人格利益的侵害而造成减损时,向侵权人主张商业利益损失请求权是存在合理性的。

除以上两项赔偿请求权外,惩罚性赔偿原则的引入亦是一个不可忽视的问题。惩罚性赔偿是美国法中一个惯用的原则。在《侵权法重述——纲要》中,对惩罚性赔偿进行了规定:①惩罚性赔偿是在补偿性赔偿或名义上的赔偿之外、为惩罚该赔偿交付方的恶劣行为并阻遏他与相似者在将来实施类似行为而给予的赔偿。②惩罚性赔偿可以针对因被告的邪恶动机或他莽撞地无视他人的权利而具有恶劣性质的行为做出。在评估惩罚性赔偿的数额时,事实裁定人可以适当考虑被告行为的性质、被告所造成或意欲造成的原告所受损害的性质与范围,以及被告的财产数额。④

适用惩罚性赔偿原则的一个核心要件是死者人格利益侵害人的主观恶意,即美国法中所说的邪恶动机。如果侵权人不存在主观恶意则断然不能适用惩罚性赔偿原则。

①　参见马俊驹:《人格和人格权理论讲稿》,法律出版社 2009 年版,第 121 页。

②　参见谢铭洋:《论人格权之经济利益》,载《固有法制与当代民事法学》,三民书局 1997 年版,第 124 页;李开国:《民法基本问题研究》,法律出版社 1997 年版,第 9—10 页。

③　See J. Thomas McCarthy, The Right of Publicity and Priwacy, Vii (Rev. 1993).

④　参见[美]肯尼斯·S·亚伯拉罕、阿尔伯特·C·泰特:《侵权法重述——纲要》,许传玺、石宏等译,法律出版社 2006 年版,第 270—271 页。

第十章　余论:未尽的话题

冯·巴尔认为:"只要承认了死者近亲属保护死者不受玷污的权利是应受法律保护的本人利益,那么是通过引进'死后人格权'这一概念使死者成为受侵害之法律的主体;或是坚持人的人格权终于死亡,意义都仅在其次。真正重要的不是这个问题在教条上的结果,而是近亲属在什么条件下以及以何种诉讼目的可以向歪曲或扭曲历史事实的第三人提起诉讼。"①诚如其言,我们其实不必太在意制度上的规定以及给这种制度所安上的名称,更重要的是其背后的理念和民事法律发展的趋势。原因在于:理念支撑着民法大厦;发展趋势代表着我们需要努力的方向。

第一节　保护死者人格利益所反映的民法理念的转变

保护死者人格利益反映了民法保护的重心向人的回归,反映了对人更全面的关怀。在民法悠久长远的发展历程中,人格的制度始终伴随着民法的演进而演进。民法的首要问题是人的问题,这是民法一系列原则、制度的出发点和归宿点。人的问题在民法中,并不仅仅是法律关系的参加者以及法律后果的承受者的问题,人,尤其是自然人,作为万物之灵,始终面临着一个"人应当怎样被看待、怎样被对待"的问题,这就涉及关于人的哲理。② 尽管对人的关怀是民法永恒的主题,但是对于民法来说,对人更为全面、由生到死、由肉体到内心的关怀只是现代民法对近代民法的变革。

---

① ［德］克雷斯蒂安·冯·巴尔:《欧洲比较侵权行为法》(下卷),焦美华译,法律出版社 2001年版,第 149—150 页。

② 参见马俊驹、张翔等:《关于人格、人格权问题的讨论》,http://www.civillaw.com.cn/rd-bbs/dispbbs.asp? boardID＝3＆RootID＝38230＆ID＝38230,2011-07-04。

从近代民法向现代民法的转变中,民法中的人也发生了转变:"从理性的、意识表示强而智的人向弱而愚的人"转变。① 由此,人格权才得到普遍承认。"作为属于人的权利,人格权得到强调,不是一切人均平等地对待,而是向保护弱者、愚者的方向大大地前进了。这种倾向一言以蔽之,也可以称为民法中的'人的再发现或复归的方向'。"②这种转变更关心具体的人,更关心人的苦难和烦恼。

"由于对所有的人的法律人格即权利能力的承认成为民法典的规定从而成为实定法上的原理,得到从法律实证主义立场的承认,故其自然法的基础却逐渐被忘却了。"③重返自然法就需要对人做更为无微不至的关怀,而围绕人的出生与死亡的先期法益与延续法益的保护正是其体现。

近代民法将人视为无差别的人而给予平等保护,而现代民法承认人有差别且在弥补差别基础上进行平等保护。人是有自然差别的,如天生智障、残疾等,但近代民法将这种事实上的不平等抹平,上升为法律上的平等。现代民法则矫正这一倾向,试图弥补人在事实上的不平等。从这个意义上说,整个近代民法三大原则的突破都可以从这个角度加以理解。对意思自治原则的突破实际上是对强者的限制,因为强者可以凭借其事实上的强势地位获得法律上的优势,如自由签订契约对弱者的剥削;有财者也是强者,因而所有权绝对原则的限制也是对强者的限制,从而是对弱者的保护;不适用过错责任原则的主体也往往是强势主体,如厂家和商人对消费者的优势地位。死者已无还手之力,自然是弱者,对其人格利益的保护也是这种民法理念转变的反映。在死者与生者的这种非对称性关系中,现代民法当然要对死者有所倾向。

有学者针对现代民法对人更全方位的关怀而呼吁,新时代的民法典不必太在意公法与私法的区分,私法能够做到的,就不必要留到公法去做;应该扭转传统民法典以财产和财产变动为关注重心,而应该将人的保护作为中国民法典编纂的价值基础。④ 如前所述,笔者做更进一步的推演,认为在民法慈母般的眼睛里,对人的保护应是"从摇篮到坟墓"的关怀。

---

① ［日］星野英一:《私法中的人——以民法财产法为中心》,王闯译,载梁慧星主编:《为权利而斗争》,中国法制出版社 2000 年版,第 354—355 页。

② ［日］星野英一:《私法中的人——以民法财产法为中心》,王闯译,载梁慧星主编:《为权利而斗争》,中国法制出版社 2000 年版,第 371 页。

③ ［日］星野英一:《私法中的人——以民法财产法为中心》,王闯译,载梁慧星主编:《为权利而斗争》,中国法制出版社 2000 年版,第 368 页。

④ 参见薛军:《人的保护:中国民法典编纂的价值基础》,载《中国社会科学》2006 年第 4 期。

第二节　关怀死者的时代背景

如前所述，对死者人格利益的保护只是 20 世纪 70 年代的事情，这又是为什么呢？

一、第二次世界大战之后的人权运动促进了人格权概念的兴起

在 1945 年之后，基于"第二次世界大战"和法西斯主义的惨痛教训，在全球范围之内，人们开始重新强调人的自由与尊严，并且给予人权以极高的价值地位。人权运动在民法中的反映，就是所谓的"人格正在向财产夺回皇冠"。① 一方面，一向以财产关系为核心调整对象的民法，其法律价值的重心开始向人格方向偏移；另一方面，与此相关，基于社会观念对于人的本体的重视，法律上人的伦理价值的范围，出现了急剧扩张之势。近代民法所确立的若干最为基本的价值，如生命、身体、健康和自由，已经不能满足现代社会中对人尊重的道德观念要求。人的价值，已经涉及诸如肖像、名誉、隐私、知情、生活安宁乃至居住环境等方方面面。这就对民法提出了这样一个要求，即应该将这些扩展的价值，纳入到法律保护的体系。② 正是人格权的扩展和对人格利益更完整的保护，死后人格利益的民法定位才作为议题进入学者视野。③ 因此，有学者认为，现代人权思想是民事主体人身权延伸保护理论的立论根据。④ 第二次世界大战后，重视人格权的立法与司法经过积累、沉淀，发展至 20 世纪 70 年代，世界范围内终于兴起保护死者人格利益的理论与实践潮流。

---

① 关于财产在近代法中的优越地位，日本著名民法学者我妻荣有这样的论证：人类在依物权形成财产关系、仅以物权作为财产客体的时代，可以说只能生活在过去和现在。但是，承认了债权制度，就可以使将来的给付预约，变为现在的给付对价价值。人类在经济生活中，除了过去和现在的财产之外，还可以增加将来的财产。用柯拉的话说，就是信用（即债权的发生），"过去可为将来服务，将来可为过去服务，时间障碍被打破，人类可以自由地征服时间与空间"。因此，债权在近代法中占优越地位。参见［日］我妻荣：《债权在近代法中的优越地位》，王书江、张雷译，中国大百科全书出版社 1999 年版，第 6 页。虽然说，我妻荣的论证主要着眼点在于债权，但实际上，物权是财产的静态形态，而债权则是动态形态，因而可以整体上说，财产在过去的民法理论与实践中占据绝对优势地位。

② 参见马俊驹、张翔等：《关于人格、人格权问题的讨论》，http://www.civillaw.com.cn/rd-bbs/dispbbs.asp? boardID=3&RootID=38230&ID=38230，2012-04-12。

③ 从时间上说，死者人格利益保护议题在民法中的产生是与现代人权思想的发展同步的。

④ 参见杨立新等：《人身权的延伸法律保护》，载《法学研究》1995 年第 2 期。

二、近年来"死亡学(Thanatology)"的兴起，①表明社会对人更为完整的关怀

死亡学的兴起有两个重要的原因：①人类正逐渐步入老年社会。老年人是人生历程的晚期，从心理到生理都处于下降甚至衰落期，因而需要全方位的照顾。其中一个重要方面是对死的恐惧的克服。如果法律承认人格利益在人死后还部分存在，这对老年人来说，是重要的安慰，这会使他们觉得死并不是完全的终结，其精神上的价值还在延续。②技术手段拉长了死亡过程。由于药物和医疗器械的发展，一些原先是急性的致人死命的疾病现在变成了慢性病，在药物和机械的维持下，可以延续很长时间才最终死亡，因而使整个死亡过程变得漫长。在这个漫长的走向死亡的过程中，病人会经历许多病痛的折磨，也会给精神带来莫大的压抑和痛楚，因此，临终关怀和安乐死等试图减轻、缓解和取消病痛的措施油然而生。② 虽然这些议题充满争议，但是整个努力的方向——对临终之人的善意关怀——是值得肯定的。

三、在工业文明取得成功之后，人类获得巨大的物质财富

然而，拜金主义只是给人带来短暂的幸福。对人来说，物质生不带来、死不带走，并没有打上个人的印记，而真正属于个人的是其人格利益。因此，近年来，人们开始更注重精神上的幸福感。一个明显的例证是，越来越多的富豪留下遗嘱，嘱咐将遗产捐赠给社会。对个人来说，这其实是一种将财产转化为人格利益的行动，因为贡献社会自然会得到好名誉。③ 因此，保护死者的名誉可以更好地维护人们向上追求好名声的精神。如果一个人看到人死后名誉能够被轻易毁灭却得不到法律的保护，他的努力之情自然会大打折扣。"人不能生存于纯粹现时，因为，一旦现时奔腾而出，一泻千里，人生将即可消耗殆尽。但人却能生存于纯粹过去，因为仅在此间他可构成生命。只要人用经验来填塞每一瞬时，它便会停止燃烧。"④名誉是能够贯通过去与现时的连接点，人生于世所追求的名誉可以作为永久的标志而留存下来。

有学者认为"死者"是一个虚拟的概念，特别是当尸体不存在时，死者仅仅是一种记忆。他还进一步认为，我们不经意中常说的"死者的权利"，应是

---

① 参见南川、黄炎平译：《与名家一起体验死》，光明日报出版社 2001 年版，第 1 页。
② 参见汪再祥：《现代性背景下的安乐死合法性问题》，载《安徽大学法律评论》2004 年第 1 期。
③ 有人也许认为这是遗产的高额征税使然，或是富豪沽名钓誉的行为，不管怎样，客观上确实是善举，对社会是有益的。
④ ［德］马丁·布伯：《我与你》，陈维纲译，生活·读书·新知三联书店 1986 年版，第 51 页。

一种"过去时"的权利而不是"现在时"的权利，是死者生前曾经拥有的权利。死亡后，其权利有可能转化为法益，亦或是自由资源了。① 笔者认同人们不经意说的"死者的权利"是死者生前拥有的权利，死者并不会创造新的权利，②但是并不认同"死者"是一个虚拟的概念。死者是人类社会延续的一分子。从某种意义上说，在人的必死性下，每个人都是死者（向死而生）。怎么能说，死就是纯粹的虚无呢？ 基于前面的论证，死者不能简单地像传统理论认为的那样是一个纯粹的过去时，不再是法律上的主体。

而对社会共同体来说，这也是人类文明延续的必要之举。"哀夫！敬夫！事死如事生，事亡如事存，状乎无形，影然而成文。"③清明扫墓、节日祭祖，这些都是缅怀祖先，表达对祖先的感恩之情的文明行动。对死者名誉的护卫使家人和死者在历史中延续案情，统一于一部家庭史中。只有在这些与祖先对话的过程中，人们才会感受到自己的根脉所在。例如，近年来兴起的盛大的祭孔子、祭黄帝、炎帝的仪式就是更广义的对中华民族的根以及中华文明的根的敬仰。④

四、在当代恶搞成为一种流行

例如：雷锋帮人太多过劳死；黄继光摔倒顺便堵了枪眼；董存瑞的死因是被炸药包的两面胶粘住了；小英雄潘冬子成了"富家子弟"，其父成了"地产大鳄"潘石屹；杨子荣竟被改编得匪气十足；阿庆嫂摇身变情妇；长沙的大饭锅饭店以油画《开国大典》作宣传，画中加上了一句广告语"同志们，大饭锅成立了"；《国歌》变成了《股歌》，等等不一而足。好的恶搞可以让人放松，可以减轻人们心理上的压力，让人觉得没有什么大不了的，是心理减压的一种很好的方式，但是恶搞应该有底线，如果肆无忌惮，会颠倒黑白，使事物面目全非。⑤ 许多恶作剧确实搞得过了头，不仅有辱人格，侵犯他人的肖像权、名誉权等，而且严重损害、扭曲人们普遍信奉的道德观、价值观，影响社会主义精神文明建设。不少社会学家和教育学家也表示："恶搞"正在冲击文化

---

① 参见刘国涛：《人的民法地位》，中国法制出版社 2005 年版，第 140—141 页。

② 这也是为什么说侵害死者名誉权的构成要件与侵害生者名誉权的构成要件并无二致的根本原因。也正是由此可以延伸说，死者生前身份不同，其名誉保护应区别对待。对于公众人物、社会名流、国家工作人员的名誉保护要比普通公民有更多的限制。对死者生前的职务行为进行评价是公民行使监督权的表现。参见刘国涛：《人的民法地位》，中国法制出版社 2005 年版，第 188 页。

③ 《荀子·礼论》。

④ ［德］黑格尔：《精神现象学》，转引自［法］艾玛纽埃尔·勒维纳斯：《上帝·死亡和时间》，余中先译，生活·读书·新知三联书店 1997 年版，第 96 页。

⑤ 参见王淇：《恶搞〈恋爱法〉你能接受吗？》，载《辽宁法制报》2006 年 9 月 25 日。

底线和我们民族的传统道德,颠覆青少年的价值观和审美观。^① 因此,法律在"恶搞"成为流行的背景下,划出"恶搞"的底线是必要的,其中,对死者(包括逝去的英雄)名誉权的保护就是其中的一种。

第三节 民法中的死亡制度:未尽的话题

民法中的死亡制度几乎还是一个法律死角。虽然有些已经有明确的讨论,甚至有制度上的安排,如本研究的主题,但是也还存在一些法律上的盲点。例如以下的案例:2006 年 2 月安徽一个司机驾车在湖北麻城撞死无名女子后逃逸,后被警方抓获。同年 7 月,麻城市民政局救助站向法院提起诉讼,要求肇事司机及其挂靠的单位、司机投保的保险公司给予 18 万元的民事赔偿,法院受理了,正在审理中。据报道,该案争议的焦点是民政局救助站能否当原告为无名死者打官司。^② 其实,问题的关键还在其前提:无名死者的利益是否能由他人来维护。而到底由谁来维护其利益合适,则还只是法律政策和技术上的问题。另外,也还有一些没有讨论的模糊地带。

例如,安葬中民事礼仪的保护。虽然安葬制度主要由行政法来规范,如应该土葬还是火葬问题、对死亡的验证等,但是安葬过程中有一些是民间礼仪,如果对这些礼仪进行破坏,在法律上该如何定性? 比如,应该致哀却大表喜悦。

又如,坟墓中的权利(Sepulchral Rights)^③,包括遗骨、尸体的居所、墓碑的保护等等。尸体的居所就是坟墓,如果侵入坟墓搞破坏但又不是盗墓,该如何定性? 毁坏墓碑是否只是定位为侵犯财产权?^④

再如,本书导论中提到过的,笔者曾撰文指出死后安置制度是被大多学者遗忘的法律角落,但这一制度的缺失给法律实践甚至社会伦理秩序的维护带来了诸多麻烦。^⑤

---

① 参见佳木:《对恶搞红色经典说"不"》,http://blog. chinacourt. org/wp-profile1. php?author=529&p=34220,2012-10-03。

② 参见《政府替无名死者打官司》,载《长江商报》2006 年 11 月 15 日。

③ 加拿大学者 Nwabueze 认为"坟墓中的权利"是新兴的法学议题。See Remigius N. Nwabueze, The Concept of Sepulchral Rights in Canada and The U. S. in The Age of Genomics:Hints From Iceland,31 Rutgers Computer & Tech. L. J. 217(2005)。

④ 在古代,如果官方下令毁坏已死官员的墓碑则是对官员的一种行政处罚形式。如北宋绍圣年间,新党上台后下令毁坏旧党已死官员的墓碑。这说明墓碑不仅仅是财物,而且具有精神象征意义。其实,墓碑就是树碑立传的原初形式。因此,对墓碑的毁坏还不能仅仅作为侵犯财产权的行为。

⑤ 参见黎桦、汪再祥:《死后安置制度——被遗忘的法律角落》,载《北京理工大学学报(社会科学版)》2003 第 6 期。

　　以上只是提出一些需要继续思考的话题,笔者也没有很完整的观念,抛砖引玉,希望引起学者们的注意,希冀有贤哲高明者能就此延伸而钻研出金玉理论。这当然也是笔者在未来将继续思考的主题。最后请允许笔者用伟大的墨西哥诗人帕斯的诗《中断的哀歌》(节选)作为不能算结束的结语:

今天我记起我家的死者。
从我面前失去的面孔,
没有眼睛的面孔,凝滞而空洞的眼睛,
难道我要在那眼睛里寻找我的秘密,
我的血液推动的血的上帝,
冰冷的上帝,吞噬我的上帝?
他的沉默是我生命的镜子,
他的死亡在我的生命中继续:
我是他的过失中最后的过失。

今天我记起我家的死者。
消散的思想,消散的行为,
散开的名字
(水塘、无用的地区、固执的记忆挖的坑),
聚会散去,
这个我,他那抽象的、
总是和另一个(同一个)我分享的挤眼,
怒火、渴望和他们的面具,
被埋掉的毒蛇,缓慢的磨损,
等待、恐惧、举止
及其反面:都在我身上坚持,
要求吃面包、水果、躯体,
喝那曾经被拒绝喝的水。

……
世界是一座圆形的荒漠,
天空乌云密布,地狱一片空寂。①

---

① ［墨西哥］奥克塔维奥·帕斯:《中断的哀歌》,朱景冬译,载［墨西哥］奥克塔维奥·帕斯:《太阳石》,漓江出版社 1992 年版,第 58—59 页。

附录一　案例汇编

案例一

陈秀琴诉魏锡林、《今晚报》社侵害名誉权纠纷案[①]

原告:陈秀琴,女,80岁,汉族,无职业(地址从略)。

委托代理人:魏树林(原告之外孙女),天津中华电表公司工作人员。

委托代理人:王宗华,天津市第六律师事务所律师。

被告:魏锡林,男,52岁,汉族,中国民主促进会天津市委员会宣传部工作人员。

委托代理人:白松林,天津市第二法律顾问处律师。

委托代理人:刘思训,天津市和平区法律顾问处律师。

被告:天津《今晚报》社。

法定代表人:李夫,天津《今晚报》社总编辑。

委托代理人:张维功,《今晚报》社副刊部编辑。

委托代理人:周贵有,《今晚报》社副刊部编辑。

原告陈秀琴以被告侵害了她及死去的女儿吉文贞的名誉权为由,于1987年6月向天津市中级人民法院起诉。该院经审理查明:

原告陈秀琴系天津解放前已故曲艺演员吉文贞(艺名荷花女)之母。吉文贞自幼随父学艺,15岁起在天津登台演出,有一定名声,1944年(19岁)病故。被告魏锡林于1985年着手创作以吉文贞为原型,表现旧社会艺人苦难

---

①　参见最高人民法院中国应用法学研究所:《人民法院案例选》(总第3辑),人民法院出版社1993年版,第97页以下;载《最高人民法院公报》1990年第2期。

生活的小说。在创作期间，魏锡林曾先后 3 次找到原告陈秀琴，并给吉文贞之弟写信了解有关吉文贞的生平以及从艺情况，索要了吉文贞的照片，但未将写小说一事告诉原告及其家人。

被告魏锡林写完小说《荷花女》后，投稿于《今晚报》。该报于 1987 年 4 月 18 日—6 月 12 日在副刊上连载，每日刊登 1 篇，共计 56 篇，约 11 万字。当小说在《今晚报》刊登不久，原告陈秀琴及其亲属即以小说内容及插图有损吉文贞名誉为由，先后两次去《今晚报》社要求停载。《今晚报》社以报纸要对读者负责为由予以拒绝。

被告魏锡林所著《荷花女》一书使用了吉文贞的真实姓名和艺名，称陈秀琴为陈氏。书中描写了吉文贞从 17 岁到 19 岁病逝的两年间，先后同许某等 3 人恋爱，并 3 次接受对方聘礼，其中于某已婚，吉文贞却愿意做于某的妾。小说还描写了吉文贞先后到当时天津帮会头头、大恶霸袁某和刘某家唱堂会并被袁、刘侮辱。小说最后影射吉文贞系患性病打错针致死的。同时，小说还描写了陈秀琴同意女儿做于某的妾，接受了于家的聘礼。上述内容确属魏锡林虚构。

原告陈秀琴在《荷花女》发表后，精神受到刺激致病，造成医疗费等实际损失 404.58 元。

在审理中，被告魏锡林辩称，《荷花女》体裁为小说，作者有权虚构，创作该小说的目的是通过对荷花女悲惨命运的描写，使读者热爱新社会，痛恨旧社会。小说《荷花女》并未损害吉文贞的形象，而是美化抬高了她的形象，故不构成侵害原告及吉文贞的名誉权。吉文贞本人已故，原告陈秀琴与本案无直接利害关系，无权起诉。

被告《今晚报》社辩称，报社对小说不负有核实内容是否真实的义务。如该小说构成侵权，按"文责自负"原则，责任应由作者本人承担；吉文贞早已死亡，保护死人名誉权没有法律根据。

天津市中级人民法院认为：《中华人民共和国民法通则》规定公民享有名誉权。公民死亡后名誉权仍应受法律保护。原告陈秀琴系已故吉文贞之母，在其女儿及本人名誉权受到侵害的情况下，有权提起诉讼，请求法律保护。被告魏锡林所著《荷花女》体裁虽为小说，但作者使用了吉文贞和陈秀琴的真实姓名，其中虚构了有损吉文贞和陈秀琴名誉的一些情况，其行为侵害了吉文贞和陈秀琴的名誉权，应承担民事责任。被告《今晚报》社对使用真实姓名的小说《荷花女》未做认真审查即予登载，致使损害吉文贞和陈秀琴名誉的不良影响扩散，也应承担相应的民事责任。

天津市中级人民法院于 1989 年 6 月 21 日判决：一、被告魏锡林、《今晚报》社,分别在《今晚报》上连续三天刊登道歉声明,帮吉文贞、原告陈秀琴恢复名誉,消除影响,其道歉声明的内容及版面由法院审定。如拒绝执行,法院即在其他报刊上刊登为吉文贞、原告陈秀琴恢复名誉,消除影响的公告,其费用由拒绝执行的人员负担。二、被告魏锡林、《今晚报》社各赔偿陈秀琴四百元。三、被告魏锡林应停止侵害,其所著小说《荷花女》不得再以任何形式付印、出版发行。

被告《今晚报》社、魏锡林不服判决,以原答辩理由分别向天津市高级人民法院提出上诉。

天津市高级人民法院审理认为:原审认定事实清楚,证据充分可靠,适用法律正确。在庭审调查和辩论结束后,上诉人《今晚报》社、魏锡林要求法庭调解;被上诉人陈秀琴亦表示同意。依照《中华人民共和国民事诉讼法(试行)》第九十七条的规定,法庭主持调解,在确认上诉人构成侵权和应承担民事责任的前提下,于 1990 年 4 月 11 日,双方自愿达成如下协议:

一、为消除上诉人魏锡林所著小说《荷花女》的不良影响,由上诉人《今晚报》社负责将双方商定的由被上诉人陈秀琴所写介绍吉文贞生平真实情况的来信,魏锡林所写表示道歉的复信,在原连载小说版面上刊登,并加有道歉内容的编者按。本调解书送达后十日内执行完毕。

二、经济赔偿问题由上诉人和被上诉人双方自行解决。

三、上诉人魏锡林原著小说《荷花女》,不得以任何形式付印、出版发行。小说修改后,出版发行必须征询吉文贞有关亲属的意见。

最高人民法院关于死亡人的名誉权应受法律保护的函

天津市高级人民法院:

你院津高法〔1988〕第 47 号关于处理荷花女名誉权纠纷案的请示报告收悉。经研究答复如下:

(一)吉文贞(艺名荷花女)死亡后,其名誉权应依法保护,其母陈秀琴亦有权向人民法院提起诉讼。

(二)《荷花女》一文中的插图无明显侵权情况,插图作者可不列为本案的诉讼当事人。

(三)本案被告是否承担或如何承担民事责任,由你院根据本案具体情况确定。

以上意见供参考。

天津市高级人民法院关于处理《荷花女》名誉权纠纷案的请示报告

1988 年 9 月津高法〔1988〕第 47 号

最高人民法院：

去年六月，我市中级人民法院受理了天津已故艺人吉文贞（艺名"荷花女"）之母陈秀琴诉小说《荷花女》（天津《今晚报》连载刊登）作者魏锡林和《今晚报》侵犯名誉权纠纷一案。经过市中级人民法院一年多的深入调查，开庭审理，案件事实已基本查清，经审判委员会讨论，将处理意见上报我院，我们原则同意市中级人民法院的分析认定和处理意见，但认为对有些问题的处理缺乏具体明确的法律依据，为慎重起见，经我院审判委员会研究决定，特作如下请示报告。

一、案件的基本情况

原告：陈秀琴，女，80 岁，汉族，上海人，无职业，住天津市和平区南京路华胜村。

委托代理人：魏树林，女，40 岁，天津电表厂干部，住和平区南京路华胜村，系原告之外孙女。

委托代理人：王宗华，男，54 岁，天津市第六律师事务所律师。

被告：魏锡林，男，52 岁，汉族，河北省人，任中国民主促进会天津市委员会宣传部副部长，中国作家协会天津分会会员，住天津市南开区西康路。

委托代理人：白松林，天津市第二法律顾问处律师。

委托代理人：刘思训，天津市和平区法律顾问处律师。

被告：《今晚报》社，地址天津市和平区鞍山道。

法定代表人：李夫，男，59 岁，任《今晚报》社总编辑。

委托代理人：张维功，男，39 岁，任《今晚报》副刊部编辑。

委托代理人：周贵有，男，24 岁，任《今晚报》副刊部编辑。

第三人：王毅，男，29 岁，《今晚报》副刊部美工编辑。

第三人：董振涛，男，40 岁，《今晚报》副刊部美工编辑。

第三人：曹永祥，男，31 岁，《今晚报》副刊部美工编辑。

第三人：米亚娟，女，37 岁，天津市第三文化宫干部。

原告陈秀琴系天津解放前已故艺人吉文贞之母。吉文贞 1925 年 6 月出生在上海的一个曲艺之家，自幼就随其父吉评三（当时的曲艺演员）学艺演唱，后辗转来津。1940 年左右，吉文贞参加了天津"庆云"戏院成立的"兄弟剧团"演出，从此便以"荷花女"之艺名在天津红极一时，1944 年病故，年仅 19 岁。被告魏锡林在翻阅解放前天津地区的旧报刊收集资料时，看到了有关

"荷花女"的一些报道,即拟以其为主人公写小说。1986年2月—6月,魏锡林曾先后三次找到原告陈秀琴家了解有关"荷花女"的生平以及从艺情况,同时又给在青岛工作的"荷花女"之弟吉文利去信询问有关吉文贞的情况并索要照片。随后魏锡林自行创作完成了名为《荷花女》的小说。该小说约有11万多字并配有数十幅插图,自1987年4月18日开始在《今晚报》副刊上每日登出1篇,截至同年6月12日刊登完毕,共计连载56篇。

小说在连载过程中,原告陈秀琴及其亲属以小说插图及虚构的事实有损名誉为由,曾先后两次去《今晚报》社要求停载。《今晚报》副刊部负责人在接待中告知原告可找作者协商,并答应如亲属写出"荷花女"的生平文章后给予刊登,最后以报纸要对读者负责为由而未停刊。原告起诉后,《今晚报》社还于同年8月召开小说笔会,授予魏锡林创作小说《荷花女》荣誉奖。

原告陈秀琴于1987年6月向市中级人民法院起诉,认为魏锡林未经原告同意在其创作发表的小说《荷花女》中故意歪曲并捏造事实,侵害了已故艺人吉文贞和原告的名誉。《今晚报》未经审查刊登该小说,当原告要求其停止刊载时遭到拒绝;报社所做《荷花女》小说的插图也有损吉文贞形象,其肖像权也受到侵害,故要求被告魏锡林及《今晚报》社赔礼道歉并负责赔偿因此而受到的经济损失。被告魏锡林辩称:小说《荷花女》主要情节虽属虚构,但并没有因此降低反而美化、提高了"荷花女"本人的形象;另"荷花女"本人已死,陈秀琴不是正当原告,无权起诉。应当驳回起诉并向法院提出反诉,要求追究原告的"诬告罪"。

被告《今晚报》社答辩称:报社按照"文责自负"的原则,不负有核实文学作品内容是否真实的义务,按照法律规定,公民的民事权利能力始于出生,终于死亡。因"荷花女"早已死亡,保护死人的名誉权不符合民法通则的规定,原告诉讼请求不能成立,应予驳回。

第三人辩称:我们所绘插图是受《今晚报》社委托的职务创作,不应承担民事责任。

案经审理查明,被告魏锡林所著小说《荷花女》使用了原告之女吉文贞的真实姓名及其艺名,在有些章节中仅根据一些传闻及当时旧报上的消息进行了虚构,主要集中在以下三处:一是小说虚构了"荷花女"先后同许扬、小麒麟、于仁杰三个男人谈过婚事并表示愿做于仁杰的姨太太以及其母陈秀琴曾收过聘礼;二是小说中写了"荷花女"曾分别到过当时天津有名的流氓恶霸袁文会、刘广海的家中唱堂会,并被袁、刘二人强奸污辱过;三是小说以暗示的手法告诉读者"荷花女"是因患性病致死。对以上三点,陈秀琴认为是对吉文贞及自己的污辱侵权,而且也确无证据证明被告魏锡林所写上述内容属实。

市中级人民法院认为，小说情节是允许虚构的，但是以真人真名来随意加以虚构并涉及个人隐私则是法律、道德所不允许的。《荷花女》中的虚构之处，有的涉及了吉文贞的个人品质、生活作风等个人隐私，在社会上造成了不好影响，同时陈秀琴的名誉也因此受到了损害。对此，被告魏锡林应承担其侵权的民事责任。至于吉文贞已死亡，对死人名誉权是否给予保护，目前我国尚无法律明确规定。但我们认为，公民死亡只是丧失了民事权利能力，其在生前已经取得的具体民事权利仍应受到法律保护。比如我们对在历次政治运动中遭受迫害致死的人，通过适当方式为死者平反昭雪、恢复名誉即是对死者名誉权的保护；而被处决的死刑罪犯，刑法明确规定剥夺政治权利终身，也从另一个方面说明公民死亡后其生前的民事权利受法律保护。作者魏锡林以虚构事实、散布隐私等方式毁损死者吉文贞的人格，构成侵犯名誉权，故应承担民事责任。当死人名誉权受到侵犯时，可参照文化部颁发的《图书、期刊版权保护试行条例》第十一条关于作者死亡后，其署名等权利受到侵犯时，由作者的合法继承人保护其不受侵犯的规定精神，"荷花女"之母陈秀琴有权提起诉讼。《今晚报》社在原告两次要求停刊时而未予理睬仍继续刊登，且又向被告魏锡林授予创作奖，致使损害的影响进一步扩大，故与作者魏锡林构成共同侵权，魏锡林应承担主要责任，《今晚报》也应承担相应的民事责任。至于小说中的插图应视为小说内容的一部分，属侵犯名誉权的一种方式，故侵犯肖像权之诉不予成立。关于插图作者是否列为本案第三人的问题有两种意见，一种是主张插图作者是《今晚报》工作人员，所以插图作者是职务作品，因此不列插图者为第三人；另一种认为插图作者与文字作者应一样对待，故主张列，但又分为几种情况，一是将四人均列为被告；二是《今晚报》的三位美工人员不列，因为是职务之作，因而只把从第三文化宫借调来的米亚娟列为第三人；三是要看其所绘插图的内容来确定是被告还是第三人。

二、对本案的处理意见

经合议庭评议并报院审判委员会讨论研究，拟对《荷花女》名誉权纠纷案作如下处理：

（一）判令被告魏锡林在《今晚报》或其他报刊连续三天发表声明，为死者吉文贞恢复名誉，向原告陈秀琴赔礼道歉；判令被告《今晚报》刊登原告所写介绍吉文贞的生平文章，并在文前加编者按，对原告赔礼道歉。如二被告拒绝执行，由人民法院在其他报刊刊登与上述内容相同或判决书主要内容的公告，其费用由二被告分担。

（二）判令被告赔偿原告陈秀琴因治病等受到的实际损失 170 余元。至于因名誉权受到侵害而要求经济赔偿的数额，按照我院第四次民事业务研讨会纪要提出的标准确定为 400 元，总计约 600 元，由二被告按其责任大小分担。

（三）判令被告魏锡林所著《荷花女》一书今后不得再以任何形式复印、出版发行。

（四）《今晚报》社在 1987 年 8 月授予魏锡林创作《荷花女》一书所得的荣誉奖证书由人民法院予以收缴。

（五）关于作者魏锡林所得稿酬，一种意见是应按非法所得予以收缴；另一种意见认为可以不管。我们倾向于后一种意见。

（六）诉讼费 20 元由二被告各负担 10 元。

以上报告妥否，请批示。

案例二

海灯法师名誉权案①

1989 年 8 月 5 日，海灯法师弟子范应莲作为原告，向成都市中级人民法院起诉敬永祥、《新闻图片报》和《星期天》，称被告无中生有，歪曲事实，采取在报刊上公开发表文章诽谤海灯法师和本人的人格，故意侵害名誉。原告请求法院：判令被告立即停止侵害，消除影响，恢复名誉，公开在报刊上赔礼道歉；判令被告赔偿因其行为对原告造成的损失。

1989 年 1 月 10 日，全国政协委员、中国佛教协会理事海灯法师在成都圆寂。1 月 17 日，海灯法师追悼会在成都举行。追悼会由四川省佛教协会会长宽霖法师主持，悼词由四川省政协副主席李培根宣读，悼词称颂"海灯法师是我国武术界、佛教界的著名人士。他的一生是自奉节俭、勤奋精进、爱国利民、无私奉献的一生；是热爱祖国、热爱共产党、热爱社会主义、热爱人民、热爱家乡，忠诚中华武术和佛教事业的一生。他的逝世，是我们爱国

---

① 参见《历时 10 年海灯法师名誉权案终审判决海灯法师弟子胜诉》，http://www.chinaqigong.net/cqsm/wenzhai/hdfs.htm，2012-06-23；易旭东：《"侵犯海灯法师名誉权"一案备忘录》，http://www.chinaxwcb.com/dianbao/2007-09/14/content_83465.htm，2012-06-23；微言：《海灯案启示——谎话和神话只有一步之遥》，http://www.fzwgov.cn/Article/ShowInfo.asp? InfoID=22831，2012-06-23。

统一战线的一大损失，也是武术界、佛教界的一大损失"。

可是，就在 1989 年 1 月 20 日，《海灯法师是个大骗子》一文在湖南的《新闻图片报》刊登。1989 年 2 月 26 日，四川省内江市文联主办的报纸《星期天》转载了这篇文章，大标题仍然是《海灯法师是个大骗子》。文章的出处，是新华通讯社《内参选编》1988 年第 51 期刊登的《对海灯法师武功提出不同看法》一文，作者是《四川日报》记者敬永祥。

敬文的主要内容是：四川省江油市的海灯法师及其徒弟范应莲本来是普通的民间武术人物，可是近年来由于他们的自我吹嘘和一些人的编造，被吹得神乎其神。尽管知情者不断提出质疑，"海灯热"仍然有增无减。海灯生于 1907 年（他在不同场合中把自己的年龄越说越大），解放前，海灯因逃避封建包办婚姻而出家，那时不过是普通的和尚和民间武术爱好者，并未引起人们注意。解放后很长一段时间四处奔走，以卖武为生。20 世纪 60 年代初期，国家搜集民间武术人才，他因为表演"二指禅"和作为"少林使者"，开始在报纸上出名。1982 年 9 月，笔者在采访海灯时，发现他虚荣心重，说话不实际。由于当时"少林武术"是热门话题，海灯很快成了新闻人物。许多前去采访的人犯了过去那种搞虚假宣传的老毛病，开始了一场新的"造神运动"。有的是海灯说什么写什么，不加分析，不经调查（海灯没有正式的工作，也没有档案，他的身世都是由他自己说了算）；还有的是把武侠小说、武打电影中的情节安在海灯这个真实人物身上。如：一些报刊书籍把海灯同政治历史紧密联系，一会儿反军阀，一会儿除恶霸，一会儿打日本的"小野"，一会儿打美国的"史密斯"。一些纪录电影和电视使用特技拍摄，夸大海灯的武术。如海灯的徒弟范应莲明明是在一尺多高的木桩上表演"梅花精拳"，拍纪录电影时采取抑拍的办法，被说成是在一丈八尺高的木桩上练拳。海灯和范应莲从来没有参加任何正规的体育比赛。国家体育部门没有承认他的武术，宗教界没有承认他的佛学，医学界没有承认他的医术。他的种种本领都是靠记者的宣传出名的。海灯出家后长期在四川家乡，直到 1946 年秋天才首次出川，在少林寺客居了一个多月时间。那时少林寺已没有什么武僧，海灯自我介绍，当了武术教练，拿到聘书不久就离开了少林寺。以后便以"少林寺武术教练"的名义四处活动，后来便因此成了"少林武术正宗"。海灯的这套办法现在又传给了徒弟范应莲。1985 年，海灯向成都军区负责人提出向战士授武，部队首长请范应莲到某师侦察兵集训队教武。范应莲的武术毫无特别之处，连海灯的"二指禅"也不会做，他的所谓"铁布衫"实际上是很多人都会做的硬气功。而且，他的那些武术套路还没有部队的正规武术实用，若动真格的还不如战士。范应莲到部队后要求给训练费和军装，还要求入伍当军官，没有得到同意。他又拿出自己从街上买来的聘书，请成都军区司令部军训部参谋填写。范应莲拿到聘书后不到一个月就走了，以后又用同样的办法到北京、济南等地的部队教武。他有了这些材料后就找记者宣传。于是，一些报刊便称他是"我军武术总教练"。笔者最近从可靠人士处了解到，海灯在电影《四川奇趣录》中表演的"二指禅"是弄虚作假，虽然伪装巧妙，仍能看出痕迹。海灯出名后，政治待遇和社会地位都提高了。在经费很紧张的情况下，竟然由国家拨款和地方筹款 130 多万元，在江油李白纪念馆和太白公园附近修起了"海灯武馆"，另外还拨款数万元，在海灯故居修起了"本愿精舍"。除了国家拿出巨资外，全国各地的佛教信徒和武术信徒纷纷给他寄赠供奉，使海灯和范应莲成了巨富。海灯被宣传成神话人物后，许多人把他当做"活菩萨"，他曾说："我现在走到哪里，哪里就是人山人海，就像当年红卫兵在天安门见毛泽东一样。"

同时，该文还刊登在新华社《国内动态清样》1988 年第 3467 期上。

根据后来的法庭调查，《新闻图片报》是未经新华社同意擅自将该文部分摘登，自行另加大号标题为《海灯法师是个大骗子》，《星期天》是根据《新闻图片报》的报道自行全文转载。上述文章发表后，在社会各界引起了强烈反响。中共四川省委领导立即批转江油市委，要求认真查核。

于是，纠纷由此开始，逐步升级。从文章对应到法庭相见，双方展开了漫长的求证过程，在这一过程中，他们被怀疑被同情被声援，案件纠纷改变了他们的生活轨迹。同时，国内媒体纷纷报道，众说纷纭，莫衷一是，法院更是处于这些沸沸扬扬的舆论浪尖上。

上述文章发表后，江油市海灯资料组和范应莲分别向新华社《内参选编》、《新闻图片报》、《星期天》提出意见，要求更正。《星期天》和《新闻图片报》分别于 1989 年 3 月 26 日、4 月 7 日登报更正，并赔礼道歉。《内参选编》也于 1989 年 5 月刊出了江油市海灯资料组与敬永祥的文章：

海灯逝世后，四川省的党组织和政府对其做了公正评价。海灯生于 1902 年，生前曾任全国政协委员、四川省政协委员、江油市政协副主席、全国佛协常务理事、江油市极乐寺住持。因此，《四川日报》记者敬永祥的文章说海灯"没有正式工作"是不实的。各级政协在安排委员时都要对委员的身世、历史和现实表现等进行调查，建立档案，现在四川等地统战部、政协就保存有有关海灯的档案材料，说"海灯没有档案"也是没有根据的。

1985 年 10 月，成都军区军训部等单位聘请海灯及其弟子范应莲任侦察武术集训队总教练。1986—1988 年范应莲先后受聘为全军侦察兵武术骨干集训队、国防科工委武术集训队、空军警卫干部集训队、海南军区南疆武术集训队总教练。这都是事实。海灯资料组曾将这些聘书收集在海灯武馆陈列室并展出。海灯和范应莲没有向部队伸手要过什么,部队也着重精神鼓励。

集资建江油武馆是江油市建设规划之中的事,不是专门为海灯建的。武馆落成后对弘扬华夏武术精神,开拓中华武术事业将发挥积极作用。

海灯法师逝世前一直是穿件旧僧衣,吃碗混粮粥,开会加餐也不过一盘素豆腐。范应莲主要是靠工资和补贴生活。

此后,1989 年 7 月和 8 月,敬永祥又先后在海南《金岛》杂志和《报告文学》上发表了《海灯法师神话的破灭》、《海灯现象——80 年代的一场造神运动》,两篇文章雷同,内容有:"他(海灯)的许多经历都是由他说了算","海灯后来把年龄越说越大……海灯的年龄和他的身世一样,成了巴蜀之谜","海灯的二指禅是假的","1946 年少林寺邀请海灯法师为武术教授的邀请书纸质较好,有的内容不符合当时实际,有人对其真伪表示怀疑"等。两文对《内参选编》中刊载文章的观点进一步阐述和公开扩散,使影响继续扩大。

与此同时,四川《文明》杂志几乎在同时刊登了观点截然相反的文章。在文章前部,编者专门写了提要:"海灯法师是当代著名的苦行高僧,其盛名远播海内外。然而在法师生前,竟有人或者道听途说,随意渲染;或编造事实,信口雌黄,致使法师的形象受到损害。本刊特约请四川省江油市委新闻报道组王少志同志撰写此文,以正视听,以慰法师英魂。"

1989 年 8 月 5 日,海灯法师弟子范应莲作为原告,向成都市中级人民法院起诉敬永祥、《新闻图片报》和《星期天》,称被告无中生有,歪曲事实,采取在报刊上公开发表文章诽谤海灯法师和本人的人格,故意侵害名誉。原告请求法院:判令被告立即停止侵害,消除影响,恢复名誉,公开在报刊上赔礼道歉;判令被告赔偿因其行为对原告造成的损失。

原告在起诉状中称,被告敬永祥于 1982 年 12 月趁海灯法师生命垂危之际,一反常态向新华通讯社《内参选编》编辑部投送歪曲事实的材料,在《内参选编》上刊登。……被告《新闻图片报》根据《内参选编》刊登的敬永祥的那篇材料,以大字标题污蔑"海灯法师是个大骗子"。被告《星期天》又以大字标题原文转载这一文。起诉状同时罗列了五个方面的事实真相对被告进行反驳。同时,范应莲复印了《内参选编》、《新闻图片报》和《星期天》的文章作为附随起诉的证据。

8 月 27 日,被告敬永祥向法院提交了答辩与反诉状。

敬永祥辩称:①这是一起极为严重的党内泄密案。《内参选编》明确规定是党内秘密刊物,不具有公开性,刊登的情况也不属公开报道,订阅范围极其有限。原告范应莲既非共产党员，更非有资格看这个刊物的党员领导干部。《内参选编》上的材料，原告非通过泄密，是不可能获知的。本人作为新闻记者，为履行法定职责，有权力也有义务向党内有关部门反映情况，应受法律保护。②既然范应莲提出名誉侵权诉讼的基本证据是通过党内秘密泄密所获，因此，原告所提供的基本证据的来源是非法的，请求依法驳回范应莲起诉。③本案在全国有重大影响，应当由最高人民法院受理，成都中级人民法院无管辖权。

敬永祥反诉范应莲指控其履行记者法定职责、向党中央反映情况为"诬说"、"纯系捏造"，已构成对其名誉的侵害。

案件受理后，法院方面忙着研究案件问题，双方当事人也投入到紧张的攻防部署。

敬永祥继续发表观点，争取舆论支持。1990 年 1 月 19 日，敬永祥在四川召开的"关于如何划分正当舆论监督与侵犯名誉权的界限"学术讨论会上发言，称海灯是"一个长期隐瞒政治历史、处处弄虚作假的出家人和民间武师"，"他和原告（范应莲）自吹自擂，弄虚作假"。3 月 13 日，敬永祥向法院提交长达 32 页的《答辩与反诉》（续篇），进一步从细节上证明他的观点。

范应莲则撤回了对《新闻图片报》、《星期天》的起诉。范应莲认为，敬文在《内参选编》上发表后，产生了巨大反响，其影响波及日本、东南亚、澳大利亚等有华侨的许多国家，海灯及其弟子的名誉一落千丈，形象受到严重损害。案件起诉后，敬永祥又在一次研讨会上发言，继续对海灯、范应莲的名誉造成损害。同时，鉴于《新闻图片报》、《星期天》报已登报更正、赔礼道歉并停刊解散，1990 年 9 月 15 日，范应莲向法院申请撤回对两报的起诉。1991 年 5 月 20 日，法院裁定准许范撤回对两媒体的起诉。

海灯法师武馆申请作为原告参加诉讼。1990 年 2 月 13 日，江油市海灯法师武馆以敬永祥对该馆名誉造成损害为由，申请作为原告参加诉讼。

与此相对应，成都中院首先面临的是案件的程序性问题。

根据案件的卷宗材料显示，成都中院受理本案后，的确面临诸多 20 世纪 90 年代初期我国司法实践中未有的技术难题，这些难题有程序问题也有实体问题，比如：成都中院对本案有没有管辖权？海灯法师已经逝世，又没有子女及其他亲属，谁能作为原告起诉？海灯法师武馆能不能参加到案件来？新华社刊登了敬永祥的文章引发了诉讼，能不能追加新华社进来参加诉讼？根据司法程序要求，只有在这些问题解决之后，才能进入案件的实际审理阶段。

关于管辖问题：

被告敬永祥提出"本案在全国有重大影响，应当由最高法院受理，成都中院无管辖权"。根据最高人民法院〔1988〕11号文关于损害名誉权案原告既起诉报刊社又起诉作者的"一般由报刊社所在地人民法院管辖为宜"的批复，法院认为：《新闻图片报》和《星期天》已停办，海灯和范应莲均是四川人，主要被告敬永祥的居住地和单位所在地也在成都，为便于案件的调查和审理，该案由成都中级法院受理为宜，本案虽在全国影响特别大，但根据全国各地中级人民法院已受理的类似案件看，成都中院可依照《中华人民共和国民事诉讼法》第十七条第二项的规定进行管辖。

关于诉讼主体问题：

原告的诉讼主体。最高人民法院〔1988〕民他字第52号文《关于死亡人的名誉权应受法律保护的函》提出，对公民死亡后，其名誉权受到侵害的，可以由死者的直系亲属提出诉讼。在那个时期，除直系亲属外，其他利害关系人可否作为诉讼主体，没有明确的法律规定，司法解释还没具体规定。所以，原告范应莲作为海灯的徒弟，是否具备原告的主体提出诉讼，是值得研究的。法院认为，经调查，范应莲原名赵荣莲，12岁时（1965年）由其生父赵康万抱养给海灯，介绍人为陈启元，写有纸约，抱养后改名为现名，由海灯抚养成人，海灯自幼出家为僧，习武为业，无配偶子女等亲属。范应莲跟随海灯多年，关系密切，是海灯众徒中最主要的弟子，对此类特殊的宗教界案件，范应莲可视为海灯的直接利害关系人，作为原告提起诉讼。

海灯法师武馆提出参加诉讼。根据卷宗资料披露，对此法院当时有两种意见：一种意见认为，武馆是以海灯命名并经批准的事业单位，具有法人资格，海灯死后，范应莲是该武馆的馆长，海灯的名誉权直接牵扯到武馆的名誉，所以海灯武馆提出参加诉讼是可以的。另一种意见认为，敬永祥的文章直接针对海灯和范应莲本人，对公民个人名誉权的侵害不能由法人提出，所以海灯武馆不宜作为原告。成都中院倾向第一种意见，但该意见最后没有被最高法院采纳，最高法院认为"被告敬永祥撰写的《对海灯法师武功提出不同看法》一文，其内容不是指向海灯法师武馆，因此，不应追加该馆作为本案原告参加诉讼"。

被告的变更、追加：

法院认为，前述报纸、杂志所刊登、转摘有关报道海灯的文章，均是四川日报社编辑敬永祥撰写。本案原告将敬永祥作为被告起诉，符合《中华人民共和国民事诉讼法》第八十一条的规定。至于其他报纸、杂志是否列为被告参加共同诉讼，成都中院的意见是：①《星期天》和《新闻图片报》已刊登更正文章并表示道歉,鉴于该两刊物系摘登和转载,且已停办撤销,同意原告撤回对该两个刊物的起诉;②《金岛》和《报告文学》两刊物原告未起诉,范应莲的起诉状中也未提到该两刊所刊登的文章,故可不追加列为被告;③新华通讯社《内参选编》是党内的机密刊物,仅供领导干部了解民情、社情使用,发放范围很窄,影响较小,该刊登载对海灯不同看法的文章未加评断,《内参选编》继后还刊登过与敬文不同观点的文章,所以,也不宜追加为共同被告。上述意见经四川省高级人民法院以川民示〔1990〕9 号函请示最高法院。

1990 年 10 月 27 日,最高人民法院做出〔1990〕民他字第 30 号函,对范应莲诉敬永祥等侵害海灯法师名誉权一案有关诉讼程序问题答复四川省高级人民法院:根据《中华人民共和国民事诉讼法(试行)》第十七条第二款、第二十条规定和最高人民法院有关批复精神,同意你院审判委员会的意见,即:一、此案可由成都市中级人民法院管辖;二、海灯死亡后,其名誉权应依法保护,作为海灯的养子,范应莲有权向人民法院提起诉讼;三、被告敬永祥撰写的《对海灯法师武功提出不同看法》一文,其内容不是指向海灯法师武馆,因此,不应追加该馆作为本案原告参加诉讼;四、被告敬永祥撰写《对海灯法师武功提出不同看法》投稿于新华通讯社《内参选编》,不是履行职务,范应莲未起诉新华通讯社,根据《中华人民共和国民事诉讼法(试行)》第十一条规定和本案的具体情况,不宜追加新华通讯社作为被告参加诉讼。

在得到最高法院关于案件程序性问题的明确答复之后,案件进入了实体审理阶段。1991 年 5 月 30 日—6 月 1 日,成都市中级人民法院连续开庭三天,对本案进行了公开审理。这次庭审,对海灯法师的身世、武术、佛教、医术、少林寺、财富,范应莲表演"梅花精拳"的情况和范应莲到部队教授武术及相关聘书等案件争议问题进行了法庭调查。

1991 年 12 月 25 日,四川省高级人民法院向最高法院请示案件问题,文件号是〔1991〕川法民示字第 16 号,文件名是《关于成都中院请示敬永祥在党内秘密刊物〈内参选编〉》上撰文是否构成侵犯名誉权一案的审查报告》。在该文件中,四川法院认定的事实是:①海灯法师有户口档案,户口表载明其生于 1902 年 8 月 19 日,与各界新闻媒介宣传其生于 1901 年、1903 年、1904 年相差无几,不存在海灯在不同场合把自己年龄越说越大的问题;②海灯作为出家和尚,终身从事宗教事业,在其任政协委员时,有关部门对其身世、经历都进行了大量调查,因此,海灯并非无工作、无档案、身世都是自己说了算;③关于海灯的武术问题,经查证,海灯在 20 世纪五六十年代就表演过"二指禅",在拍摄《四川奇趣录》时,海灯年事已高,拍"二指禅"时双脚靠在窗上,从窗格中用绳系于双脚上(至于绳起保险作用还是将人吊起,无法查明),但不能仅凭此以认定海灯不会"二指禅";④关于海灯的佛学、医学问题,经查海灯虽无佛学著作,但其修炼"头陀行",衣、食、住特别苦,受到广大佛教徒的尊敬,同时讲经也很多,因此佛教界承认其具有高深的佛学修养,其长期在江油市等地方为群众治病,据了解医术尚可;⑤关于敬文称"海灯自称为少林寺武术教练,此后以少林寺武术教练四处活动,成了少林寺武术正宗"的问题,经查1946年海灯法师曾在少林寺挂单,少林寺是否聘请其为武术教练无法查证,但海灯所持敦请书上少林寺及住持、知客等印章齐全,无任何证据证明是伪造的;海灯先后于1946年、1983年应聘到少林寺教授武术,其武术属少林派,因此,被记者宣传为"少林武术正宗",至于海灯自称"少林武术正宗"无确切依据;⑥关于海灯是否成为"巨富"的问题,海灯作为出家人,靠收取信徒供奉生活,海灯出名后,其生活仍很简朴,其所收取供奉大多用于捐献给当地建寺庙、学校、街道等,并非海灯本人成了"巨富",海灯法师武馆也仅以海灯命名,武馆是江油市政府为发展旅游业而修建的,并非为海灯个人修建;⑦关于范应莲表演"梅花精拳"的情况,据《少林海灯法师》拍摄时的摄影师、群众证实,当时范应莲是在二米二左右高的木桩上表演(范本人称当时高桩二米二左右),至于敬文称是在一尺多高的木桩上表演,采取仰拍而成不符合情况,也是不可能的,敬文称"被说成是在一丈八尺高的木桩上练拳",经查未查到这方面的报道;⑧关于范应莲到部队教授武术及相关聘书问题,经查范应莲从1985年11月—1988年5月先后被成都军区、总参、国防科工委、空军等部队聘请为武术集训队的教练,有关部门证明范应莲任教是根据部队首长提议或指示办理的,范在成都军区教武时从未提出过要报酬,且证实集训效果好,范在成都军区要求给一套军服作纪念,但未提出入伍当军官,范曾以"中国人民解放军武术总教练"名义在四川《文明》杂志上发表过数篇文章,并以此名义印过名片,但范称这是朋友为其印制,未公开使用过。

用于支持这些事实的证据有证人证言、书证和各地史馆材料、海灯活动时代的一些新闻报道,更多的还有各级政协和一些组织部门的证明材料。从证据分配比例上看,原告提交的更多是组织部门的证明材料,而被告更多来自自行调查。以下是摘抄的一些证据,可以判断法官认定案件事实的思路:

(摘抄证据一) 1989年2月14日,中国人民政治协商会议全国委员会办公厅〔1989〕全办字第33号文件:海灯法师生于1902年8月,是政协第六届和第七届全国委员会委员。1982年在准备安排他担任第六届全国委员会委员时,中央人事安排小组对他的身世、历史、代表性和现实表现等都做了认真的调查,并征求了四川、河南等地区有关组织的意见。四川、河南和中央统战部都有他的档案资料。《内参选编》所载"海灯没有档案"的说法是没有根据的。海灯法师是出家人,是佛教界的著名人士,并曾担任政协委员和佛协领导职务,所谓"没有正式工作"的说法亦不妥。

(摘抄证据二) 1989年1月11日国防科工委政治部保卫部证明:海灯法师的徒弟范应莲于1986年7月应聘为国防科工委武术集训队总教练。此次是有关领导的指示,是由我部与司令部军务部、训练部共同举办的。训练结束后,在北京向国防科工委机关和首长进行了汇报表演,反映良好。范应莲同志的聘书是由我部安信志、马选政同志办理,直接由我委寄四川省政协的。

(摘抄证据三) 中国人民解放军总参谋部第二部来函证明:海灯法师和其徒弟范应莲于1986年5月15日—7月5日分别应聘担任在济南举办的全军武术骨干集训队总指导和总教练。他们的聘书是经总参首长批准,以总参某部名义于1986年4月15日填发的,是由我部首长亲自于1986年5月15日在全军侦察兵武术骨干集训队开学典礼上当面授予的。海灯法师和范应莲在全军侦察兵武术骨干集训队集训期间,悉心传授武术技巧,为我军侦察部队培养了150余名武术骨干。这一批武术骨干,在近几年的侦察部队训练、对越作战中发挥了很好的作用。海灯法师和范应莲在任集训队总指导和总教练期间,没有索取任何报酬。海灯法师一再表示:国家给了我工资,我们愿意为部队无偿培养武术骨干,为军队建设作贡献。我们尊重他们的意见,没有付给他们报酬,至今对他们的这种精神仍是赞赏的。

(摘抄证据四) 1985年12月16日,中国佛教协会负责人在一封给他人的回信中写道:海灯法师是中国佛教协会的理事,会武功。几年来,许多报纸对他的宣传报道,甚至电影制片厂为他拍摄专题影片,做得过度。不仅少林寺方丈问题,还有其他的事,也不免失实。……在报刊物上再有这类报道时,以读者来信方式针对发表为好。

法庭上,被告敬永祥对原告提交的一些证据表示质疑,还对江油市海灯材料组出具的材料进行了反驳。

第一次法庭交锋,似乎对海灯的身世问题有了基本判断。但是,案件并没有如期顺利地下结论。因为,所有的诉讼参与人都遇到了一个当时在全国未见先例的法律关卡——《内参选编》的文章能不能作为起诉依据。

在第一次开庭前,由于《星期天》和《新闻图片报》已刊登更正文章并表示道歉,范应莲鉴于该两刊物系摘登和转载,且已停办撤销,撤回对该两个刊物的起诉。而且范应莲也未对《金岛》和《报告文学》两刊物进行起诉，起诉状中也未提到该两刊所刊登的文章，法院也没追加《金岛》和《报告文学》两刊物为被告。因此，被告只有敬永祥一个，所有的争议载体只有《内参选编》文章了。

而敬永祥一再强调《内参选编》是党内秘密刊物，不能作为起诉依据。通过第一次开庭查明的证据，《内参选编》上的文章与事实基本不符，那么，敬永祥在党的秘密刊物上发表这篇文章的行为是否构成侵犯名誉权？毫无疑问，这又是案件的法律关卡，前所未有。

针对这个问题，我们从卷宗材料中可以基本判断法官的解决思路。

首先，解决《内参选编》的性质问题。为此，他们先后走访了新华社四川分社、新华通讯社的有关部门。经了解，《国内动态清样》是党内机密刊物，发行范围很小。《内参选编》是党内秘密刊物，发行范围在科（乡）或相当于这一级党员干部内，发行量为 70 多万份。

其次，范应莲看到《内参选编》是不是党内泄密问题。这方面，法官找到了根据，这是 1980 年 1 月 13 日中共中央办公厅发出的《关于担任领导职务的党外人士阅读文件资料问题的通知》的规定，范应莲为海南省政协常委、绵阳市青联副主席、江油市政协副主席，可以阅读《内参选编》。

再次，敬永祥给新华社写这些材料的动机是什么？敬永祥在答辩状和法庭上，多次声明说这是他秘密反映情况的行为，敬永祥长达 31 页的《海灯案答辩与反诉》中写道："我在信的首页的左上方作秘密的标志，并写明是供党中央领导参考。我是根据党章规定和新闻工作者职业道德准则，按照党的组织原则和宣传纪律，通过正常渠道向党中央反映情况，受到有关部门重视，编印成绝密材料送党中央领导同志。……我事前也不知道这个刊物会转登我的来信，更没有向这个刊物'投稿'。向党反映情况，是新闻工作者的一项重要任务。况且，我是主动纠正宣传工作中的失误，是义不容辞的职责。"

法院认为，敬永祥《对海灯法师武功的不同看法》一文是作为信件内容写给新华通讯社，不是写信给党的有关领导或领导机关反映情况，其性质是投稿，不是履行职务，也不是履行党员的义务；敬永祥投稿到新华社，目的是想通过该社发表其文，新华社即有权决定是否予以发表，在该社什么刊物上发表。因此对文章可能被发表及发表后会产生什么样的后果，敬永祥事先应当知道的。法院受理该案后，敬永祥又先后在《金岛》、《报告文学》上刊登的文章和在研讨会上的发言，扩大该文影响，说明其有进一步扩大该文影响的主观意图；《对海灯法师武功的不同看法》一文的主导思想不是反映当时新闻宣传中存在的导向不正的问题，内容上也未提纠正新闻导向偏离正确方向的任何建议。该文始终只是涉及海灯、范应莲的武功和人格的不同看法，文章多处使用了贬低、侮辱和诽谤海灯法师、范应莲人格的言词。

最后，《内参选编》社会影响面有多大？敬永祥在答辩状中写道："凡是懂什么是内参的人都知道，内参的作用不会影响某人的名誉人格，党内领导同志看了内参后，即使很重视，也不会偏听偏信，涉及具体的人和事还要继续调查核实。"法院认为，《内参选编》虽系党内秘密刊物，但从该刊订阅范围看，发行量为 70 多万份，在全国的发行、传阅范围是相当广的，且阅读者多为领导干部。敬文在该刊发表后，事实是其影响已波及全国。

成都中院在给四川高院的请示报告中阐明了处理意见："敬永祥的行为具有违法性。我国《宪法》第三十八条、《民法通则》第一百零一条明文禁止以任何方式对公民人格尊严进行侮辱、诽谤。敬永祥即使向有关领导或领导机关反映情况，但如反映情况是捏造事实，或出于恶意对他人日常生活中的某些缺点大肆夸张、借题发挥，或对某些事实大肆渲染，并将反映的情况和有关损害他人名誉权的事实传播到社会，从而造成他人名誉的损害，也构成侵犯名誉权。"

1991 年 6 月 24 日，成都中院向四川高院发出《范应莲诉敬永祥侵害海灯名誉权案的请示报告》。7 月 10 日、9 月 18 日、12 月 25 日，四川高院进行了三次研究，认为："新华社作为一个新闻宣传机构，给它写信即是投稿的一种形式，就意味着要发表；作为一名记者或共产党员或一般公民通过写信或投稿于新华社反映有关问题是正常的，但作者应尊重客观事实，对事实负责，如系捏造事实、侮辱、诽谤他人，造成侵犯名誉权应由作者个人负责。新华社是国家的新闻宣传机构，其所主编的《内参选编》虽系党内秘密刊物，但其发行范围较广，发行量较大。被告敬永祥作为一名记者，本身就是一名新闻工作者，应当知道新华通讯社的职能。因此，其写信给新华社提出'对海灯法师武功的不同看法'就意味着希望发表，是一种投稿性质。如果不允许发表，仅向党中央反映情况，则应明确禁止他用。新华社作为新闻机构，其受理未禁止他用说明的稿件后，有权决定是否采用或以何种方式采用，因此敬永祥所写《对海灯法师武功的不同看法》一文由新华社国内部第二编辑室刊登在《内参选编》上，该文刊登后在全国范围内造成一定影响，此后敬永祥又先后在海南省《金岛》杂志、《报告文学》上公开发表与该文章基本观点相一致的文章，将其观点进一步向社会传播，这也表明敬永祥有将其观点公之于众的主观意图，并非本人声称仅向党中央反映当时新闻宣传中导向不正的问题。"

四川高院认为：敬永祥作为一名记者或以一个共产党员的名义向新华

社写信反映问题,提出对海灯法师武功的不同看法是正常的,但应尊重客观事实,以事实为依据。如其文章基本内容失实,或系捏造事实,使用贬低、侮辱、诽谤海灯法师及范应莲人格的言词,损害其名誉,造成一定的影响,又不澄清事实,依据《中华人民共和国民法通则》第一百零一条和最高人民法院《关于贯彻执行民法通则若干问题的意见》第140条之规定,其行为已构成对海灯法师及范应莲名誉权的侵害,应承担相应的民事责任。

1991年12月25日,四川高院据此形成《关于成都中院请示敬永祥在党内秘密刊物〈内参选编〉上撰文是否构成侵犯名誉权一案的审查报告》,以文件号〔1991〕川法民示字第16号向最高法院请示。

1993年2月4日,最高法院发出〔1992〕民他字第23号《关于范应莲诉敬永祥侵害海灯名誉一案如何处理的复函》:

一、敬永祥在《金岛》、《报告文学》上刊登的文章和在四川省民法、经济法学会上的发言基本内容失实,贬低了海灯的人格,已构成对海灯名誉的侵害。二、敬永祥的上述文章和发言对范应莲名誉的侵害较轻,可适当承担民事责任。三、敬永祥写给新华通讯社的信因系刊登于机密刊物《国内动态清样》和秘密刊物《内参选编》,且写信的真正动机难于查明,故写信的行为可不认定为损害海灯、范应莲的名誉。建议做好双方当事人的思想工作,争取以调解方式结案。

原告补充起诉内容,法院二次开庭。双方分歧太大,法庭调解失败。历尽波折,五年之后,一审判决出笼,而二审过程也长达五年。

第一次开庭休庭次日,即1991年6月2日,范应莲又向法院递交了补充民事诉状,指控敬永祥在公开发行的《金岛》杂志1989年第7期、《报告文学》1989年第8期上发表《海灯法师神话的破灭》、《海灯现象——80年代的一场造神运动》等文,称海灯的"许多经历都由他说了算……海灯的武功受称道,不是靠他本人确有的功夫,而是靠记者宣传和领导支持,而宣传和支持者,又都是不懂武术或没有看过他表演武术的人及其他人士","海灯的二指禅是假的","海灯是自己给自己颁发了两面锦旗","1946年3月,少林寺邀请海灯法师为武术教授的邀请书纸质较好,有的内容不符合当时实际,有人对其真伪表示怀疑"。补充诉状还称,1989年10月28日,敬永祥散发给各级领导的信中,公然诽谤海灯是"一个长期隐瞒政治历史,处处弄虚作假的出家和尚、民间武师";敬永祥还在关于正当舆论侵犯名誉权的讨论会上发言并散发材料,诽谤海灯法师"长期隐瞒政治历史,处处弄虚作假","海灯和范应莲自吹自擂,弄虚作假"。为此,范应莲请求法院判令敬永祥承担如原诉状中的请求。

1993 年 4 月 14 日,补充诉状送达敬永祥。敬永祥未在法定期间内提交答辩状。

5 月 17 日,成都市中级人民法院再次开庭,对范应莲补充事实恢复法庭调查,法庭辩论和当事人最后陈述。这次开庭的时间从上午 8 点 30 分持续到下午 6 点 15 分。在庭审最后阶段,法庭主持双方调解,范应莲的调解前提是敬永祥要承认侵犯了海灯法师和他本人名誉权,敬永祥则要求范应莲确实能承认违反了保密法,能够承认对本人的起诉是不实的。基于双方分歧很大,调解无法进行。

5 月 29 日上午,成都中院对海灯名誉案进行一审宣判,判决书文号是〔1998〕成法民一字第 9 号。

成都中院认为:①本案影响较大,但被告敬永祥住所地为成都市,故本院对此案有管辖权。②敬永祥在《金岛》、《报告文学》上刊登的文章和在研讨会上的发言,基本内容失实,贬低了海灯的人格,已构成对海灯名誉的侵害,应承担相应的侵权责任;敬永祥的上述文章和发言对范应莲名誉的侵害较轻,可适当承担民事责任。③范应莲已向本院表示,不追究发表敬永祥文章的《金岛》、《报告文学》两杂志的责任,根据《中华人民共和国民事诉讼法》的有关规定和本案具体情况,本院不再追加《金岛》、《报告文学》杂志社为共同被告。④关于敬永祥写给新华社的信,因系刊登于秘密刊物,且写信的真正动机难于查明,故写信的行为可不认定为侵害海灯和范应莲的名誉。⑤敬永祥反诉范应莲侵害其名誉权,无事实根据,其反诉不能成立。

综上所述,成都中院依照《中华人民共和国民法通则》第一百零一条、第一百二十条、第一百三十四条和《中华人民共和国民事诉讼法》第十九条、第一百零八条之规定,经该院审判委员会讨论决定,判决如下:

敬永祥立即停止对海灯和范应莲名誉的侵害;敬永祥判决生效后一个月内,在公开发行的一种全国非专业性报纸上和四川省级非专业性报纸上,为海灯、范应莲消除影响、恢复名誉,并赔礼道歉,稿件须经法院审查认可,费用由敬永祥承担;敬永祥于判决生效后一个月内,一次性向范应莲赔偿损失 4 000 元;驳回敬永祥反诉的诉讼请求。本诉案件受理费 50 元,反诉案件受理费 50 元,均由敬永祥负担。

判决书没有具体说明为什么要驳回敬永祥的反诉请求,但从卷宗材料中,我们得知的理由是:①反诉不能以本诉的诉状为起诉依据,否则会引起反诉的无限循环,因而敬永祥的反诉在理论上不能成立;②范应莲系海南政协、江油市政协和青联的党外人士,按中办发〔1980〕43 号文的规定,有权阅读《内参选编》,且并无损害敬永祥名誉的行为和后果,故反诉不成立。

敬永祥不服一审判决,于6月1日向四川省高级人民法院提起上诉。

敬永祥上诉认为,一审判决认定事实不清,其文中未称"海灯的武功不是靠他本人确有的功夫","海灯的二指禅是假的",也未向《金岛》杂志投稿等,一审判决其承担侵权民事责任,驳回其反诉请求不当等,请求撤销原判,公正审理。

被上诉人范应莲答辩称,原判认定事实清楚,证据充分,请求维持原判。

1998年8月17日,四川高院做出〔1993〕川民终字第6号判决。

经审理查明,海灯法师生前系全国政协委员、四川省佛协常务理事、四川省江油市政协副主席,于1989年1月10日病故。范应莲系海灯的养子、弟子,一直与海灯共同生活。

上诉人敬永祥于1988年12月写信给新华通讯社,对海灯法师武功提出不同看法。同月,新华社通讯社将该信内容摘登在内部刊物上。1989年1月20日,《新闻图片报》未经新华社同意擅自将该文部分摘登,并另加"海灯法师是个大骗子"的标题。之后,《星期天》报又于次月26日进行全文转载。《星期天》、《新闻图片报》于1989年3月、4月先后登报更正,并向被上诉人赔礼道歉。此后,敬永祥还撰写《海灯现象——80年代的一场造神运动》一文向北京《报告文学》投稿,在该刊1989年第8期发表。敬永祥还撰写《80年代的一场造神运动》一文向上海《文汇月刊》投稿,该刊编辑罗达成(海南《金岛》杂志特约总编辑)转给《金岛》杂志,在该刊1989年第7期以《海灯法师神话的破灭》为题发表(上述两文称"敬文")。敬文称:"海灯的许多经历都是由他说了算……海灯后来把年龄越说越大……海灯的年龄和他的身世一样,成了巴蜀之谜……宣传和赞扬海灯武功的人,大部分是不懂武术或没看过他表演武术的文人及其他人士,他的成功之路是靠记者宣传和领导支持……。海灯年轻力壮时,使出看家本领做的二指禅都只能用两个指头撑住半个身子。到了1979年拍摄《四川奇趣录》时,竟然能两脚朝天倚壁,用两个指头撑住当年要单手才能撑住的身体。……实际并非如此。1979年,海灯参加拍摄《四川奇趣录》时,已经做不出二指禅了。……拍片时,……海灯脚上套着绳子,四个徒弟把他抬到按身体同墙的倾斜角度做的三角木板架上,一个徒弟把海灯脚上的绳子穿过墙洞拉住。于是,便拍下了两个指头支撑全身重量的二指禅。……一些忠实信徒纷纷从全国各地寄赠供奉,使海灯全家成了先富起来的人……"等等。诉讼期间,敬永祥又于1990年1月17日,在四川省民法、经济法学会学术研讨会上发言,继续宣传海灯是一个长期隐瞒政治历史,处处弄虚作假的出家人和民间武师。……海灯一方面是被一些文人"捧杀",更重要的是海灯和范应莲自吹自擂,弄虚作假。

对敬文及敬永祥在四川省民法、经济法学术讨论会上的发言的主要内容,经审理查实:海灯法师出生于 1902 年 8 月 19 日,病故于 1989 年 1 月 10 日,其作为出家和尚,终身从事宗教职业,先后担任多家寺庙住持、方丈,在其任全国、省、市政协委员和佛协理事等职时,有关部门对其身世、政治历史做了大量调查,有人事档案记载。海灯法师有较深的佛学造诣,长期在江油等地义务为人民治病,受到广大佛教徒和人民的尊敬。海灯法师又是公认的武术家,在 20 世纪五六十年代就在少林寺附近和江苏、成都、江油等地方表演过"二指禅",1979 年拍摄《四川奇趣录》时,因海灯年事已高,拍"二指禅"镜头时才系了保险绳。海灯法师一生生活俭朴,佛教信徒所寄赠供奉大都由其捐献给当地修建寺庙、街道、改善僧众生活等,其去世后经有关部门清理遗产,没有贵重遗物。

上述事实有敬永祥发表的两篇文章及其在四川省民法、经济法学会学术研讨会上的发言稿,全国、省、市政协、佛学等单位证明材料,海灯法师户口登记簿及大量证人证言等佐证。

二审法院认为,公民依法享有名誉权,公民的人格尊严受法律保护。上诉人敬永祥给新华通讯社写信对海灯法师武功提出不同看法,因系刊登于秘密刊物,且写信的真正动机难于查明,其写信的行为不认定为侵权行为。但上诉人敬永祥将其向新华通讯社写信的有关内容和观点撰写成长篇文章投稿,在《报告文学》和《金岛》杂志上向社会公开发表。此后,敬永祥又在四川省民法、经济法学会学术研讨会上的发言,继续扩散其论点。其公开发表的文章和会上发言,基本内容失实,贬低了海灯和范应莲的人格,已构成对海灯和范应莲名誉权的侵害,应承担侵权的民事责任。原判在认定事实时以引用原文方式说敬文称"海灯的武功不是靠他本人确有的功夫"、"海灯的二指禅是假的"等虽有不妥,但综观敬文的内容,将海灯的"二指禅"描绘成不是真功夫,而是假的,经查确与事实不符。上诉人敬永祥称原判认定事实不清,判决其承担侵权民事责任不当,与法院审理查明的事实不符,其上诉理由不能成立。上诉人敬永祥虽未直接向《金岛》杂志投稿,但其向社会公开发表该文章的主观动机是确定的,且《文汇月刊》编辑将其稿件转《金岛》杂志发表时,已明确告知敬永祥,敬永祥称其不同意《金岛》杂志发表文章的陈述,与其向公开发行的刊物投稿等事实不符,其上诉理由不予支持。上诉人敬永祥反诉范应莲侵害其名誉权无事实根据,原判驳回其反诉请求正确,其称原判驳回其反诉请求不当的上诉理由亦不能成立。海灯法师已死亡,原审判决由敬永祥向海灯法师赔礼道歉不当,应予纠正。鉴于敬永祥的行为对范应莲名誉侵权较轻,可适当承担民事责任,不再做赔偿。

据此,四川高院依照《中华人民共和国民事诉讼法》第一百五十三条第一款第二项、《中华人民共和国民法通则》第一百零一条、第一百二十条、第一百三十四条之规定,判决如下:维持四川省成都市中级人民法院〔1989〕成法民一字第9号民事判决第一项、第四项即敬永祥立即停止对海灯和范应莲名誉的侵害,驳回敬永祥反诉的诉讼请求;撤销四川省成都市中级人民法院〔1989〕成法民一字第9号民事判决第三项即敬永祥于判决生效后一个月内,一次性向范应莲赔偿损失4 000元;变更四川省成都市中级人民法院〔1989〕成法民一字第9号民事判决第二项为敬永祥判决生效后一个月内,在公开发行的一种全国非专业性报纸上和四川省级非专业性报纸上,为海灯消除影响、恢复名誉,为范应莲消除影响,稿件内容需经成都市中级人民法院审查认可,所需费用由敬永祥承担。一审案件受理费50元,反诉案件受理费50元,由敬永祥负担。二审案件受理费50元,由上诉人敬永祥负担。

1998年8月24日,敬永祥对终审判决不服,向四川省人民检察院递交申诉状,并请求中国记协采取措施保护其合法权益。

案例三

李林诉《新生界》杂志社、何建明侵害名誉权纠纷案[①]

原告、反诉被告:李林,女,72岁,中国科学院物理研究所研究员。
委托代理人:吕来明、刘承权,科华国际律师事务所律师。
被告、反诉原告:何建明,男,39岁,中国作家杂志社总编室主任。
委托代理人:陈焕新,北京市新达律师事务所律师。
委托代理人:李肖霖,北京市天鉴律师事务所律师。
被告:《新生界》杂志社。
法定代表人:姚秉忠,主编。

原告李林因与被告何建明、《新生界》杂志社发生侵害名誉权纠纷,向北京市第一中级人民法院提起诉讼。

原告李林诉称:原告系著名地质学家李四光之女。被告何建明在1995

---

① 参见李林诉《新生界》杂志社、何建明侵害名誉权纠纷案,http://www.chinacourt.org/public/detail.php? id=16969,2012-06-23。

年第 3 期《新生界》杂志上发表文章《科学大师的名利场》,对李四光肆意诋毁,不仅损害了李四光的名誉,也给李四光的亲属造成精神损害。请求法院判令被告《新生界》杂志社与何建明收回该文,以消除影响;在《光明日报》、《科技日报》、《中国科学报》、《中国地质矿产报》和《新生界》杂志上发表声明,公开认错,赔礼道歉,恢复名誉;并赔偿精神损害费 100 万元。

被告何建明辩称:《科学大师的名利场》(注:以下简称《科》文)一文以记叙已故著名地质科学家和自己的地质科学理论发现大庆油田之后几十年所遭受的不公正待遇为主线,通过大量历史事件和当事人的叙述,歌颂了老一代地质科学家的丰功伟绩。该文是依据历史的客观现实写成的,故对李四光的名誉不构成侵权。李林所诉不实,应当驳回。何建明同时反诉称:《科》文发表后,由于李林四处投递诽谤作者的信函,给作者的社会评价带来了极为严重的影响,侵害了作者的名誉权,也影响了作者在单位的工资调整和职务晋升,故请求法院判令李林停止侵害,收回向社会散发的材料,消除影响;向作者公开认错,赔礼道歉,恢复作者名誉;支付作者名誉受损害的赔偿及精神损害补偿费共 5 万元。

被告《新生界》杂志社辩称:《科》文是以历史的使命感和责任感探索了谁是大庆油田的真正发现者这一主题,歌颂了老一代地质科学家的丰功伟绩,就其基本事实而言,均是依据历史的客观现实,无一对李四光先生的诽谤之处,不同意李林的诉讼请求。

北京市第一中级人民法院经审理查明:被告何建明原任被告《新生界》杂志社主编。1995 年 7 月,何建明在其主编的《新生界》杂志 1995 年第 3 期上表了自己撰写的长篇报告文学《科学大师的名利场》一文。《科》文在描述李四光建国后在政治上的表现时,称其是"被毛泽东敏锐地发现可以作为知识界的'革命势力',去担当起同'反动势力'做斗争的理想人选,而李四光也无愧这种赏识,积极地充当了这种角色"。《科》文描述了李四光在中国地质计划指导委员会会议上大骂地质界前辈丁文江的情节后,推测这是他为了保住地质部长的位置所为。《科》文中还把地质学家谢家荣被定为"右"派、在"文化大革命"中含冤自尽的遭遇,暗示成是李四光运用政治斗争手段来了结他们之间个人恩怨的结果。对《科》文中这些有损李四光名誉的情节,何建明未能提供出都是客观事实的证据。《科》文发表后,一些报刊转载了部分内容。原告李林因不满《科》文中对李四光的描写和评价,曾致函有关部门领导反映情况。

上述事实,有刊载于《新生界》杂志 1995 年第 3 期上的《科》文、双方当事人提交的书证及当庭陈述在案证实。

北京市第一中级人民法院认为：《科》文部分内容严重失实，使社会公众对李四光做出贬损评价，已构成了对李四光名誉权的侵害，被告何建明和《新生界》杂志社应承担相应的民事责任。原告李林作为李四光之女，主张李四光的名誉不受侵害，法院支持。李林因其父的名誉被侵害而受到精神损害，要求支付精神补偿和经济赔偿费，理应支持，但所诉赔偿数额过高，故酌情予以判处。李林在《科》文发表后，向有关组织和领导反映意见，且所反映的意见并未在社会上散发，是正当行使公民权利，其行为不构成对何建明名誉权的侵害。何建明反诉李林侵害其名誉权没有事实根据，不予支持。据此，北京市第一中级人民法院于 1996 年 12 月 6 日判决：

一、被告《新生界》杂志社、何建明停止向社会发行、赠送《新生界》杂志1995 年第 3 期（总第 12 期）。

二、被告《新生界》杂志社、何建明于判决生效后 15 日内，在《光明日报》、《中国地质矿产报》和《新生界》杂志上发表经法院审查的致歉声明，以消除侵害李四光名誉造成的影响。

三、被告何建明于判决生效后 15 日内，一次性支付原告李林精神抚慰金5 000 元、赔偿金 5 000 元。《新生界》杂志社于判决生效后 15 日内，一次性支付原告李林精神抚慰金 5 000 元。

四、驳回原告李林的其他诉讼请求。

五、驳回被告何建明的反诉请求。

案件受理费 80 元，由被告《新生界》杂志社、何建明共同负担。反诉费80 元，由被告何建明负担。

第一审宣判后，被告何建明不服，以一审判决认定事实有误、判决结果无法律依据、审判程序违法为由，向北京市高级人民法院提起上诉。

北京市高级人民法院经审理后认为：《中华人民共和国民法通则》第一百零一条规定："公民、法人享有名誉权，公民的人格尊严受法律保护，禁止用侮辱、诽谤等方式损害公民、法人的名誉。"公民的名誉即使在其死后，也不应当受到侵害。如果公民的名誉在其死后受到侵害，其近亲属有权提起诉讼。上诉人何建明在报告文学中叙述我国当代科学史上的重大事件时，理应尊重事实；在对著名历史人物的经历和人品做出评价时，应当持客观、慎重的态度。但是何建明在其撰写的《科》文中，却从政治、学术、人品等方面对李四光进行了不恰当的描写，许多情节缺乏客观事实根据。《科》文的发表，客观上影响了公众对李四光的公正评价。何建明的行为已损害了李四光的名誉，同时也给李四光之女、被上诉人李林造成了一定的精神痛苦，何建明应当依法承担侵权的民事责任。原审被告《新生界》杂志社未尽审查职责,在其主办的《新生界》杂志上发表明显带有侵权内容的作品,也应依法承担相应的民事责任。《中华人民共和国民法通则》第一百二十条规定:"公民的姓名权、肖像权、名誉权、荣誉权受到侵害的,有权要求停止侵害,恢复名誉,消除影响,赔礼道歉,并可以要求赔偿损失。"原审判决认定事实清楚,适用法律正确,审判程序合法,判处适当,应当维持。但是,该判决主文中对指定刊登致歉声明的报刊名称表述有误,应予纠正。何建明的上诉理由不能成立,应当驳回。据此,北京市高级人民法院依照《中华人民共和国民事诉讼法》第一百五十三条第一款第(一)、(三)项的规定,于1997年3月21日判决:

一、维持一审民事判决的第一、三、四、五项。

二、撤销一审民事判决的第二项。

三、原审被告《新生界》杂志社、上诉人何建明于判决生效后15日内,分别在《光明日报》、《中国地质矿产报》和《新生界》杂志上发表经法院审查的致歉声明,为李四光恢复名誉、消除影响。

一审案件受理费80元,由原审被告《新生界》杂志社上诉人何建明各负担40元;反诉受理费80元,由何建明负担。二审案件受理费80元,由何建明负担。

案例四

王洛宾名誉权案[①]

1997年6月,《鸭绿江》杂志刊登了雷进乾的报告文学《在那遥远的地方》、《还在遥远的地方》,叙述了王洛宾与前妻杜明远曾有一女李颖,此后,李颖作为"王洛宾女儿"被广为流传。

1997年8月,王洛宾之子王海成将雷进乾等诉至法院,认为文章侵犯了王洛宾的名誉权。2004年,新疆高院判决,李颖与王洛宾的父女关系是否为亲生与名誉侵权无关。

1999年,王洛宾生前好友李桦在《家庭》杂志上发表《王洛宾和前妻的情

① 参见《王洛宾名誉权案传言再起 法院认定李颖并未侵权》,http://www.hf365.com/epublish/gb/paper2/20050101/class000200009/hwz535132.htm,2012-06-23。

怨及"女儿"的由来》，否定了李颖是王洛宾的女儿。

2002 年 4 月—5 月，《北京晚报》连载王裕台写的《王洛宾生前身后事——王海成口述》，内容也否定李颖是王洛宾之女。

2005 年，李颖向法院起诉，认为《王洛宾生前身后事——王海成口述》一文侵犯了其名誉和人格尊严。2006 年，乌鲁木齐中级人民法院终审判决，认定文章构成了对李颖名誉权的侵害。

2007 年，李颖又将李桦告上朝阳法院。

"王洛宾名誉权案"自王洛宾之子王海成初次上诉至今已历经一审、二审、再审等多次反复。在 2004 年 6 月新疆维吾尔自治区高级人民法院的再审判决中，法院认为，李颖向作家雷进乾提供的写作素材是王洛宾、杜明远及李颖之间的来往信件和照片，这些素材反映的事实是王洛宾在世时已经形成的，并且雷进乾发表文章之前李颖并不知情。因此，李颖对王洛宾在世时与其已形成父女关系的事实的传播，不应承担侵害王洛宾名誉的民事责任。同时王海成对其父亲与李颖是否为亲生父女关系的身份权无权提起诉讼。所以，法院对一审认为的"李颖损害了王洛宾及亲属的名誉"及二审认为的"李颖主张对原告方的名誉不构成侵权的上诉请求不能成立"进行纠正，李颖对王洛宾不构成名誉侵权。至此，王洛宾老人身后这场旷日持久的名誉权纷争终于告一段落。

"王洛宾名誉权案"源于 1997 年陕西省作家协会副主席雷进乾在《鸭绿江》上发表的报告文学《在那遥远的地方》（后被《作家文摘》转载）。文中讲雷进乾在采访王洛宾时认识了被王洛宾称为女儿的李颖，后根据对李颖采访的内容，叙述了王洛宾与前妻杜明远在共同生活期间曾有一女李颖，及王洛宾与李颖相识并予以呵护的过程。王洛宾之子王海成认为此文纯属虚构，严重损害了王洛宾及其亲属的名誉，1997 年 8 月将雷进乾、《鸭绿江》和《作家文摘》告上乌鲁木齐中级人民法院法庭。

在随后漫长的 8 年里，"王洛宾名誉权案"的审理一波三折。1998 年，此案经乌鲁木齐中级人民法院判决驳回王海成的诉讼请求后，王海成上诉至自治区高级人民法院。自治区高级人民法院将此案发回乌鲁木齐中级人民法院重审。重审期间，王海成又追加李颖为本案被告。2001 年 3 月乌鲁木齐中级人民法院做出判决。雷进乾、李颖不服，提出上诉。自治区高级人民法院 2001 年 11 月做出二审判决：被告雷进乾、李颖、鸭绿江月刊、作家文摘分别赔偿原告王海成精神损失费 3 000 元、5 000 元、20 000 元、20 000 元，并在《鸭绿江》、《作家文摘》两刊物上向原告赔礼道歉；停止出版、发行《在那遥远的地方》文中关于李颖的有关内容和《还在遥远的地方》一文。判决已经发生法律效力。

李颖对二审判决不服,向新疆维吾尔自治区高级人民法院提出再审申请。法院经审判委员会讨论决定,依法另行组成合议庭,对本案进行再审。依据法院〔2004〕新民再字第24号民事判决书:李颖向作家雷进乾提供其与王洛宾父女身份的信件及照片的行为不违法,王洛宾的名誉权并未因此受到损害。

据了解,原审被告雷进乾、《鸭绿江》、《作家文摘》没有申请再审,再审中法院对此部分不做审理。

袁新义诉李定芳案①

原告:袁新义,男,38岁,江西省农垦建筑企业集团公司干部。

被告:李定芳,男,68岁,余干县华林岗中学退休教师。

被告:百花洲文艺出版社。地址:南昌市新魏路5号。

1994年,为纪念抗日战争胜利50周年,被告李定芳以《烟笼鄱湖》为题创做了一部反映日寇侵略暴行的纪实性章回小说。该书第四回《占康山山不收义子,受暴虐小儿吃踩瓜》在记述袁家豪这个真实人物时写道:"那个领头(日寇)欢迎的袁姓地主,有个十三岁的儿子叫袁家豪,生得个子不高,却身材粗大,矮墩结实有力。他的五官也与别的人不同,是个鸭子扁平鼻,铲鱼阔大嘴,突出金鱼眼,蒲扇招风耳,腮下过早地露出了连鬓胡子的茸毛,一对粗黄的当门獠牙常年露出唇外,村里人都说他是外国种,生得妖怪相……。这时,山不(日寇军官)对他更亲昵,拍着比他矮一截的袁家豪的肩膀说:'你的相貌和我的相像,做干儿子的有,享福大大的,你的情愿?'袁家豪倒是十分敏感,觉得大喜过望,忙不迭地双膝跪下,连连磕了几个响头,嘴里不停地说:'干爹,干爹,儿子这行礼了',山不十分高兴,迈着罗圈腿,进房拿出五根金条,数包东洋糖塞给袁家豪当做礼物……。此后,袁家豪便吃住都同山不在一起,一口一声'干爹',叫不绝口,山不也真拿他当做亲生儿子……。直到1945年9月,鬼子投降后,他只好回到老家康山,但仍怅惘地

---

① 《袁新义诉李定芳撰写的纪实性小说虚构历史事实侵害其亡父名誉权案》,http://www.dhbc.net/datalib/2002/Prejudication/DL/DL-67029/,2012-06-23。

想着他的鬼子爹,时不时地咕噜几句日本话,流露一股眷恋的情愫……。"同年 12 月,《烟笼鄱湖》经被告百花洲文艺出版社第一版第一次印刷 5 000 册,由被告李定芳运回 4 000 册,已销售 400 册,由被告百花洲文艺出版社留存 1 000 册,已销售、赠阅、送评、交流 381 册。该书出版后,《人民日报》以《中国民众抗战的真实画卷》为题,刊登了述评,对该书的出版给予了肯定。原告袁新义得知此书的内容后,即以上述记述篡改了其亡父袁家豪的家庭出身,丑化了其父的长相,捏造了其父认日寇军官为干爹收受五根金条的事实,使用了侮辱、诽谤性言词,侵害了其亡父袁家豪的名誉权,要求被告李定芳收回此书并声明道歉。1995 年 3 月 29 日,被告李定芳向原告袁新义写了"愧悔声明检讨书",表示了歉意,并说明写作源于与他人的交谈及自己的草率。此后,原告将该书第四回进行了修改,删去了有关袁家豪的记述。被告百花洲文艺出版社根据被告李定芳的要求,对改写部分进行了重新印刷、装订,同时停止了该书的发行、销售、赠阅、送评,被告李定芳也用改写的书换回了部分已售出的书。1995 年 5 月 17 日,袁新义以作者李定芳和百花洲文艺出版社为被告,向余干县人民法院提起诉讼。诉称:《烟笼鄱湖》第四回篡改了我父的家庭出身,丑化我父的长相,捏造了我父被日寇军官收为义子及收受五根金条的事实及历史,严重侵害了我父及家人的名誉权,给我家及亲人带来了精神痛苦和经济损失。要求被告改写此书,赔礼道歉,恢复名誉,由李定芳赔偿经济损失 3.2 万元,由百花洲文艺出版社赔偿经济和精神损失 30 万元。

被告李定芳辩称:《烟笼鄱湖》出版后得到了《人民日报》的好评,书中记述的袁家豪其人有一定的史实依据,况且纠纷发生后,为息事宁人,已向原告表示了歉意,删去了有关袁家豪的记述,并用改写后的书换回了已销售的书,已不存在丝毫影响。

被告百花洲文艺出版社辩称:我社对该书稿进行了认真的审核、编辑工作,尽了责任。根据文责自负的原则,一切后果由作者承担,我社无责任。

审判简介:

余干县人民法院经审理查明:袁家豪 1927 年 12 月出生,贫农出身,余干县康山乡人,存档照片五官端正。1949 年 9 月参加革命工作,1951 年加入中国共产党,1990 年 6 月离休,同年 10 月因车祸身亡。袁家豪生前工作单位江西省康山综合垦殖场在《关于〈烟笼鄱湖〉一书涉及袁家豪同志有关问题的函》中也证实了袁家豪出身贫农,容貌端正,档案中无被日寇收为义子,并收受五根金条的记载。余干县人民法院经审理认为:公民死亡后,其名誉权仍受法律保护。《烟笼鄱湖》一书作为纪实性文学作品,本应真实、准确地反映历史原貌,但被告李定芳使用袁家豪的真实姓名,以侮辱、诽谤性的言词虚构了袁家豪生前的一段历史,产生了毁损袁家豪名誉的后果,应承担民事责任。被告百花洲文艺出版社在未对该书作认真审查的情况下,即予以出版发行,致使侵害影响得以扩散,也应承担相应的民事责任。原告要求二被告停止侵害、赔礼道歉、恢复名誉、消除影响、赔偿损失,理由正当。但原告提出赔偿巨额经济损失之请求,缺乏事实依据,不予采纳。根据《中华人民共和国民法通则》第一百零一条、第一百二十条第一款之规定,于 1995 年 10 月 20 日判决如下:

一、被告李定芳、百花洲文艺出版社应承担侵害原告袁新义其父袁家豪名誉权的责任,停止侵害,并由被告对《烟笼鄱湖》第四回未改的进行删改;二被告以书面形式向原告赔礼道歉、消除影响(道歉内容须经本院审核)。

二、被告李定芳赔偿原告袁新义人民币 2 000 元;被告百花洲文艺出版社赔偿原告袁新义人民币 1 000 元。

三、上述判决限判决生效后 15 天内履行。

宣判后,原、被告双方当事人均不服,向上饶地区中级人民法院提起上诉。原告袁新义的上诉理由是经济赔偿太少。被告李定芳认为小说创作有一定的事实基础,其夸张描写符合创作要求,不构成侵权。被告百花洲文艺出版社提出出版程序合法,且在纠纷发生后已应李定芳要求对争执部分进行了改印,并停止了该书的发行、赠阅和送评,故不构成侵权。

上饶地区中级人民法院经审理认为:上诉人李定芳所著《烟笼鄱湖》一书属纪实性小说。该书以鄱阳湖沿岸地区人民自发抗战为背景,鞭挞了日本侵略者的暴行和汉奸投降派的丑恶行径,歌颂了人民英勇抗击日本侵略军的英雄气概,是一部宣扬爱国主义、弘扬民族精神、教育人民毋忘历史的好书。但该书第四回在记述袁家豪这个真实人物时,上诉人李定芳在无任何历史材料依据的情况下,虚构了袁家豪的家庭出身及少年时期的历史,并使用丑化性言词对其进行描写,造成了袁家豪名誉的毁损,应承担民事责任。但上诉人袁新义要求赔偿巨额经济及精神损失无事实依据,不予采纳。上诉人百花洲文艺出版社出版《烟笼鄱湖》一书,没有违反出版程序规定,纠纷发生后,又根据上诉人李定芳的要求,对上诉人李定芳改写部分已重印装订,并停止了库存书的销售发行,采取了有效的补救措施。根据最高人民法院《关于审理名誉权案件若干问题的解答》,上诉人百花洲文艺出版社不构成侵权。依据《中华人民共和国民法通则》第六条、第一百零一条、第一百二十条第一款、《中华人民共和国民事诉讼法》第一百五十三条第一款第(三)项之规定,于 1996 年 10 月 28 日做出终审判决如下:

一、撤销一审法院民事判决。

二、上诉人李定芳应对《烟笼鄱湖》一书第四回进行修改,修改后的内容不应损害上诉人袁新义父亲袁家豪的名誉。

三、上诉人李定芳以书面形式向上诉人袁新义赔礼道歉、消除影响。道歉内容须经本院审核。

四、上诉人李定芳赔偿上诉人袁新义 1 000 元。

上述判决限本判决书送达后 10 日内履行。

郭小川名誉权案①

2000 年 11 月 7 日,北京市第一中级人民法院审结了著名诗人郭小川遗孀杜惠及子女状告全国五大报刊及作者刊登失实文章侵害名誉权、肖像权案,终审判决维持宣武区人民法院判决,即判决贺方钊、《幸福》杂志社、湖南省作家协会、《四川日报》社、《吉林日报》社、《购物导报》社立即停止侵害,并于本判决生效之日起 10 日内分别在各自刊物(贺方钊在《幸福》杂志)原侵权版面显著位置刊登《致歉声明》,并赔偿杜惠及子女四人精神抚慰金及经济损失。

1998 年 11 月,贺方钊将自己撰写的约 5 000 字的《你是我心灵飘展的旗帜——记著名诗人郭小川在湖北咸宁五七干校与回乡知青佘心惠的一段凄美动人的爱情故事》及郭小川和一青年女子的黑白单人照片提供给《幸福》杂志社,同时注明上述两张照片分别为五七干校时的郭小川及中学时代的佘心惠。就是这么一篇文章,引发了郭小川遗孀及子女与贺方钊本人及全国五大报刊长达一年多的诉讼。文章的主要内容是:1969 年春,郭小川来到湖北咸宁五七干校。因其妻含冤去世,内心世界十分苦闷,自与干校卖饭票的少女佘心惠相识后,两人在艰苦的环境中相互照顾、相依为命。直至 1972年,佘心惠患上血癌。此间,郭小川曾为她献诗《楠竹歌》。弥留之际,郭小川守在她身边,表示要与她举行婚礼。佘心惠临终吟着爱情诗句离开了人间。文中还提到一些细节,如诗人第一次与佘心惠见面时,佘心惠手里正拿

① 《郭小川有段鲜为人知的黄昏恋?——著名诗人名誉权案判决引起各方关注》,http://www.cyol.net/cyd/zqb/19991212/GB/9710%5EQ209.htm,2012-06-23;《诗人名誉遭受侵害》,http://www.dzwww.com/xinwenyufa/ajdp/t20030428_410039.htm,2012-06-23。

着一本《郭小川诗选》；著名作家沈从文当时与郭小川共居一室，是郭小川、佘心惠最初爱情的见证人；干校革委会邹副主任要对郭小川进行批斗时，佘心惠曾冲到批斗台上奋力保护郭小川。

《幸福》杂志社编辑张某接到该稿件和照片后填发了发稿单，在记者意见一栏填写如下意见："此稿内容鲜为人知，已与作者联系，称为一手资料。建议发第 2 期（作者已配照）。"发稿编辑对此签署意见为："如果真实，还可用。请落实，请再审。"该社的法定代表人刘爱平在主编意见一栏签署如下意见："诗人郭小川知者甚众。文章又从另一个角度展示诗人的人格魅力。请责编与作者再联系一次，如真实可发两版。"对此，张某再次与贺方钊电话取得了联系，在得到肯定答复并保证不是一稿多投后，张某将此文编入 1999 年《幸福》杂志第 2 期《涛声依旧》栏目（第 8—9 页），更名为《无语问情：生死相依两茫茫——著名诗人郭小川一段鲜为人知的黄昏恋》。此刊于 1999 年 1 月 10—15 日发行。

1999 年 1 月 18 日，湖南省作家协会下属《作家与社会》在头版与 4 版全文转载了此文。1999 年 2 月 15 日，《四川日报》社下属《文摘周报》在第 5 版《古今大观》栏目中以《著名诗人郭小川的黄昏恋》为题转载了此文。

1999 年 2 月 26 日，《吉林日报》下属《文摘旬刊》（第 672 期）以《著名诗人郭小川一段鲜为人知的黄昏恋》为题转载该文。转载文删除了郭小川之妻被迫害致死及《楠竹歌》系郭小川特为佘心惠所作等情节。1999 年 3 月 10 日，《购物导报》社在该报 18 版《人物星云》栏目以《著名诗人郭小川的黄昏恋》为题转载了该文。

事实上，郭小川随中国作家协会去湖北咸宁五七干校的时间应为 1970 年 1 月，而非上述文章所写的 1969 年春，且其当时的身份是《人民日报》的特约记者；郭小川当时住在向阳湖附近的五连，沈从文则住在双溪小煤窑附近故宫博物院下放干部的驻地，两地相距数十里；郭小川所在地五连食堂用餐实行包伙制，未使用过饭票；当地从未发生过五七干校学员遭群众围攻批斗之事。《幸福》杂志在该文标题下刊发的所谓"干校时的郭小川"照片实为郭小川于 1954 年秋在前苏联莫斯科拍摄的；《楠竹歌》是郭小川于 1970 年 10 月特为当时在内蒙古插队的女儿郭岭梅而写的诗作；《郭小川诗选》是在郭小川逝世后，于 1977 年 12 月由人民文学出版社出版发行的。杜惠是我国已故著名诗人郭小川之妻，至今健在；郭小林、郭岭梅、郭晓惠是郭小川与杜惠养育的三个子女。

在得知此文有严重问题后，《幸福》杂志社在 1999 年 4 月 17 日《文艺报》第 4 版右下角和 4 月 16 日的《新闻信息报》第 A4 版左下角及该刊第 6 期 34 页上分别刊发了 130 余字的致歉声明。主要内容是：现发现我杂志第 2 期刊登的

《无语问情:生死相依两茫茫》文章内容失实,此文对郭小川造成了名誉上的损害,对其家属造成了精神上的伤害,在读者中也造成了不良影响。故在此向郭小川家属致歉,对热爱诗人的读者表示歉疚,并希望各报刊不要再转载此文。

1999年4月18日,《作家与社会》在头版左下角发表了140余字的《本报公开道歉》。主要内容是:对贺方钊因发稿时把关不严,此稿有些情况与事实不符,客观上给郭小川同志的夫人杜惠及其子女造成了伤害,特此向杜惠及子女和读者表示歉意。1999年7月10日,湖南省作家协会为此做出了免除下属《作家与社会》执行总编职务及解聘两名主要责任编辑的决定,并向杜惠及子女发出了致歉信。

1999年4月19日,《四川日报》社下属《文摘周报》在该报第5版左下角转载旭天《精神产品也应打假》一文并配发编者按,就转载的争讼文章做了驳斥,同时向郭小川的亲属及读者致歉,计480余字。1999年9月8日,该报分别向杜惠及子女寄发了致歉函。9月20日,该报又在5版右下角刊发了480余字的《再次向郭小川亲属道歉》。

《吉林日报》下属《文摘旬刊》于1999年9月24日(第702期)55版中下角发表了100余字的《声明》,主要内容是:本报摘自《幸福》第2期的《著名诗人郭小川一段鲜为人知的黄昏恋》一文,内容严重失实,所谓"郭、余的恋情"纯属子虚乌有,故向已故郭小川及其家人表示诚挚的歉意。

1999年10月20日,《购物导报》社在该刊第826期32页右下角刊登了200余字的《致歉声明》,主要内容是:原作者贺方钊纯属胡编乱造,郭小川同志的夫人杜惠还健在,哪来黄昏恋? 由于我们转载了这篇内容失实的文章,损害了郭小川同志的声誉,故向已故的郭小川同志及其家人和读者表示诚挚的歉意。

上述报刊只是在其并不显著的部位刊登了致歉声明,可以想象,当杜惠及其子女看到该文中郭小川不仅被编造了一段"黄昏恋",还声称其妻子已经死亡的报道时,其受到的精神上的打击是几则简短的致歉声明难以弥补的。可是,当杜惠及其子女要求赔偿时,却遭到了拒绝。

1999年7月,杜惠及其子女郭小林、郭岭梅、郭晓惠向北京市宣武区人民法院提起诉讼,认为《幸福》杂志社发表贺方钊撰写的文章纯属造谣诽谤之作,该文的发表使郭小川的名誉受到极大贬损,同时由于该文配有郭小川照片,亦侵害了其肖像权。湖南省作家协会下属《作家与社会》、《四川日报》社下属《文摘周报》、《吉林日报》下属《文摘旬刊》、《购物导报》社相继转载该文,加剧了这种名誉侵权的范围和力度,上述侵权行为给郭小川之遗属造成严重的精神伤害,故要求贺方钊及五单位停止侵害,消除影响,赔偿精神损失费 100 万元及其他相关费用 1.666 万元。

庭审中,杜女士认为,郭小川一生献身文学事业,享有崇高的社会声誉。贺方钊却把他描绘成在国家政治生活极度动荡时期,只关心个人温饱,沉迷于婚外恋,使郭小川的名誉受到极大的贬损。该文不足 5 000 字,伪造失实多达 50 余处,新闻媒体不加审查即争相发表和转载,造成和加剧了对郭小川名誉的损害。作者贺方钊在法庭审理中表示,1996 年 6 月,他认识了杨姓传销员。杨讲述了他表姑佘心惠与诗人郭小川 30 年前在湖北咸宁五七干校时一段凄美、动人的爱情经历。他据此写下了《你是我心灵飘展的旗帜》,后被媒体炒作成《郭小川鲜为人知的黄昏恋》。由于受条件限制,他没能到咸宁五七干校和北京对原始素材进行核实,贺方钊承认客观上给杜惠及其亲属造成了精神伤害。贺方钊说,自己工资有限,妻子下岗在家,生活十分困难,撰写此文不存在故意侵权,故不同意杜惠及其子女经济赔偿的诉讼要求。

几家被推上被告席的媒体代表也表示不同意经济赔偿。《幸福》杂志社认为,法律没有规定新闻单位对报道真人真事的作品必须实地逐一调查核实,新闻单位对其发表的作品只要在审查程序上合法,根据文责自负的原则,即使其发表的作品侵害了他人的名誉权,新闻单位也因无主观过错,不承担责任。该杂志社还提出,郭小川家人提出过高的精神赔偿难免有人格商品化之嫌。《四川日报》社、《吉林日报》社等媒体代表也不同意经济赔偿,理由是他们已经刊发了致歉声明,已在道义上对郭小川的家人进行了补偿。

北京市宣武区法院经审理确认,贺方钊虚构、编撰郭小川所谓"黄昏恋"并将郭小川及佘心惠的单人照片向新闻媒介寄发,确对郭小川名誉、声誉及人格尊严产生了不良影响,破坏了郭小川在公众中的形象,造成人们对其社会评价降低,侵害了郭小川本人的名誉,也给其家属带来精神上的严重伤害。贺方钊在文章中称杜惠已去世,对杜惠本人名誉权直接造成侵害。故贺方钊对上述侵害事实应承担主要民事责任。《幸福》杂志社作为首发刊物对贺文主要情节的真实性未进行审查核实即将该文发表,且更改了原作题目,加注小标题并为此文配发男女主人公的照片,使郭、佘所谓"老少恋情"更加醒目,吸引了多家媒体转载,严重妨害郭小川家人的正常工作、生活秩序和身体健康,故《幸福》杂志社应与贺方钊共同承担侵权的主要民事责任。《吉林日报》社在转载该文时将杜惠之死、《楠竹歌》系郭小川献给佘心惠的诗作等主要情节删掉,易引起读者产生郭、佘所谓"黄昏恋"实为郭小川"婚外恋"的联想,无疑加深了对郭小川名誉的损害及对杜惠及子女精神侵害的程度,故应承担次要民事责任。鉴于《作家与社会》系湖南省作家协会内部报刊刊物,影响较小,故可适当减轻其民事赔偿责任。《四川日报》社、《购物导报》社的转载无疑扩大了该文侵权范围和影响,应各自承担相应的民事责任。贺方钊和《幸福》杂志社擅自使用郭小川肖像的行为,侵犯了四原告对郭小川肖像利益的承受权,二者对此亦应承担民事责任。鉴于六被告已采取的补救措施难以达到消除原侵权影响的目的,故应重新刊登致歉声明,同时应对四原告进行精神救济之外的物质补偿。据此,做出了判决,其中贺方钊负担2万元;《幸福》杂志社负担6万元;湖南省作家协会负担1万元;《四川日报》社负担2万元;《吉林日报》社负担3万元;《购物导报》社负担2万元。贺方钊与《幸福》杂志社承担连带责任。

判决后,《幸福》杂志社、《吉林日报》社、《四川日报》社、《购物导报》社不服,向北京市第一中级人民法院提起上诉。《幸福》杂志社认为宣武区法院判定的精神抚慰金过高,该社与贺方钊承担连带责任缺乏法律依据。《吉林日报》社认为该社系依法转载,主观无过错且转载之文不构成侵权。《四川日报》社、《购物导报》社亦认为本社系依法转载,主观无侵权故意且已登文致歉不应承担经济赔偿。贺方钊及湖南省作家协会经合法传唤未到庭参加诉讼。杜惠、郭岭梅、郭小林、郭晓惠同意原判。

二审法院经审理认为,公民享有名誉权,禁止用侮辱、诽谤等方式损害公民的名誉。郭小川系我国当代著名诗人,享有较高的社会声誉。其虽已于20世纪70年代逝世,但其名誉仍应受到法律保护。遂做出了驳回上诉,维持原判的终审判决。

案例七

陈小滢诉陈红英名誉权案①

因为小说《K》而引起全国及海内外舆论广为关注的英籍华人陈小滢诉作家陈红英名誉权纠纷案在吉林长春一审结案。长春中院认定小说《K》的

① 《文学创作不能侵害他人权益 陈小滢诉作家陈红英名誉权案一审胜诉》,http://rmfyb. chinacourt. org/public/detail. php? id=44760,2012-06-23;《中国文化生态十年备忘录·十年文化大事记·虹影〈k〉被禁(2002)》,http://luohai522. blog. 163. com/blog/static/41410620099236 29643/,2012-06-23。

作者陈红英及以"告知读者小说所描写的是真实人物"形式转载过该书的《作家》杂志、《四川青年报》构成侵犯名誉权,共赔偿原告经济损失及精神抚慰金 19 万余元。

原告陈小滢,女,英国籍,英中友好协会国际部负责人,现住在英国伦敦市;被告陈红英,女,作家,业余撰稿人,现住在英国色列郡莫登镇。《K》的男主角乃历史上真名实姓者,英国诗人朱利安·贝尔 20 世纪 30 年代曾来中国大学执教,后死于西班牙内战中。根据虹影(注:虹影即陈红英)的介绍,她参考了贝尔的信件、遗书和自己一位朋友的故事,综合多方素材重新虚构了贝尔的这段经历,并在征得贝尔亲属同意后让其顶着真名"还魂",到武汉大学与文学院程院长的夫人林展开了一段疯狂的性爱探索,其结果是深受西洋文化影响的五四一代女知识分子却用道家神秘的"房中术"降服了英国的花花公子。在史实中,贝尔在中国期间确实曾在武汉大学教书,并与时任文学院院长陈源(陈西滢)的夫人凌叔华发生过感情。时间地点的完全一致,人物之姓似是而非的相像,再加上徐志摩、齐白石等数位名人亦直接或间接地穿插登场,很容易令人产生联想。

1999 年,《K》由台湾《联合报》选载并由尔雅出版社推出中文繁体字本。2000 年底,《作家》杂志刊载了删节版的《K》。2001 年初,有媒体报道陈西滢和凌叔华定居英国的女儿陈小滢在看了由尔雅出版社出版的《K》后,认为书中的"程"和"林"分别影射自己的父母,而且该书内容下流,将她的父母表现为"性无能"和"荡妇",她甚至表示希望有关方面禁止该书在内地出版,一旦出版她将诉诸法律。而虹影则回应她的写作本意绝非把凌叔华写成"荡妇",而是将之视作女权主义者。就在这时,广西漓江出版社的《虹影精品系列》临时撤掉了《K》。2001 年 3 月,《四川青年报》开始连载《K》,并加上了"凌叔华、陈西滢、朱利安之间的三角恋"的标题。一个月后,陈小滢向北京海淀人民法院起诉,认为《K》侵犯了其父母的名誉权,但海淀法院不予立案,陈小滢上诉到北京中级人民法院后仍被驳回,虹影表示书中主角是综合多个人物而塑造。《K》的内地版终于由花山出版社推出,不过该版本仍然经过了删节。2002 年 6 月,陈小滢再度以《K》侵犯其父母名誉权为由,在长春对虹影本人以及登载该小说的《作家》杂志和《四川青年报》提起诉讼,要求经济和精神赔偿。

原告诉称,被告陈红英以原告父母为原型,撰写了小说《K》,其内容用淫秽的手法杜撰了许多不堪入目的情节,构成了对原告及其家人的名誉和精神损害;被告《作家》杂志和《四川青年报》分别以不同形式转载了小说《K》的有关内容,并且特别加了说明性文章和注释性标题,以告知读者小说所写的是真实人物,造成了恶劣影响。原告请求法院判令三被告立即停止侵权行为,并在中国境内的全国性刊物或公共传媒上公开赔礼道歉,共赔偿其精神损失费及经济损失 24 万余元。

法院审理查明,原告陈小滢系已故陈西滢先生、凌叔华女士的独生女。1999 年被告陈红英创作的小说《K》在台湾首次出版,该书以 20 世纪 30 年代国立武汉大学为历史背景,以该校文学院院长"程"的妻子"林"与一英国男青年"朱利安"为主人公,描写了"朱利安"为寻找革命激情来到中国,在国立武汉大学文学院任教,与"林"发生了婚外恋情,其中多处用淫秽的词语详细描写了两人的婚外性生活。2000 年 12 月,经被告陈红英同意,被告《作家》杂志社在 12 月号刊载了小说《K》的部分内容,同时全文转载了陈红英的《作者本人的几句话》,陈红英向读者介绍说"这是一本根据事实、实情写成的小说"。被告《四川青年报》摘录并连续 23 期选载了小说《K》,并自行加上标题《凌叔华、陈西滢、朱利安的三角恋》。

法院经审理认为,被告陈红英发表的长篇小说《K》,虽非纪实小说,小说中的国立武汉大学文学院院长"程"及妻子"林"的姓氏虽是虚构,但小说描写的国立武汉大学文学院院长及其妻子活动的环境、身份、地位、家庭背景、历史沿革与历史生活中的原告父母完全相同。同时,被告陈红英的丈夫赵毅衡在《南方周末》发表的《朱利安与凌叔华》一文中,将小说中"程"院长提出为陈西滢,其妻"林"为凌叔华,被告陈红英对此未提出异议。被告陈红英不顾历史人物真人表现和社会的公正评价,客观上不同程度地丑化了他们的形象,其必然不同程度损害其在世亲属的名誉。被告陈红英应当预见其行为损害他人名誉,已构成侵害他人名誉权。被告《作家》杂志和《四川青年报》在转载该小说过程中,在客观上达到了使不了解历史事实的人也能清楚地知道小说中"程"院长及妻子"林"影射的就是原告的父亲陈西滢、母亲凌叔华的目的,但仍予以转载,使陈红英的侵害事实得以实现和扩大,其行为也构成侵害他人的名誉权。

据此,长春中院依法判决如下:被告陈红英应立即停止侵害,其所著小说《K》不得再以任何形式复制、出版、发行;被告陈红英、《作家》杂志和《四川青年报》承担侵害陈西滢、凌叔华名誉权责任,于判决生效后 30 日内,分别在《作家》杂志、《四川青年报》上刊登声明,为受害人恢复名誉、消除影响;被告陈红英赔偿原告陈小滢精神抚慰金 10 万元,被告《作家》杂志、《四川青年报》各赔偿原告陈小滢精神抚慰金 3 万元;三被告同时还要分别赔偿原告陈小滢经济损失。总赔偿数额合计 194 714 元,于判决生效后 10 日内执行。

陶铸及其哥哥名誉权案①

湖南省高级人民法院二审判决：《陶铸和他哥哥的故事》一书不构成名誉侵权，依法驳回上诉人上诉，维持原判。

1998年12月，广东花城出版社出版了陶铸家乡人祁阳县文化馆退休职工欧阳友徽创作的长篇纪实性作品《陶铸和他哥哥的故事》（以下简称《陶》书）。时年67岁的欧阳友徽，系湖南省祁阳县文化馆原馆长、中国戏剧家协会会员、副研究馆员，是个博学多才的杂家。他创做了大型戏曲和戏剧小品共80余部，成为祁剧界很有名望的编剧。欧阳友徽对历史、宗教、哲学、美学和现代派的文艺作品和理论都有研究。

在欧阳友徽心中，陶铸是一个岳飞、文天祥、林则徐、彭德怀式的英雄人物，他身上具有一种中华民族赖以内聚外延的人品，有一种"要求人的甚少，给予人的甚多"的自我牺牲精神。每次在教学生读《松树的风格》课文时，认为陶铸本人就是一株青松，其精神应当大力弘扬。于是，欧阳友徽在退休后，决心发挥余热创作一部反映陶铸生平事迹的作品。从此，欧阳友徽把全部精力都花在《陶》书的创作上，他曾多次去潘家埠、石洞源采访，先后采访过陶铸的儿子陶炳炎、侄儿陶涛，陶铸的同学陶文生，陶铸的学生陶钧、陶玉芝，陶铸奶娘的儿子张高泉等等。尤其是他与同事一起对陶铸的亲哥哥陶耐存（陶耐存又名陶自强，早年曾投身革命，解放后长期从事中学教育工作，1982年7月因病去世）做了为期半个多月的专访，陶耐存讲述了自己的生平事迹，包括他的爱情故事，希望欧阳友徽把其写进书中。

欧阳友徽在写作中为了搜集大量不为外人所见的文字资料，还寻阅了《陶氏族谱》，详细地了解到陶家的由来和陶铸故乡大量的人文沿革。并从《陶耐存档案》的十大本卷宗里，读到了很多重要素材。在祁阳县委、县政府编印的《怀念陶铸同志》、《闻道浯溪水亦香》和祁阳县政协出版的《祁阳文史资料》中，也获得了数量可观的生动的素材，使《陶》书充满着浓郁的乡情。

历经数年，欧阳友徽才于1997年写出了《陶》的书稿，共30章，43万字。该

---

① 参见盘树高、梁建军：《〈陶铸和他哥哥的故事〉侵权案落幕》，http://oldfyb.chinacourt.org/public/detail.php? id=43855，2012-06-29。

书以陶铸和陶耐存兄弟俩的人生经历为主线,以基本史实为依据,描写了陶铸老一辈无产阶级革命家的形象。在描写陶耐存的爱情故事时,写了陶耐存少年时在家和在异地求学过程中及其青年时、成年后与7位女子的恋情及婚姻生活等。

《陶》书初稿完成后,欧阳友徽将书稿呈送永州市文联的领导和专家们审阅,后由永州市文联、作协将《陶》书推荐给广州花城出版社出版。

花城出版社经过审阅,在《稿件审阅意见表》中认为,此书以陶铸和陶耐存兄弟俩的人生经历为主线,选取他们人生经历中典型的最富戏剧性的故事,以章回结构左穿右插,冲破时空限制,把看似平常的故事写得奇峰迭起、一波三折。当然,作者所讲的这些故事都是以事实、史实为依据,在创作前做了大量充分的采访、调查、资料收集等工作。因此,作者的创作态度是严肃的。这部书不仅仅是陶氏兄弟俩的个人故事,它还囊括了半个世纪的风雨雷电,展现了大半个中国的日月星辰,是一幅凝重的历史画卷,是一本比较成功的传记文学作品……

1998年12月,花城出版社共出版发行5 000册。该书出版发行后,一些读者先后对此书进行了评论。一位青年作家在《好读与耐读》中说,作者"是站在历史的观望台上俯视、梳理、重审陶铸和陶耐存这两个具有争执意义的传奇人物各自既统一又对立的人生走向和生命的终极意义"。一位中年读者在读后写道:"欧阳友徽先生为了祁阳文学艺术的繁荣,不辞劳累,不计报酬,坐了十几年冷板凳。如今,终于为三吾书库奉献上一本值得珍藏的好书。我们应该欢快地在书架上添进一本《陶铸和他哥哥的故事》。"一位著名诗人在评论此书时写道:"描写战争,笔力是那般遒劲昂扬;描写风俗,笔力是那般幽默诙谐;描写山水,笔力是那般典型秀丽;描写爱情,笔力又是那般缠绵缱绻。"

曾与陶耐存是忘年交的老友,也在读后感中写道:小说搜寻了这么多的材料,的确为陶耐存"平了反"——"平"了"功过两抵,略有盈余",仍然得不到人们谅解的"反"! 陶耐存九泉有知,也该瞑目了吧? 我作为一个陶耐存的忘年交的老友,读了"小说",写下此文,才觉得了却一件心事!

时年56岁的陶玉云(又名陶斯云),系陶耐存的继女,是一所中学的退休教工。她于1999年8月间,看了《陶》一书。陶玉云认为,欧阳友徽为利益所驱动,在该书中塞进了刘冬梅等众多女性,并凭空捏造其父陶耐存与她们的"风流韵事"。从而,严重侵害了其父的名誉权,导致陶玉云及陶家亲属蒙受了巨大的精神损害,欧阳友徽和花城出版社应依法承担相应的民事责任。遂于2001年3月1日向湖南省永州市中级人民法院提起诉讼,要求欧阳友徽及花城出版社停止侵害其已故父亲陶耐存名誉权的行为,在全国性报刊上公开赔礼道歉,公开销毁《陶》书的原稿及印版,并赔偿精神损害费50万元。

2001 年 5 月 29 日,永州市中级人民法院依法公开审理了这起"纪实文学"著作侵权案,双方当事人在法庭上展开了激烈的举证、质证、辩证和法庭认证。

原告在诉讼中称《陶》书出版后,在海内外造成极坏的影响,但并未提供证据。被告欧阳友徽为证明其未侵权,提供了其采访陶耐存的证人证言、信函稿、陶耐存的诗集《沧桑吟草》、《待樊集》以及文学刊物刊载的读者对《陶》书给予肯定的文章等证据。被告花城出版社辩称,《陶》书印数由于该社有关人员在图书校对时一时疏忽,错将 5 000 册印为 50 000 册,并向法庭出具了图书、期刊印制委托书等证据,还辩称《陶》书是以陶铸和陶耐存兄弟俩的人生经历为主线,选取他们人生经历中典型的戏剧性的故事结构而成,作者所写的故事都是以事实、史实为依据的,其创作态度是严肃的。书中有关陶耐存与几位女子的情爱描写,均有一定的出处,情节描写并不"下流",符合人物的个性,对人物的形象、性格塑造起到积极作用。整部作品对陶耐存做了实事求是、恰如其分的描写;图书出版后的社会反响是积极的,恳请法院依法驳回原告的诉讼请求。

2001 年 9 月 21 日,永州市中级人民法院经审理认为,《陶》书作为传记性文学作品,作者对陶耐存的记叙符合基本史实,对陶耐存一生中与异性的交往及关系的描写,符合文学手法,符合陶耐存的个性特征,更未使用侮辱、诽谤性语言,并未致使陶耐存的社会评价降低。况且,陶玉云未能提供陶耐存名誉受损的证据。因此,陶玉云起诉欧阳友徽、花城出版社侵害了陶耐存名誉权的主张不成立,其诉讼请求依法应予驳回。

陶玉云不服一审判决,向湖南省高级人民法院提起上诉。

2002 年 7 月 31 日,湖南省高级人民法院经审理认为,欧阳友徽通过查阅相关史实,走访陶铸的生前好友及陶耐存本人,以史实为基础,使用一定的文学创作手法,写成了《陶》书,该书是一部纪实性文学作品。纪实文学要求故事情节和人物具有真实性,但允许通过文学创作和加工,使之具有欣赏性、艺术性和阅读性。涉案该书在记叙陶耐存的曲折人生时,作者以陶耐存现实生活中与之有感情牵连的几名女性为原型,通过一定的文学加工,表现了陶耐存"只喜醇酒佳人"的个性,既没有使用侮辱、诽谤语言,作品中的几名女性也没有凭空捏造,均有一定出处。全书符合纪实文学的特点。评价一部作品是否构成名誉侵权的标准,主要从该作品是否降低自然人在社会生活中的名望声誉着手。该书出版后,陶耐存的生前好友发表读后感,认为该书尊重历史,对陶耐存做了全面、客观的描写,澄清了世人对陶耐存的误解,褒评甚多,贬者不见。该书并没有降低陶耐存的品德、才干、信誉等在社会生活中获得的社会评价,故其作品不构成名誉侵权。因此判决驳回上诉,维持原判。

案例九

孙国煊与河南文艺出版社、侯鸿绪侵害名誉权纠纷上诉案①

　　浙江省杭州市政公司退休干部孙国煊,因一篇传记作品损害了他已故父亲孙光普生前的名誉,将作者安徽蚌埠日报社原主任编辑侯鸿绪及河南文艺出版社告上法庭。此案由杭州市中级法院进行公开审理,并于2000年12月15日做出终审判决。孙光普曾任国民革命军第一集团军第四军团政治部主任等职,1979年4月1日病逝。侯鸿绪撰写了《方振武将军三次遇难记》(以下简称《方》)发表于河南文艺出版社辖属的《名人传记》1987年第1期上,叙述了爱国将领方振武三次遇难的经过。孙国煊认为其中有些涉及其父孙光普的描写并非史实和事实,且文中用了"眉飞色舞"、"脸上不敢笑,但心里却已笑开了一朵花"等词语,对孙光普进行侮辱和诽谤,损害了孙光普的名誉。孙国煊为此诉之法院。

　　一审败诉后孙国煊又上诉杭州中院。杭州中院审理后认为,传记文学既非新闻报道,也非历史事件的记录,创作者在尊重"史实"的基础上可进行一定的想象与描写。侯鸿绪撰写的《方》文,其中有的情节与孙国煊作为证据提供的报纸、书著记载的在时间上有些出入,但文中有关事实来源于其他合法公开出版发行的传记性文学作品及相关人员的回忆,非侯鸿绪杜撰。加之法院审理的并非历史,因此对《方》文中所述的历史事件的真伪性不做评论。但是侯在撰写《方》文时,孙光普已被人民政府平反和恢复名誉,而该文中对孙光普行为及内心活动一系列的描写和形容反映出作者对该人物的创作定位是贬义的,这不仅体现在作品的遣词造句中,更体现在作品的整体中,足以给读者造成孙光普奴颜媚骨的印象。侯鸿绪对孙光普的这种定位与评价既无事实依据,又与人民政府对孙光普的整体历史评价不符。《方》文有损于公众对孙光普生前人格的评价,对孙光普生前名誉构成一定的侵害,给孙光普的家人造成了精神上的损害。对此侯应承担相应的民事责任。河南文艺出版社出版《方》文时,该文还未被认定侵权,且出版社按正常程序进行审查,主观上无过错,不

　　① 北大法意网,http://www.lawyee.net/link/20050501018.html;《传记文学作品不能随意贬低人格》,http://oldfyb.chinacourt.org/public/detail.php? id=3312,2012-04-23。

应认定其侵害了孙的名誉,但应及时刊登声明、消除影响。杭州市中级法院依法判决撤销一审法院的民事判决;侯鸿绪在《名人传记》上刊登经法院审核的声明,消除影响;侯鸿绪赔偿孙国煊精神损失费8 000元。

浙江省杭州市中级人民法院民事判决书

〔2000〕杭民终字第914号

上诉人(原审原告):孙国煊,男,1936年12月15日出生,汉族,杭州市政公司退休干部(住址从略)。

委托代理人:胡祥甫、王拥军,浙江星韵律师事务所律师。

被上诉人(原审被告):河南文艺出版社,住所地河南省郑州市农业路73号。

法定代表人:杨贵才,社长。

委托代理人:李强,郑州远思律师事务所律师。

被上诉人(原审被告):侯鸿绪,男,1933年12月10日出生,汉族,蚌埠日报社原主任编辑(现离休),住安徽省蚌埠市蚌埠日报社宿舍。

委托代理人:杜天俊,男,河南省人民出版社职工,住该社。

上诉人孙国煊因侵害名誉权纠纷一案,不服杭州市下城区人民法院〔2000〕下民初字第296号民事判决,向本院提起上诉。本院依法组成合议庭,于2000年12月9日公开开庭进行了审理。上诉人孙国煊及其委托代理人胡祥甫、王拥军,被上诉人河南文艺出版社的委托代理人李强到庭参加了诉讼;被上诉人侯鸿绪经本院依法传唤,无正当理由,未到庭参加诉讼。本案现已审理终结,并当庭宣告了判决。

原审根据《方振武将军三次遇难记》一文,寿县公安局城关派出所证明一份、安徽文史资料第二十辑《我所知道的方振武》一文第106页,1981年《北洋军阀和民国将领》一书第78页,及双方当事人的陈述等证据,认定:

孙国煊与孙光普为父子,系安徽省寿县瓦埠镇人。孙光普曾任民国革命军第一集团军第四军团政治部主任等职,1979年4月1日病逝。侯鸿绪撰写的《方振武将军三次遇难记》一文,发表于河南文艺出版社辖属的《名人传记》1987年第1期上,叙述了爱国将领方振武三次遇难的前因后果,其中一次是:1929年9月22日蒋介石电召方振武去南京述职,方未去,派民政厅长苏宗辙代行述职,另暗使孙光普去南京打听蒋介石的动向。9月25日蒋又打电话给方振武,要方去南京有要事相商,已派安丰舰接方。方振武想起三天前去南京探听情况的孙光普,拍密电询问。孙光普在南京将会晤戴季陶及戴愿以生命担保安全的情况电复方。9月26日,方振武乘安丰舰到南京后被蒋介石软禁。孙国煊认为这一情节并非史实,也非事实。文中用"横牛"、"牛"、"聪明挂在脸上"、"头脑简单"、"办事粗心"、"特别喜欢听奉承话"、"飘飘然"、"眉飞色舞"、"脸上不敢笑,但心里却已笑开了一朵花"等词语,对孙光普进行侮辱、诽谤,损害了孙光普和其名誉,而于2000年3月30日向该院提起诉讼。

原审认为:侯鸿绪撰写的《方振武将军三次遇难记》一文中有关方振武暗使孙光普去南京打听消息和会晤戴季陶及见戴后与方振武密电往来,导致方振武到南京后被蒋介石软禁这一情节与史料记载的内容基本相符,文中对孙光普的描写参考了有关史料记载,并非侯鸿绪虚构,对有些细节侯鸿绪虽然做了一些艺术加工,但没有使用对孙光普有人格侮辱的用语,不构成对孙光普名誉的损害。河南文艺出版社审核后刊登该文,并无过错。孙国煊的诉讼请求缺乏事实和法律依据不予支持。河南文艺出版社、侯鸿绪主张孙国煊的诉讼请求已过诉讼时效的辩称意见缺乏相关证据,不予采信。依照《中华人民共和国民事诉讼法》第六十四条第一款的规定判决:驳回孙国煊的诉讼请求。案件受理费人民币80元由孙国煊负担。宣判后,孙国煊不服,上诉称:原审采信并非"方文"资料来源的《我所知道的方振武》一文和《北洋军阀和民国将领》一书并非史料,该"一文"、"一书"相关内容违背史实,原判将之作为定案依据明显错误;上诉人递交的当时的报纸及建国后出版的"历史大事记、表"才是依据,这些史料表明方振武被拘押的时间先于"方文"中所述方振武派孙光普去南京探听消息的时间,因此得不出方振武被拘押与孙光普有关的结论;从"方文"毫无依据的称孙光普是"办事粗心"的一头"牛",把孙光普描述成奴颜媚骨、奉承巴结权贵的小人,不顾1982年公审复字〔82〕第017号文,即党和政府将孙光普确定为正义爱国人士的定论,已构成对孙光普及上诉人的侮辱、诽谤,属名誉侵权行为。被上诉人河南文艺出版社不审查"方文"依据的资料和有关史料记载,未尽审核之职应承担责任。请求撤销原判,支持上诉人原审的诉讼请求。被上诉人侯鸿绪书面答辩:有关方振武被拘押的时间有三种提法,写"方文"时其选择了除苏有文、朱来常外,还有许多建国后出现的书著记载的一种;"方文"虽对资料来源做了附记,但并非资料就只这三个人的;上诉人的观点有违科学精神;对国民党时期的报刊内容,应作分析判断,谨慎采用,上诉人一味地认为只要当年报刊登过的新闻,就是史实最客观的证据的观点是错误的;上诉人不厌其烦地说孙光普"是一正义爱国人士"等,即便是有过功劳的人,也可以揭开他有过错误的一页,功过不能抵消,上诉人的观点狭隘偏见。被上诉人河南文艺出版社辩称:根据《辞海》对"史料"的解释,"方文"引用的两篇文章属史料,一审的认定完全正确;侯鸿绪撰写"方文"所引用的有关上诉人之父的情况出自史料,关于上诉人之父的描写基本出自这篇属于史料的文章,作者在细节上根据当时的环境、人物的性格作一些文学性的渲染,是传记文学所允许的,且"方文"的描写也未脱离历史情况,因此,"方文"不构成对上诉人之父的名誉侵权;河南文艺出版社出版"方文"之前,直至今日,"方文"还未被认定是侵权作品,诉讼前也未被告知该文属侵权文章,其出版该文主观上没有过错,故河南文艺出版社刊登"方文"不构成侵权。另外,文章登出后没有人与河南文艺出版社有过接触,所以,上诉人对河南文艺出版社的侵权之诉已过诉讼时效。请求驳回上诉人的请求。

本院审理中孙国煊补充提供了两份书证:①解放军出版社出版的《中国国民党大事记》。②中华书局出版的《中华民国史资料丛稿大事记》第十五辑。欲证明方振武于1929年9月19日在南京被蒋介石拘押。河南文艺出版社对上述两书证无异议,承认该两书是史料,但认为这只是写作的参考,而"方文"所述也是有史料依据的。河南文艺出版社未补充新证据。双方对原审认定的本案事实无异议。故对原审认定的本案事实,本院予以确认。

本院认为:传记文学既非新闻报道,也非历史事件的记录,创作者在尊重"史实"的基础上可进行一定的想象与描写。侯鸿绪撰写的发表于河南文艺出版社辖属《名人传记》1987年第1期上的《方振武将军三次遇难记》一文中,有关方振武1929年9月被蒋介石拘押前后事实的叙述虽与孙国煊提供的报纸、书著记载在时间上略有出入,但该文中的有关事实,来源于其他合法公开出版发行的传记性文学作品及相关人员的回忆,非侯鸿绪杜撰;同时,本案审理的亦非历史,因此,对《方振武将军三次遇难记》一文中所述的历史事件的真伪性,本院不作评论。但是,侯鸿绪撰写《方振武将军三次遇难记》一文时,孙光普已被人民政府平反和恢复名誉,而该文中对孙光普行为及内心活动一系列的描写和形容反映出侯鸿绪对该人物的创作定位是贬义的,其不仅体现在作品的遣词造句中,更体现在作品的整体中,足以给读者造成该人物奴颜媚骨的印象。侯鸿绪对孙光普的这种定位与评价既无事实依据,又与人民政府对孙光普的整体历史评价不符。《方振武将军三次遇难记》一文的发表,有损公众对孙光普生前人格的评价,对孙光普生前名誉构成了一定的侵害,给孙光普的家人造成了精神上的损害。对此,侯鸿绪应承担相应的民事责任。河南文艺出版社出版时,《方振武将军三次遇难记》一文并未被认定为侵权,也未被告知属侵权文章;其按正常程序进行了审查,主观上亦无过错,因此,不应认定侵害了孙光普及孙国煊的名誉;但应及时刊登声明,消除影响。侯鸿绪撰写的主要是有关方振武的历史事件,河南文艺出版社认为该文经刊登发表,就应推定孙国煊应知文中有关孙光普的内容的观点,有违常理,本院不予采纳;河南文艺出版社无证据证明孙国煊在提起本案诉讼的两年之前已明知文中有关孙光普的内容的事实存在,故对其所称孙国煊的诉讼请求已过诉讼时效期间的主张,本院不予支持。孙国煊上诉主张的赔偿交通费损失一节,缺乏相应的法律依据,本院不予支持。综上所述,原审认定事实正确,适用法律错误。依照《中华人民共和国民法通则》第一百零一条、第一百二十条,最高人民法院《关于审理名誉权案件的若干问题的解答》第九问,《中华人民共和国民事诉讼法》第一百三十条、第一百五十三条第一款第(二)项的规定,判判如下:

一、撤销杭州市下城区人民法院〔2000〕下民初字第 296 号民事判决。

二、侯鸿绪在《名人传记》上刊登声明,消除影响(声明内容须经本院审核),限于本判决生效之日起 30 日内履行。

三、侯鸿绪赔偿孙国煊精神损失费 8 000 元,限于本判决生效之日起 30 日内付清。

四、驳回孙国煊的其他诉讼请求。

一、二审案件受理费各 80 元,均由侯鸿绪承担。

本判决为终审判决。

审 判 长 吴声华

审 判 员 李 骏

代理审判员 沈 磊

二○○○年十二月十五日

书 记 员 沈 斐

案例十

凌子风名誉权案[①]

凌子风是中国著名的电影导演,于 1998 年 3 月 2 日去世。2001 年 6 月,人民出版社下属刊物《人物》和作家出版社下属刊物《作家文摘》分别刊登的署名曹积三的一篇纪实性纪念文章——讲述凌子风晚年再婚生活的

① 《凌子风名誉权案始末》,http://www.1488.com/china/intolaws/lawpoint/23/2003-7/231026.shtml,2012-06-23;张爱敬:《凌子风名誉侵权案及相关情况》,http://court.gmw.cn/html/article/200209/23/5268.shtml,2012-06-23。

《大帅凌子风》一文却引来轩然大波,致使凌子风后人一纸诉状,将作者连并两家出版社一并告到法庭,对之公堂,指出该文多处严重失实,侵害了凌子风及其发妻、他们母亲石联星的名誉权,要求"还历史以真实面貌"。2002 年 9 月 2 日,此案在北京东城法院开庭审理。经审理,法院驳回凌丽、凌飞诉讼请求。2003 年 4 月 4 日,北京市第二中级人民法院二审判决,曹积三一文虽然在一些具体细节上确实有失准确,但并不构成侵权。

2001 年 3 月 6 日长影编剧曹积三在《人民日报·海外版》发表了《回忆凌子风大帅》一文,同年 6 月他又在人民出版社所属《人物》杂志上发表《大帅凌子风》,被 6 月 26 日的《作家文摘》摘发,标题名为《大帅凌子风》,而正是 6 月的这篇文章因增加了有关凌子风晚年再婚生活的部分内容,且因文中几处关键时间的用词失实,使得凌子风的女儿凌丽和儿子凌飞以名誉权、隐私权为由于 2001 年 10 月将曹积三、人民出版社、作家出版社告上法庭。他们认为,《大帅凌子风》一文的多处失实与篡改,"丑化了凌子风的人格和尊严,使他的名誉受到了严重的损害。同时也明显地侵害了他已经过世的发妻"。

凌丽、凌飞指出,文章"极为严重"的失实之处有三点:

1.《大帅凌子风》一文写道:"韩兰芳是凌子风 66 岁时相遇的红颜知己",此处失实

凌子风系 1916 年 3 月 10 日出生,66 岁时正值 1982 年,而那一年,他们的母亲,凌子风的发妻石联星仍然在世。当时,凌子风一面忙于他一生中最重要的电影《骆驼祥子》的拍摄,一边陪伴照料正身患癌症的妻子,家人之间相互照应,整个家庭是亲切温馨的。当时他们的家人、亲属和所有摄制组的人员,包括周围的朋友们谁也没见过韩兰芳,也更不认识韩兰芳。

1982 年,韩兰芳的情形又是怎样的呢?那一年,也正是韩兰芳前夫逝世的一年,按 1985 年韩兰芳接受光明日报记者采访时所说的,"与凌子风婚前的几年,她经历着丧夫的悲痛,一人带着孩子很苦闷,遇到凌子风后,感觉很幸运……"这样的说法,怎么可能于 1982 年成为凌子风的"红颜知己"呢?

2."大约就是在拍《边城》那一年,他们(指凌子风与韩兰芳)结为伉俪",此处失实

拍摄《边城》是在 1984 年,石联星仍然在世,经历了凌子风整个拍片过程,并分享了凌子风此片成功的喜悦。1984 年 8 月 1 日,也就是在《边城》制作工作全部结束后的一个月,石联星病逝。因此,怎么可以说在拍摄《边城》时,凌韩就结为伉俪呢?事实是,在《边城》制作全部结束,石联星去世 8 个月后,即 1985 年 4 月,凌韩才结婚。

3."凌子风所以晚年屡屡拍出佳片,除了遇到改革开放文艺新春的环境,便是由韩兰芳重新激活了他的创作生命",此处失实

凌丽、凌飞认为,韩兰芳参与凌子风的电影制作是在 1985 年 4 月 22 日与凌子风结婚后开始的,而此前,凌子风已经硕果累累,并完成了他电影事业黄金时期的两部最重要作品:《骆驼祥子》和《边城》。而在与韩兰芳生活的近 14 年中,凌子风只拍摄了《春桃》和《狂》。实际上在凌子风的晚年没有任何电影作品问世。

此外,凌丽、凌飞还指出文章其他两处失实。一是"谷菲是韩兰芳与已故前夫所生的女儿,她来到凌子风膝下时,只有 3 岁……"。实际上,谷菲来到凌家已是 10 岁,如按 3 岁计算,也就是说 1978 年凌子风与韩兰芳结婚,而那时他们的母亲还健在! 另一处是,"最难忘记凌子风的是与他共同生活了 16 个春秋的韩兰芳"。事实是,凌子风与韩兰芳只共同生活了 14 年。

在凌丽、凌飞看来,这些时间上的错误,是作者曹积三故意而为:将韩兰芳与凌子风共同生活的时间段拉长,使韩兰芳提前两年进入凌子风改革开放后电影创作的黄金期,而这正是电影《边城》拍摄的年份,并有意选用了两张《骆驼祥子》和《边城》的工作照来误导读者,使人以为韩兰芳已在这个时期,将凌子风黄金期的两部著名影片《骆驼祥子》和《边城》拉至韩兰芳时期,从而得出"凌子风所以晚年屡屡拍出佳片,除了遇到改革开放文艺新春的环境,便是由韩兰芳重新激活了他的创作生命",造成韩兰芳无功受禄,抹杀了母亲石联星在凌子风生命和电影创作中的作用,无视石联星的存在和价值。同时在捏造凌子风和韩兰芳的人生经历时,也矮化了凌子风的形象,歪曲了凌子风的艺术人格。

凌子风作为我国著名电影导演,文化界对他的情况很是关注。这篇公开发表并广为传播的文章,由于时间上的错误,也引起了人们的各种猜测,导致凌子风在其发妻健在时就有外遇和重婚的怀疑出现,严重侵害了凌子风的人格与名誉。

由于刊登了"不实"文章,人民出版社与作家出版社被推上了被告席,两家媒体的感受颇有点复杂。

作家出版社编辑认为,作为媒体,实际上不可能核实每一篇文章的每一个细节,如果出现差错,他们会发更正,以此修正错误。在作家出版社下属刊物《作家文摘》发表了曹积三的文章后,也同样发表了凌子风后人写的关于此文的几点意见,作为媒体,并不是只反映一方面声音。不同的声音发出来,互相对照,也从客观上让受众趋近事实。作家出版社考虑已经刊出凌丽、凌飞针对《大帅凌子风》一文所做的几点意见,要求原告对他们撤诉,但遭拒绝。

人民出版社也持同样意见,认为编辑不可能核实每一个细节。直至今

天,在他们看来,《大帅凌子风》一文,看不出说有凌子风外遇、重婚的地方,从总体上看,依旧是一篇歌颂性的、纪念性的文章,看不出笔者主观有侵害意识。而且从编者角度出发,也正是因为文章的歌颂、纪念性质才刊发,并不是主观故意要侵害。

2002 年 9 月 20 日,北京市东城区人民法院经审理认为,判断公民是否由于不正当的行使言论自由的权利而导致侵害他人依法享有的名誉权时,应当以其是否采用侮辱、诽谤、捏造事实等行为为标准。曹积三所写的《大帅凌子风》一文主旨是弘扬凌子风的美德,是对凌子风人品、人格魅力的赞美。文中虽有部分事实在时间上有所出入,但此部分内容非被告曹积三凭空捏造出来的,故应认定被告曹积三并未有贬损凌子风、石联星人格名誉的故意。据此,人民出版社、作家出版社刊登转载该文章也同样不构成侵权。于是做出判决:"'大帅凌子风'一文虽然有部分事实在时间上有所出入,但不是曹积三凭空捏造,故应认定被告并未有贬损凌子风、石联星人格名誉的故意……因此驳回原告的全部诉讼请求……"

一审判决后,凌丽、凌飞不服,上诉到北京市第二中级人民法院。

原告上诉的焦点在于曹文所写的这样几句话:"韩兰芳是凌子风在 66 岁时相遇的红颜知己,大约就是在凌子风拍著名影片《边城》那一年,他们结为伉俪……"原告在北京市东城法院庭审中提供了《边城》影片摄制组制片主任杨汉平的证词,证明《边城》的准备、拍摄全过程跨越三个年头,即 1982、1983 与 1984 年,电影界的常识认定某一部电影的导演时间是指包括影片完成全部后期制作,据中国电影发行公司确认,认为《边城》完成在 1984 年 6 月。而石联星去世于 1984 年 8 月 1 日,曹文中的"大约"二字显然造成文章中特定人物凌子风有婚外恋、重婚之嫌。加上曹文中其他几段有关凌子风家庭隐私的描写也有失实与不妥,"……最难忘记凌子风的是与他共同生活了 16 个春秋的韩兰芳……",原告提供的证据——凌子风与韩兰芳 1985 年 4 月 22 日的结婚证明,清楚表明了凌子风与韩兰芳以夫妻身份生活是不足 14 年。因而原告以上述三被告侵犯"凌子风与石联星名誉权"要求赔礼道歉,消除影响,停止侵害。

北京市第二中级人民法院在审理过程中对多方当事人进行了调解。人民出版社表示对涉案文章中时间、数字叙述不准确之处,愿在下一期《人物》杂志(2003 年第 5 期)中刊登更正声明,作家出版社表示愿随人民出版社做出更正后也作相应的更正(后两家出版社并未履行诺言)。在此前提下,凌丽、凌飞表示接受并撤回了对人民出版社、作家出版社的起诉。曹积三则表示不愿调解。2003 年 4 月 4 日,北京市二中院做出判决:"公民享有的名誉权受法律保护。死者的近亲属有权因死者的名誉受到侵害提起民事诉讼。

《大帅凌子风》一文主要是赞美凌子风达观、快乐的性格，虽然该文在一些具体细节方面确实有失准确，但在时间上的出入并不能必然造成凌子风、石联星社会评价降低的法律后果⋯⋯驳回上诉，维持原判。"

"傻儿官司"①

长达一年的范绍增后人状告"樊傻儿"扮演者刘德一的官司，最终以原告方范绍增的3位子女主动撤诉，并承担总共200元的受理费和诉讼费的方式结案。此次名誉侵权案缘于由刘德一担任制片并主演、四川天虹影视制作公司制作、峨嵋电影制片厂音像出版社出版发行的电视剧《傻儿司令》。本案原告范之懿和范之碧认为，《傻儿司令》是以其父亲范绍增为原型，采用极不恰当的方式胡编滥造出来的。剧中有多处情节严重歪曲历史，丑化作为本剧原型的历史名人，损害了其父亲范绍增将军的名誉，给两原告的心灵造成了极大的伤害。

2001年9月底，原国民党八十八军军长范绍增将军的二儿子范之懿和四女儿范之碧联合向重庆市渝中区人民法院起诉，以电视剧《傻儿司令》损害其父的罪名把重庆市川剧团职工刘德一，以及峨嵋电影制片厂音像出版社和四川达盛影视制作公司告上法庭。范之懿、范之碧要求三被告停止侵害、恢复名誉、公开赔礼道歉的同时，昨日在庭审中还意外地增加了一项诉讼请求，要求三被告赔偿其精神损失200万元。

"樊傻儿"官司引起了广泛的关注，但审理过程一波三折。

2002年2月4日渝中区法院第一次开庭审理。被告律师怀疑诉讼主体的身份，要求被告能拿出证据证明其是范绍增的后人。获法官批准后休庭，让被告准备证据。

2002年5月8日第二次开庭，庭上原告代理律师和被告代理律师双方唇枪舌战，针对《傻儿司令》是否侵权等问题争论不休，由于时间关系，在双

① 《"傻儿官司"原告撤诉》，http://www.cq.xinhuanet.com/sports/2002-11/21/content_54554.htm，2012-06-23；《历史乎？艺术乎？〈傻儿司令〉曝出名誉官司》，http://ent.sina.com.cn/s/m/2002-02-05/72057.html，2012-06-23。

方举证完毕后,官司依然未果。

第三次开庭是在 2002 年 7 月,庭审当日,本案第一被告刘德一当天没有来渝参加庭审,针对两原告的起诉,其委托律师杨政辩称:刘德一作为制片和主演参加电视剧的创作活动是一种职务行为,作为创作人员,刘德一本身并不决定电视剧的出品与播出,因此原告将刘德一列为第一被告是错误的;《傻儿司令》一剧是聚合民国时期巴蜀民间轶闻趣事,糅合川东人的个性特征,借鉴历史上范绍增的个别生平资料素材,所创造出来的一个有情有义、有勇有谋、大智若愚、爱国爱民的全新巴蜀英豪,与历史人物范绍增有天壤之别。因此《傻儿司令》并非特指范绍增,刘德一也没有侵犯范绍增名誉的行为;刘德一塑造的"傻儿"形象使《傻儿司念》取得了极大的成功,得到了广大观众的赞誉,也获得了政府的表彰奖励,但原告置这些事实不顾,反将刘德一成功塑造的主角说成是"行事乖张、言辞龌龊、素质低下……",更是对刘德一等人的一种贬损。杨律师因而要求法院驳回原告的诉讼请求。本案第二被告四川天虹影视制作公司当天未能到庭参加庭审。第三被告峨嵋电影制片厂音像出版社昨天委托其法律顾问到庭参加了庭审,该法律顾问在答辩状中声称:《傻儿司令》影视作品并非峨嵋电影制片厂音像出版社创作、摄影、出品,所以该影视作品内容是否对原告构成名誉权侵害与出版社毫无关系,况且该作品并非人物传记作品,樊鹏举并不等于范绍增;另外,出版社依法享有对《傻儿司令》影视作品出版发行镭射光盘 VCD 的权利,并无过错责任,并未对原告构成名誉侵害。

审理完后,双方回家等候结果,长长的时间里都没有等到结果,直到 2002 年 10 月 31 日,原告申请撤诉,11 月 4 日法院批准原告撤诉。并将民事裁定书寄给双方律师。由于结果出人意料,于是记者分别采访了双方律师、当事人。范绍增四女儿范之碧身在重庆,其丈夫王先生一直是她的发言人,王先生说道:"撤诉的原因是我们的年纪都大了,身体不好,没有精力,想暂时搁一下。并且看对方态度如何。但是官司我们一定会打下去,必要时直接上中院打。"王先生还透露其为范绍增拍摄的电视剧正在剧本创作中,一定要还其岳父的本来面目。记者又致电哈尔滨范之懿家,一位女性接电话,告知范先生生病出去疗养了,也表示撤诉是因为身体吃不消。

而被告刘德一的代理律师杨律师对这个结果显得并不兴奋,因为他认为该官司赢面非常大,从不担心败诉,这个结果只是对方的明智选择而已。杨律师还说:"我们非常理解对方维护父亲名誉的想法,但他们却扩大到与范绍增无关的领域去了。《傻儿司令》剧只是在查阅史料的基础上,借用了一些范绍增的传奇故事,并不是哪个人物的传奇片,原告不该对号入座。"

案例十二

陈永贵亲属告北京青年报社、吴思案因名誉权纠纷案①

2002 年 4 月 23 日起,《北京青年报》在第 31 版"每日连载"栏目中,开始连载吴思所著的《陈永贵——毛泽东的农民》一书。书中写到抗日战争期间,陈永贵曾经参加过叫"兴亚会"的日伪特务外围组织,并曾做过大寨村伪维持会的代表。因此,陈永贵的夫人和儿子将吴思和北京青年报社告上法庭,称书中大量情节与事实不符,许多情节是作者无中生有,任意杜撰的。2002 年 4 月下旬,陈永贵之子陈明亮、陈永贵之妻宋玉林以北京青年报社、吴思为被告,向北京市西城区人民法院提起诉讼,认为上述情节与事实不符,系任意编造、杜撰,对陈永贵的人格进行贬损,造成了对陈永贵名誉权的侵害,请求判令北京青年报社、吴思在《北京青年报》上赔礼道歉,并赔偿二原告精神损失 10 万元。2003 年 4 月,北京市西城区法院宣布,吴思和北京青年报社侵害陈永贵名誉权的事实成立,责令吴思向陈永贵亲属赔偿精神损害抚慰金 20 000 元,北京青年报赔偿 2 000 元。吴思和北京青年报社不服,立即上诉。2003 年 7 月 15 日,北京市第一中级人民法院开庭审理此案。2003 年 12 月 29 日,陈永贵名誉权案终审判决,吴思和北京青年报再次败诉。

民事诉状

原告:陈明亮(陈永贵之子),男,31 岁,汉族,商人。

原告:宋玉林(陈永贵之妻),女,76 岁,汉族,离休干部。

委托代理人:崔小明,北京市中业律师事务所律师。

被告:北京青年报社。

法定代表人:陈星。

被告:吴思,《陈永贵——毛泽东的农民》的作者。

案由:侵害名誉权

---

① 搜狐新闻,www//news. sohu. com/2004101107/32/news21814397. shtml,2012-06-23;《陈永贵参加过日伪特务组织? 吴思败诉名誉权官司始末》,http://www. xici. net/d16456120. htm,2012-06-23。

诉讼请求：

1. 判令被告停止在《北京青年报》上刊载《陈永贵——毛泽东的农民》一书，消除影响，赔理(礼)道歉。

2. 赔偿原告精神损失人民币 10 万元。

3. 被告承担本案诉讼费用。

事实与理由：

2002 年 4 月 23 日起，《北京青年报》在第 31 版"每日连载"栏目中，开始刊载海南出版社即将出版的《陈永贵——毛泽东的农民》一书。书中所述的大量情节与事实不符，许多情节是作者无中生有、任意杜撰的，如：2002 年 4 月 23 日第 31 版刊登"陈永贵不明白孔夫子那句话的意思，含糊地哼哼着点头。后来他知道了什么叫知天命，又为自己胡乱点头而后悔"；"我们到了以后，刘少奇眼都不抬。陈永贵在六年后的一次大会上说：'但那时根本没有考虑中央有两个司令部。我们到了主席那里，对我就十分亲热'"；2002 年 4 月 24 日刊登"此时陈永贵像所谓的乱世英雄一样冒出头来，以一个长工的身份当了大寨村伪维持会的代表，后来还被迫参加了一个叫'兴亚会'的日伪特务外围组织"；"别人不敢，他胆大，就当了伪代表"；2002 年 4 月 25 日刊登"当时的张老太如日中天，相当自信，恐怕也没有把陈永贵这位初出茅庐的后生放在眼里。他做梦也想不到 20 年之后，他将在陈永贵副总理兼昔阳县委书记的统治下，带着反大寨、民主派和走资派的帽子死去"(注：上述内容仅是从已经发行的四期报纸上摘录)。这些情节在被告的报刊上登出后，侵害了陈永贵的名誉权，给陈永贵的家属造成了不良影响，精神上带来了很大的痛苦。事发后，原告本人及代理律师曾与被告数次交涉，要求被告立即停止转载，但被告对原告的合理要求置之不理，继续其侵权行为。

原告认为，《陈永贵——毛泽东的农民》一书中的虚构情节，构成了对陈永贵名誉的侵害。而被告北京青年报以"每日连载"的形式刊登于北京青年报上，使这种侵权结果进一步扩大，对陈永贵本人名誉受损及家属精神受损的结果负有不可推卸的责任。

综上所述，依据《民事诉讼法》、《最高人民法院关于审理名誉权案件若干问题的解答》、《最高人民法院关于审理名誉权案件若干问题的解释》的有关规定，为维护陈永贵及其家属的合法权益，特向贵院起诉，请依法判决。

此致

西城区人民法院

具状人：宋玉林　陈明亮

2002 年 4 月 27 日

应诉辩护

　　原告对我有三条指控：一、《陈永贵——毛泽东的农民》所述的大量情节与事实不符；二、许多情节无中生有、任意杜撰；三、这些虚构情节构成了对陈永贵名誉的侵害。原告提出了四点支持这种指控的证据。下面分七点辩驳，并列举我的证据。

　　一、原告的第一点指控证据：2002 年 4 月 23 日第 31 版刊登"陈永贵不明白孔夫子那句话的意思（按：指毛泽东用湖南话说'五十而知天命'），含糊地哼哼着点头。后来他知道了什么叫知天命，又为自己胡乱点头而后悔"。我的这段描写的有两条依据。

　　第一条依据是陶鲁笳的《毛主席与农业学大寨》，载于《山西文史资料》1995 年第 5 辑第 8 页，原文是："接着他（指毛泽东）对陈永贵说：你是庄稼专家了，多大岁数了？陈答：'五十岁。'他说：'五十而知天命嘛，搞出一个大寨来很好。'陈永贵当时未听懂他的湖南话，无意识地点了点头。事后才知道他讲话的意思，后悔自己不该点头。"

　　陶鲁笳是 1953—1965 年的中共山西省委书记，正是他本人在专列上向毛泽东详细介绍了陈永贵和大寨的情况，引起了毛泽东对陈永贵的注意。陶鲁笳在这篇回忆的第一段说："大寨典型的发现及其在全省的推广，以及毛主席在 1964 年间几次肯定大寨的基本经验，最后中央和国务院决定在全国开展农业学大寨运动，这些我是亲身经历过的。现在写出来，作为史料提供给读者及有关研究者参考。"

　　刊登他这篇文章的是《山西文史资料》1995 年第 5 辑，是由山西省政协文史资料研究委员会和昔阳县政协文史资料研究委员会合编的关于大寨的专辑，出版者是山西省政协文史资料研究委员会，编辑者为《山西文史资料》编辑部，刊号为 ISSN1004-5910 CN14-1023/K。该刊序言说：这本专辑经过编辑人员近一年的征集、整理，并呈送有关人员核实补充后付梓成册。（见证据附件一）

　　第二条依据是同期《山西文史资料》第 41 页上的《毛主席宴请陈永贵》一文，该文由赵根成、王久英整理，陈永贵在该文中以第一人称回忆说："他老人家又亲切地问我：'你今年几岁了？'我说：'今年 50 岁了。'毛主席幽默地笑着说：'你是五十而知天命嘛！'当时我也不知道这是什么意思，再加上有些拘束，就随便哼了几声。"（见证据附件二）

　　二、原告的第二点指控证据："我们到了以后，刘少奇眼都不抬。陈永贵在六年后的一次大会上说：'但那时根本没有考虑中央有两个司令部。我们到了主席那里,对我就十分亲热。'"我这段描写的根据是《1971 年 5 月 25 日陈永贵在批陈大会上的插话》,按照插话的原文抄录。插话的全文是:"主席生日那天,总理给我相跟到主席那里吃饭,周总理引着我。时间还不到,说到刘少奇家里看看。我们到了以后,刘少奇眼都不抬,正在看四清工作队送去的那材料。但那时根本没有考虑中央有两个司令部。我们到了主席那里,对我就十分亲热。这是对大寨的最大关心。可是四清工作队就敢对抗中央的指示,千方百计要砍倒大寨。我从北京回来,根本就没有一个人问我主席接见的情景,一回来,支委们抱住我大哭,群众是迫害的迫害,欺骗的欺骗,蒙蔽的蒙蔽。我在狼窝掌地里,休息,干部是一伙,那些有意识的家伙非常嚣张,我讲了几分钟话,贫下中农都感到难过,矛头对准了他们。他们干的是啥事? 一进村——我们反对谁他就说谁,串联谁,扎根谁,团结谁,根本和我们坐不在一起,说不在一音。我们一点也忘不了,这账一定要算。"

我在昔阳县档案馆抄录和复印了大量与陈永贵有关的讲话和会议记录,其中有抄件 106 份,共 277 页,按年月日编排。这份插话是我的第 41 号抄件,总第 98 页。(见证据附件三)原件保存于昔阳县档案馆。

三、原告的第三点指控证据:2002 年 4 月 24 日刊登"此时陈永贵像所谓的乱世英雄一样冒出头来,以一个长工的身份当了大寨村伪维持会的代表,后来还被迫参加了一个叫'兴亚会'的日伪特务外围组织";"别人不敢,他胆大,就当了伪代表"。这段描写涉及到陈永贵当伪代表和加入兴亚会这两个问题,我的依据有四条。

第一条依据是陈明珠的《我的父亲——陈永贵》一文,见《山西文史资料》1995 年第 5 辑第 146 页。原文是:"1940 年百团大战后,斗争形势更加尖锐,按照边区抗日政府的部署,阻止日军扫荡的唯一办法就是组织维持会,选一个'伪代表',……我父亲便当上了维持会的代表,凭着他那不怕死的胆量和能言善辩的利嘴,使大寨避免了许多灾难。"(见证据附件四)作者陈明珠是陈永贵的长子,原告陈明亮的同父异母哥哥,现居昔阳,曾任中共昔阳县委宣传部部长。

第二条依据是范银怀写的《大寨内参引起的轩然大波》,刊登于《百年潮》1999 年第 3 期。第 28 页的原文是:"对陈永贵的经历说不准,县委(指中共昔阳县委)就让我们到县委组织部查阅陈永贵档案。从《党员登记表》中看到,陈永贵入党时间是 1948 年;在'参加过什么反动组织?'一栏内,写有'兴亚会'。这是意外的发现。"范银怀是新华社高级记者,现居天津,当时(1964 年)是新华社驻山西分社记者,也是陈永贵的昔阳老乡,他查阅档案是奉新华社总社之命专程到昔阳为《大寨之路》单行本核实情况。他和宋沙荫合作采写的《大寨之路》获得了毛主席的注意,成为学大寨运动的标志性名篇。刊登所引文章的《百年潮》杂志是中共中央党史研究室主管,中国党史学会主办的党史专业刊物,国内统一刊号是 CN11-3844/D。(见证据附件五)

第三条依据见冯东书的《文盲宰相陈永贵》,中国文联出版公司 1998 年第 1 版第 62 页:"他(指陈永贵)当了日本人那边的一个什么伪'代表',又参加了日本人搞的'新亚会'。……1945 年 8 月日本人投降后,昔阳人对给日本人干过事的人特恨,用石头砸死不少。陈永贵应付过日本人,这就使他在抗日胜利后的锄奸运动中,又陷入了非常危险的境地。抗日胜利后,共产党解放了昔阳城,在共产党领导下,大寨的第一任村长叫赵怀恩,陈永贵那时曾向他托过孤。他当时担心自己也会被人当汉奸砸死,就求助于赵怀恩。他对赵说:'我明珠小,托付给你,你给我招呼他长大。'赵怀恩比较实事求是,为陈永贵说了好话。他说:'当时日本人来了,总要有人出面,别人不敢,他胆大,他当了伪代表。'陈永贵终于又保住了命。但陈永贵这个伪'代表'和'新亚会'的事仍脱不了手,一直成为他的历史问题,记录在他的档案中。后来定为一般历史问题。"(见证据附件六)

冯东书是新华社高级记者,现居北京,20 世纪 70 年代学大寨运动高潮时,曾任新闻单位驻大寨联合报道组组长,与陈永贵本人有多年直接交往,被称为最适合写陈永贵的人(见该书后记,P361)。

第四条依据见《谢振华征程录》第 271—273 页。1968 年 3 月,在山西省委扩大会议上,阳泉市委第一书记,支左领导小组组长周云涛奉命交代"如何整理陈永贵的黑材料问题",介绍了这个问题的来龙去脉。书中写道:"1968 年清队整党中,发现阳泉商业局职工李观海(炊事员、大寨公社武家坪人)的档案中有李在 1955 年镇反时交代自己曾参加昔阳县日伪特务组织'兴亚会'当情报员的材料。情报组成员还有粮食局管理员王久荣(大寨金石坡人)。王也供认了参加了日伪特务组织'兴亚会',陈永贵是他们的领导人。为了弄清真伪,调查组查阅了抗日战争时期八路军 129 师敌工部的一份昔阳县敌伪情报人员名册及敌伪档案。其中确有陈永贵的名字,注明陈永贵是伪村长,情报员,是'兴亚会'昔阳分会领导成员之一。他每周去昔阳两次,直接与日寇宪兵队长清水联系,当地群众为此送他个绰号'陈二鬼子'。""1968 年,山西省支左办公室接到群众组织揭发陈永贵被捕后参加日伪特务组织充当情报员的材料,支左领导小组几个主要负责同志研究认为,在问题未弄清之前要严格保守秘密,谨慎地责成当时北京军区保卫部在山西支左的刘旭等三名同志负责查证。经查,情况确如扩大会议上周云涛同志所讲,

'确有此事,证据确凿'。因此经研究,决定将情况用六十九军党委名义写成书面报告,报北京军区党委并转呈党中央。在党的'九大'召开前,中央责成山西支左领导小组负责审查出席'九大'的山西代表资格,谢振华是审查小组负责人。陈永贵知道此决定后,主动找他交代这段历史问题。当时谢约陈在迎泽宾馆六层中间靠左边的一个房间里和陈谈话。陈一坐下,就痛哭流涕地说:'我有罪,我要到北京向毛主席请罪。'谢振华说:'不要着急,有什么问题可以详细谈出来。'陈永贵接着说:'我在抗日时期的1942年被日寇抓了去,被迫自首了,后来还被迫参加了日伪情报组织兴亚会,给日寇送了情报。我是三人小组的负责人。'谢又问陈:'送情报和什么人联系?'陈答:'是和日本驻阳泉宪兵队的清水队长直接联系,规定每周去送两次情报。'人证物证俱在,本人也承认确已自首叛变,当上了特务情报员。问题已非常清楚。对陈永贵的历史问题,六十九军党委严格按中央的指示和原则处理,于1968年9月,派出席军工会议的副军长李金时将陈永贵的问题呈报周总理。总理当即指示:'六十九军的同志要顾全大局,不要扩散,复印件可报中央。'遵照周总理的指示,1968年12月,六十九军正式以党委名义,报请北京军区党委转呈中央。"谢振华1955年被授予少将军衔,曾任中国人民志愿军第二十一军军长,从朝鲜回国后历任六十九军军长,北京军区副司令兼山西省军区司令员,1969年任山西省委第一书记兼省革委会主任。1982年任昆明军区政委,现离休在家。《谢振华征程录》于1998年2月出版,编辑组成员是:黄耀荣、苏林、黎振纲、赵志强。(见证据附件七)

四、原告的第四点指控证据:2002年4月25日刊登"当时张老太如日中天,相当自信,恐怕也没有把陈永贵这位初出茅庐的后生放在眼里。他做梦也想不到20年之后,他将在陈永贵副总理兼昔阳县委书记的统治下,带着反大寨、民主派和走资派的帽子死去"。

这段描述的依据见陈大斌《饥饿引发的变革——一个资深记者的亲身经历和思考》,中共党史出版社1998年12月第1版第367页。原文是:"这一次他(指陈永贵在1970年8月——引者)与纪登奎等人一起,实际上就是把昔阳几年来反复整过的所谓'不学大寨,反大寨'的几种典型,变为五种人掌权(指混进农村基层组织中的坏人、蜕化变质份子、热衷于走资本主义道路的人、老好人和思想停留在民主革命阶段的民主派)。纪登奎走后,戏便由陈永贵唱主角了(当时陈永贵兼任中共昔阳县委书记——引者)。他与昔阳县核心小组按照这个'调调'逐一炮制材料。于是,一个所谓解决'五种人'的'新鲜经验'便由昔阳'总结出来'。……昔阳推出的'民主派'的代表人物,是刀把口公社刀把口大队党支部书记张老太。……就在县委准备北方地区农业会议材料时,张老太这位德高望重的老干部却被当成'民主派'选中了。介绍材料中说张老太这类民主派的特点是'入党早,资格老,白天干,黑天跑,开口想当年,闭口打土豪,没有功劳有苦劳'。可是,没有指出他的具体错误事实,只是在北农会议之后,县里才派出工作组,去刀把口大队罗织张老太的所谓'罪行'材料。工作组一进村就宣称他们'领了皇上圣旨,身带王命宝剑,到太岁头上动土'的。随后,经过一年多'发动群众'和批判斗争,最后以刀把口的经营方向与大寨走的不是一条路,不学大寨就是反大寨,反大寨就是走资派的罪名,撤消了张老太党内外一切职务。张老太横遭诬陷,在村里无法过下去,跑到太原当兵的儿子家躲藏起来,后郁闷而死。"

陈大斌是新华社高级记者,前《瞭望》周刊总编辑,现居北京。1978年任新华社国内部副主任兼农村组组长,与陈永贵本人有长期交往。1980年9月,新华社、中央人民广播电台、人民日报、光明日报等新闻单位记者组成调查组,赴昔阳和大寨采访40多天,对大寨和学大寨运动中的问题分专题写出了十多万字的内部报道,陈大斌当时是联合调查组组长,这篇文章是当时的调查报告之一。(见证据附件八)

另外一条依据,见孙启泰、熊志勇的《大寨红旗的升起与坠落》,河南人民出版社1990年6月第1版第166页:"陈永贵《在中央北方农业会议上的汇报提纲》中,说张老太这类民主派的特点是'入党早,资格老,白天干,黑天跑,开口想当年,闭口打土豪,没有功劳有苦劳'。认为:'让这种人掌权,根本学不起大寨来,必须进行更换。'可是,却提不出张老太所犯错误的具体事实。……1971年底,昔阳县委根据工作组罗织来的罪行材料,向全县发了《关于张老太、张成山犯走资派错误的通报》,并报送山西省委和晋中地委。其中写道:'土改以后,大叛徒刘少奇发展富农经济的妖风刮到刀把口,张老太大踏步走上了发家致富的道路,由一户贫农变成了新富农。'合作化早期,'在省劳模会上,陈永贵同志与他展开了针锋相对的思想斗争'。'1961年,刘少奇复辟资本主义的妖风刮到了农村,张老太明目张胆走上了资本主义道路,……已经由一个太行劳模变成了一个犯严重走资派错误的人。'《通报》还宣布撤销张老太党内外一切职务。……这时,张老太已是年逾六旬的老人,经揭发批斗后精神上受到摧残,胃溃疡和心脏病暴发,终于1976年1月含冤而逝。"(见证据附件九)作者孙启泰,当时是中共中央党史研究室二室助理研究员,二室专门负责建国后的党史研究。

五、总之,上述证据已经充分表明,原告所谓"许多情节无中生有、任意杜撰"的指控根本站不住脚。我的叙述或者根据第一手的档案文献,或者根据权威调查者提供的正式文字材料,或者根据当事人提供的第一手文字材料。而且,这些文字材料都不是孤证,证据之间也构成了相互支持的关系,并无矛盾之处。

六、原告指责我根据这些证据所述的大量情节与事实不符,这就产生了证据的效力问题。新闻和历史写作所认可的证据,与法律判决所能接受的证据,在强度的要求上是不同的。新闻和历史写作,往往要涉及大量过去的人物和事件,而新闻和历史工作者又缺少法律工作者在证人面前所拥有的法定特权,他们的作品也不同于法律判决,因此,新闻和历史写作对证据的要求往往达不到法律所认可的证据的强度。这本来是两种职业和两个领域的应有分别。如果法律要求新闻和历史写作采纳与法庭证据同等强度的标准,否则就要受到处罚,对信息量巨大的新闻和历史的写作、编辑和出版来说,这种要求意味着整个行业的灾难甚至灭亡。在我严格遵守了新闻和历史写作的学术规范的条件下,我的工作应该受到法律的保护(宪法第四十七条)。

七、原告说"这些虚构情节构成了对陈永贵名誉的侵害"。我已经证明这些情节并非"虚构"。至于侵害名誉,陈永贵的名誉是一个整体,他是中国农业史上的重要政治历史人物,他的名誉和历史地位也与学大寨运动密切相关,细微末节性的描绘不足以对此构成侵害。至于我对陈永贵参与的重大事件和重要活动的整体描述是否构成名誉侵害,这方面早有新闻界和党史学界的专家评判。1992 年 5 月 29 日,在对《陈永贵沉浮中南海——改造中国的试验》书稿的审阅意见中,中共中央党史研究室二室陈文斌副主任写道:"总的印象:写得不错。作者根据丰富而生动的史料,活画出一个既有不朽业绩,又犯过严重错误;既保持了朴实的农民本色,又带着浓烈的高官气息,这样一个农民劳模加农民领袖的形象。书稿还从不同视角、不同层次反映了从 20 世纪 50 年代—80 年代,中国社会大变革、特别是农村大变革的历史,形象地揭示了社会主义探索中的艰辛曲折及其引出的经验教训。无论从史的角度还是文的角度衡量,这本书都是有价值的,可读的。"

同时,关于这本书的不足部分,陈文斌写道:"关于陈永贵,应充分肯定他的业绩、品德,同时也要充分揭示他的不足和错误。书稿在肯定陈永贵方面弥补和纠正了过去一些作品的不足和偏颇,但对其错误、不足则揭示得不够。陈永贵推行左倾路线,文革期间是山西一派代表人物,其错误性质是带根本性的,原则性的。"(见证据附件十)

八、在法庭上,原告脱离起诉书,又提出:"陈永贵见劳模张老太坐着上级派来接他的轿车去开会,叹道:看这,一个农民做点事,上级领导咋重视呀。我回去也要做一番事业哩。"这段情节有影射陈永贵为了坐小轿车而奋斗的嫌疑。这段情节来自 12 年前我对王富元的采访。王富元是故事发生时站在陈永贵身边的对话人，当时是昔阳县农村科科长，后任昔阳县副县长。我认为，这段情节的合乎逻辑的解读，应该是陈永贵对上级建立的激励劳模的荣誉机制做出了反应，开会、戴花、坐轿车，都是这种机制的表现形式。这正是建立这种机制的上级政府希望的。而对荣誉的追求也绝对不是什么见不得人的动机，根本就不能说成是对陈永贵的人格的损害。反过来才有影射陈永贵"不知羞耻"的嫌疑。在这个意义上，原告的指控倒更接近损害陈永贵的人格。

辩护人：吴思

2002 年 8 月 2 日

一审辩护之二

2002 年 10 月 29 日，原告的律师在法庭上出示了四项证据，其中三条涉及到这段话："日本投降之后，昔阳成了共产党的天下，全县掀起了土改运动和反奸复仇清算血债的群众运动。当年与日本人有染的人个个受审，人人过关，不少给日本人干过事的人被人们用石头砸死。陈永贵自然也躲不过这场审查。这次他又受到共产党方面的拘留，在村里挨了斗，据说还是'五花大绑'，挨了几拳。共产党领导下的第一任大寨村村长叫赵怀恩，陈永贵担心自己过不了这一关，曾向赵怀恩托孤说：'我明珠小，托付给你，你给我招呼他长大！'当时赵怀恩替陈永贵说了好话，说日本人来了，总要有人出面。别人不敢，他胆大，就当了伪代表。这话说得合情合理，陈永贵保住了一条命。兴亚会的问题，后来曾多次提起。陈永贵入党、进中央，每个阶段都闹出过一点麻烦，不过问题不太大，在正式的定性上，这属于'一般历史问题'。"我在法庭上提出的辩护理由是：

第一，原告出示的四条证据并没有否定陈永贵当了伪代表并参加了兴亚会这一事实，因此不能证明我叙述的基本事实有误。

第二，原告出示的证据说陈永贵当时并没有被绑挨斗，没有托孤一事。这段细节不是我编造的，而是我引用的。尽管这只是一个细节，证明陈永贵因加入兴亚会和当伪代表而遭遇麻烦的细节，我也在文章中特地加了"据说"二字，并且给出所依据的出处。这个出处就是冯东书先生的《文盲宰相陈永贵》一书第 63 页的文字。该书原文如下：

"1945 年 8 月日本人投降以后，昔阳人对给日本人干过事的人特恨，用石头砸死不少。陈永贵应付过日本人，这就使他在抗日胜利后的锄奸运动中，又陷入了非常危险的境地。抗日胜利后，共产党解放了昔阳城，在共产党领导下，大寨的第一任村长叫赵怀恩，陈永贵那时曾向他托过孤。他当时担心自己也会被人当汉奸砸死，就求助于赵怀恩。他对赵说：我明珠小，托付给你，你给我招呼他长大。赵怀恩比较实事求是，为陈永贵说了好话。他说：当时日本人来了，总要有人出面，别人不敢，他胆大，他当了伪代表。陈永贵终于又保住了命。但陈永贵这个伪代表和新亚会的事仍脱不了手，一直成为他的历史问题，记录在他的档案中。后来定性为一般历史问题。"（见证据附件一）我在书稿的注释中给出了这段描写的出处，实际上我的"据说"所依据的出处不止这一处。秦怀录在《黄河》杂志 1989 年第 5 期上发表的《陈永贵沉浮录》第二节中写道："的确，经过八年抗日后，大寨村开过一次群众斗争大会，挨斗的人确是陈永贵。当时陈永贵被五花大绑，站在人群中间，斗他的是一伙手无分文的穷哥们。穷哥们叫他举起手来，他就老老实实地在松绑后把两只松树皮一般的手举在头顶。穷哥们叫他低下狗头，他就低下脑袋。'陈金小（引者注：陈永贵的小名），你老老实实交代，怎么大寨的伪代表就轮着你当？'穷哥们质问中，有人举起了拳头，拳头举得高，落得也快，可是落在陈永贵身上，不疼。陈永贵交代：我也弄不清楚怎当的伪代表。事实上，不论村民还是他自己，对这件事心里是清楚的。……那么，这么清楚的事，为什么乡亲们还要斗争陈永贵呢？只是因为当时主持开会的是地主贾泰元。当时大寨还没有党员，一切活动只能由当时的村长来主持。贾泰元当时已经听到了土改的风声，想先找个出头橼子杀杀威风。在这斗争会上，贾泰元就倒杀回马枪，想把陈永贵作个替罪羊。"（见证据附件二）

第三，这两段可以互证的描写是各自独立的又互相支持的。这就是说，我的描写确实是有依据的，是符合历史传记的学术规范的。如果原告要证明这两位作者的叙述有误，原告也应该给他们自我辩护的机会。他们如此叙述，自然会拿出自己的依据。这两位作者情况是：冯东书，新华社高级记者，20 世纪 70 年代任新华社驻大寨报道组组长，与陈永贵本人有深入的交往，现离休在家。他的《文盲宰相陈永贵》一书由中国文联出版公司于 1998 年出版。秦怀录是昔阳县本县的第一位陈永贵的传记作者，他在《黄河》杂志 1989 年第 5 期上发表的《陈永贵沉浮录》在昔阳和晋中地区引起了很大反响，黄河编辑部特地召开了作品讨论会，大寨和昔阳的许多领导人都参加了讨论，并称赞这篇作品材料翔实，叙述客观公正。昔阳县老干部党支部特地以单行本的形式重印了这篇作品。（见证据附件之三）秦怀录本人亲口对我说，为了搞清楚陈永贵的早期生活，他花费了大量时间，采访了大量知情人，他所写的一切都是有坚实依据的。我在书的注释中也介绍了这位作者和作品的情况。

最后我想强调：事实上，如今在认真严谨的程度上达到我的这部作品的水平的书是相当罕见的。历史和传记作品在真实可靠的程度上所能达到的最高水平,也就是做到言必有据,叙述可以找到依据的事实,而不能保证依据本身完全符合自然事实。这种要求是任何作者都不可能达到的要求,甚至也是法庭调查难以达到的要求。严谨地按照学术要求写作的作品,特别是涉及到重要的公共人物和学大寨之类的重大历史事件的作品,应该受到法律的切实保护,这是合乎公众利益的。

辩护人:吴思
2002 年 10 月 31 日

北京市西城区人民法院民事判决书

〔2002〕西民初字第 4193 号

原告陈明亮:男,1969 年 9 月 29 日出生,汉族,澳大利亚成功集团董事。

原告宋玉林:女,1929 年 8 月 4 日出生,汉族,中央办公厅老干部局离休干部。

原告委托代理人:崔小明,北京市中业律师事务所律师。

被告:北京青年报社,法定代表人陈星,社长。

委托代理人:贾桂茹,北京众一律师事务所律师。

委托代理人:刘小春,北京青年报编辑。

被告:吴思,男,1957 年 5 月 5 日出生,汉族,炎黄春秋杂志社执行主编。

原告陈明亮、宋玉林与被告北京青年报社、吴思名誉权纠纷一案,本院受理后,依法组成合议庭,公开开庭进行了审理。本案原告陈明亮及陈明亮、宋玉林之委托人崔小明、被告北京青年报贾桂茹、被告吴思到庭参加了诉讼。本案现已审结。

原告陈明亮、宋玉林诉称,2002 年 4 月 23 日起,被告《北京青年报》在第 31 版"每日连载"栏目,开始连载由被告吴思所著的《陈永贵——毛泽东的农民》一书。该书中所述的大量情节与事实不符,许多情节是作者无中生有、任意杜撰的,如:"我们到了以后,刘少奇眼都不抬。陈永贵在六年后的一次大会上说:'但那时根本没有考虑中央有两个司令部。我们到了主席那里,对我就十分亲热';毛泽东问起陈永贵的年龄,陈永贵答道:'五十啦。'毛泽东笑道:'五十而知天命嘛,搞出一个大寨来很好。'陈永贵不明白孔夫子那句话的意思,含糊地哼哼着点头。后来他知道了什么叫知天命,又为自己胡乱点头而后悔。""此时陈永贵像所谓的乱世英雄一样冒出头来,以一个长工的身份当了大寨村伪维持会的代表,后来还被迫参加了一个叫'兴亚会'的日伪特务外围组织";"陈永贵说,他问明了谁掏钱买酒买肉供他周旋之后,便痛痛快快地答应下来,干起了维持会";"当年陈永贵的'维持'也真不容易,很像是在万丈深渊上走钢丝。他出入日本人的炮楼,打点着来大寨要吃要喝的'棒子队',一方面糊弄着狗日的别杀人,一方面又尽量小心地给八路军干点事帮帮忙。1943年,陈永贵终于出了岔子,他在送粮问题上惹火了日本人,被抓起来痛打一顿,关进了留置场。日本人的留置场就是监狱或拘留所,其在昔阳的名声极为可怖。进了留置场的人常常被拉出去活埋、练枪刺,是个极其凶险的地方。这一年陈永贵28岁,已经结婚两年,并得了一个儿子陈明珠。他的妻子李虎妮急坏了,求村里的富户掏钱,又托关系又送礼,折腾了近一年,好不容易才将陈永贵保了出来。陈永贵拣了一条命,也明白了乱世出头容易掉脑袋的道理,出来后便辞了职,死活也不干了。日本投降之后,昔阳成了共产党的天下,全县掀起了土改运动和反奸复仇清算血债的群众运动。当年与日本人有染的人个个受审,人人过关,不少给日本人干过事的人被人们用石头砸死。陈永贵自然也躲不过这场审查。这次他又受到共产党方面的拘留,在村里挨了斗,据说还是'五花大绑',挨了几拳。共产党领导下的第一任大寨村村长叫赵怀恩,陈永贵担心自己过不了这一关,曾向赵怀恩托孤说:'我明珠小,托付给你,你给我招呼他长大!'当时赵怀恩替陈永贵说了好话,说日本人来了,总要有人出面。别人不敢,他胆大,就当了伪代表。这话说得合情合理,陈永贵保住了一条命。""兴亚会的问题,后来曾多次提起。陈永贵入党、进中央,每个阶段都闹出过一点麻烦,不过问题不太大,在正式的定性上,这属于'一般历史问题'"。"当时的张老太如日中天,相当自信,恐怕也没有把陈永贵这位初出茅庐的后生放在眼里。他做梦也想不到20多年之后,他将在陈永贵副总理兼昔阳县委书记的统治下,戴着反大寨、民主派和走资派的帽子死去。""他目送着小轿车扬尘远去,沉默了许久,转过身来叹了一声,对站在身后的昔阳县农村科科长王富元道:'哎,你看这。一个农民干点事,上边的领导咋重视呀。我回去也要闹一番事业哩!'"

二原告认为,作者在书中虚构情节,对陈永贵的人格进行贬损,造成了对陈永贵名誉权的侵害。现起诉要求二被告在《北京青年报》上赔礼道歉,并赔偿二原告精神损失10万元。被告吴思辩护称,我是《陈永贵——毛泽东的农民》一书的作者,我在该书写作过程中参考了大量的历史资料,进行了多方的采访。书中所有情节均有相应的历史依据,并非像原告所述的是本人编造、杜撰的,且该书对陈永贵的历史定位及评价均符合史实,没有对陈永贵进行贬损、侮辱,没有侵害陈永贵的名誉权,故不同意二原告之诉讼请求。

被告《北京青年报》辩称，我报社在刊载《陈永贵——毛泽东的农民》一书之前，已经获得了作者以及出版社的授权，该书的内容是客观、真实的，不存在作者任意编造、杜撰的情况。而且该书中没有使用任何侮辱、诽谤性的语言，亦没有涉及陈永贵的个人隐私，未构成对陈永贵名誉权的侵犯，故不同意二原告之诉讼请求。

在本案审理过程中，原告提交以下证据：

1. 二原告身份证，证明二原告身份及本案管辖权。

2. 〔97〕京证字第 01526 号公证书，证明二原告与被侵权人陈永贵关系。

3. 2002 年 4 月 23 日—4 月 25 日《北京青年报》第 31 版刊载的《陈永贵——毛泽东的农民》一文，证明二被告的侵权事实。

4. 署名为陈明珠的证言一份，证明陈明珠本人并未写过也不知道《我的父亲陈永贵》一文。

5. 〔2002〕昔证民字第 20 号公证书，证明兴亚会并非特务组织以及陈永贵在日本投降后没有受过拘留。

6. 〔2002〕昔证民字第 21 号公证书，证明赵怀恩并未当过队长，陈永贵没有向其托孤，在大寨村也没有受过批斗。

7. 〔2002〕昔证民字第 23 号公证书，证明赵怀恩并未当过队长，陈永贵没有在大寨村受过批斗。

被告对原告提交的第 1、2、3、4、5、6、7 项证据形式上的真实性均无异议，但认为第 4 项证据并没有正面回答陈永贵是否参加兴亚会的问题；第 5 项证据的证明人资格有问题，且该证言也侧面反应了陈永贵参加过兴亚会；第 6、7 项证据的证明人并非文章中的当事人，其证明力不够。另外，被告认为根据《最高人民法院关于民事诉讼证据的若干规定》，原告方的证人均没有当庭作证，其证言应认定无效。

在庭审过程中，被告提交以下证据：

1. 《毛主席与农业学大寨》一文，作者系 1964 年时任山西省省委书记的陶鲁笳，该文载于《山西文史资料》1995 年第 5 辑。

2. 《毛主席宴请陈永贵》一文，载于《山西文史资料》1995 年第 5 辑。证明诉争文章中所提及的"五十而知天命"一节的真实性。

3. 《1971 年 5 月 25 日陈永贵在批陈大会上的插话》抄件，抄自昔阳县档案馆第 41 号。证明诉争文章中所提及的"去见刘少奇"一节的真实性。

4. 《我的父亲陈永贵》一文，作者陈明珠，该文载于《山西文史资料》1995 年第 5 辑。证明诉争文章中所提及的"曾出任伪代表"一节的真实性。

5. 《大寨内参引起的轩然大波》一文，作者系新华社高级记者范怀银，该文载于《百年潮》1999 年第 3 辑,证明诉争文章中所提及的"参加兴亚会"一节的真实性。

6.《文盲宰相陈永贵》一文,作者系新华社高级记者冯东书。证明诉争文章中所提及的"参加兴亚会"一节的真实性。

7.《谢振华征程录》一文,谢振华 1969 年时任山西省委第一书记兼省革委会主任。证明诉争文章所提及的"参加兴亚会"一节的真实性。

8.《饥饿引发的变革——一个资深记者的亲身经历和思考》一文,作者系新华社高级记者陈大斌,该文由党史出版社出版。证明诉争文章中所提及的"张老太死因"一节的真实性。

9.《大寨红旗的升起与坠落》一文,作者系中共中央党史研究室二室助理研究员孙启泰、熊志勇,该文由河南人民出版社出版。证明诉争文章中所提及的"张老太死因"一节的真实性。

10.《陈永贵沉浮中南海——改造中国的试验》书稿审查意见,作者系中共中央党史研究室二室副主任陈文斌。

11.《陈永贵过关记》一文,作者系新华社高级记者范银怀,该文载于《炎黄春秋》1999 年第 5 期。证明诉争文章所提及的"曾参加兴亚会"一节的真实性。

原告对被告提交的上述证据真实性均表示内容不真实,不予认可。

本院经对上述证据材料审查后认为:

1. 二原告所提交的身份证、〔97〕京证字第 01526 号公证书,2002 年 4 月 23 日—4 月 25 日《北京青年报》刊载的《陈永贵——毛泽东的农民》一文,均系合法取得,经被告确认为真实的,可以作为证明本案相关事实的证据。

2. 原告所提交〔2002〕昔证民字第 20 号公证书、〔2002〕昔证民字第 21 号公证书、〔2002〕昔证民字第 23 号公证书,均系原告合法途径取得,被告对其真实性亦表示认可,且该证据材料内容与本案有关联性,可以作为证明本案相关事实的证据,但证明内容仅限于该证据的书面文义范围。

3. 原告所提交署名为陈明珠的证言一份,因被告对陈明珠证言真实性有异议而要求陈明珠到庭质证是合理的,但陈明珠未能出庭质证,故不采纳该证词为证据。

4. 被告所提交的《1971 年 5 月 25 日陈永贵在批陈大会上的插话》抄件经本院核实,其内容真实、合法,可以作为本案定案依据。

5. 被告所提交的《毛主席与农业学大寨》、《毛主席宴请陈永贵》、《我的父亲陈永贵》、《大寨内参引起的轩然大波》、《文盲宰相陈永贵》、《谢振华征程录》、《陈永贵过关记》、《饥饿引发的变革——一个资深记者的亲身经历和思考》、《大寨红旗的升起与坠落》、《陈永贵沉浮中南海——改造中国的试验》均属他人所写回忆性文章,非权威文献记载,被告亦没有其他证据予以佐证,故对上述证据的真实性不予认可。

经审理查明,二原告系母子关系,原告宋玉林系陈永贵之妻。陈永贵系宋玉林之夫。2002年4月23日起,《北京青年报》在第31版"每日连载"栏目,开始连载由被告吴思所著的《陈永贵——毛泽东的农民》一书。4月23日连载写到"我们到了以后,刘少奇眼都不抬"。陈永贵在六年后的一次大会上说:"但那时根本没有考虑中央有两个司令部。我们到了主席那里,对我就十分亲热";"毛泽东问起陈永贵的年龄,陈永贵答道:'五十啦。'毛泽东笑道:'五十而知天命嘛,搞出一个大寨来很好。'陈永贵不明白孔夫子那句话的意思,含糊地哼哼着点头。后来他知道了什么叫知天命,又为自己胡乱点头而后悔。""此时陈永贵像所谓的乱世英雄一样冒出头来,以一个长工的身份当了大寨村伪维持会的代表,后来还被迫参加了一个叫'兴亚会'的日伪特务外围组织"、"陈永贵说,他问明了谁掏钱买酒买肉供他周旋之后,便痛痛快快地答应下来,干起了维持会"。"当年陈永贵的'维持'也真不容易,很像是在万丈深渊上走钢丝。他出入日本人的炮楼,打点着来大寨要吃要喝的'棒子队',一方面糊弄着狗日的别杀人,一方面又尽量小心地给八路军干点事帮帮忙。1943年,陈永贵终于出了岔子,他在送粮问题上惹火了日本人,被抓起来痛打一顿,关进了留置场。日本人的留置场就是监狱或拘留所,其在昔阳的名声极为可怕。进了留置场的人常常被拉出去活埋、练枪刺,是个极其凶险的地方。这一年陈永贵28岁,已经结婚两年,并得了一个儿子陈明珠。他的妻子李虎妮急坏了,求村里的富户掏钱,又托关系又送礼,折腾了近一年,好不容易才将陈永贵保了出来。陈永贵拣了一条命,也明白了乱世出头容易掉脑袋的道理,出来后便辞了职,死活也不干了。日本投降之后,昔阳成了共产党的天下,全县掀起了土改运动和反奸复仇清算血债的群众运动。当年与日本人有染的人个个受审,人人过关,不少给日本人干过事的人被人们用石头砸死。陈永贵自然也躲不过这场审查。这次他又受到共产党方面的拘留,在村里挨了斗,据说还是'五花大绑',挨了几拳。共产党领导下的第一任大寨村村长叫赵怀恩,陈永贵担心自己过不了这一关,曾向赵怀恩托孤说:'我明珠小,托付给你,你给我招呼他长大!'当时赵怀恩替陈永贵说了好话,说日本人来了,总要有人出面。别人不敢,他胆大,就当了伪代表。这话说得合情合理,陈永贵保住了一条命。""兴亚会的问题,后来曾多次提起。陈永贵入党、进中央,每个阶段都闹出过一点麻烦,不过问题不太大,在正式的定性上,这属于'一般历史问题'。""当时的张老太如日中天，相当自信，恐怕也没有把陈永贵这位初出茅庐的后生放在眼里。他做梦也想不到20多年之后，他将在陈永贵副总理兼昔阳县委书记的统治下，戴着反大寨、民主派和走资派的帽子死去。""他目送着小轿车扬尘远去，沉默了许久，转过身来叹了一声，对站在身后的昔阳县农村科科长王富元道：'哎，你看这。一个农民干点事，上边的领导咋重视呀。我回去也要闹一番事业哩！'"诉讼中，被告吴思未就其引用的相关文章的历史真实性向本院提交充分证据。

上述事实，已在本院庭审时的质证过程中，经双方当事人当庭确认。本院认为，死者的名誉受法律保护。被告吴思所写《陈永贵——毛泽东的农民》一文所引用的关于"陈永贵参加兴亚会"一节的具体文章，均系他人所写回忆性文章，非权威性文献记载，被告吴思亦没有其他证据予以佐证此事实的存在，故对上述证据的真实性不予认可。该描写客观上对陈永贵形象有贬损，客观上造成其社会评价的降低，被告吴思的行为已构成对陈永贵名誉的侵害。陈永贵现已死亡，二原告作为陈永贵的近亲属起诉，要求被告吴思赔礼道歉，赔偿精神损害抚慰金，理由正当，本院予以支持。但原告要求赔偿精神损害抚慰金的数额偏高，具体数额由本院根据侵权人的过错程度、侵权行为的具体情节、给原告造成精神损害的后果等情况酌定。被告北京青年报社在刊登上述文章时未尽到审查职责，亦应依侵权后果承担部分赔偿责任。综上所述，依据《中华人民共和国民法通则》第一百零一条，第一百二十条第一款、第一百三十四条第一款第（九）、（十）项之规定，判决如下：

一、本判决生效后15日内，被告吴思、北京青年报社在北京青年报刊登向原告宋玉林、陈明亮的致歉声明（内容须经本院审核）。

二、本判决生效后15日内，被告吴思赔偿原告宋玉林、陈明亮精神损害抚慰金2万元。

三、本判决生效后15日内，被告北京青年报社赔偿原告宋玉林、陈明亮精神损害抚慰金2 000元。

四、驳回原告宋玉林、陈明亮其他诉讼请求。案件受理费80元，由被告吴思、北京青年报社负担（本判决生效后7日内交纳）。

如不服本判决，可在判决书送达之日起15日内，向本院递交上诉状，并按对方当事人的人数提出副本，上诉于北京市第一中级人民法院。

审 判 长 曹 宁

代理审判员 李岳鹏

代理审判员 王 建

二〇〇三年四月二十二日

二审过程：

上 诉 书

上诉人：吴思，男，1957 年 5 月 5 日出生，汉族，炎黄春秋杂志社执行主编。

被上诉人：陈明亮，男，1969 年 9 月 29 日出生，汉族，澳大利亚成功集团董事。

被上诉人：宋玉林，女，1929 年 8 月 4 日出生，汉族，中央办公厅老干部局离休干部。

案由：名誉权纠纷

上诉人与陈明亮、宋玉林名誉纠纷一案，不服北京市西城区人民法院 2003 年 4 月 22 日做出的〔2002〕西民初字第 4193 号民事判决，现特向北京市第一中级人民法院提出上诉。

事实与理由：

一、一审法院认定事实有误。一审法院认为上诉人"所写《陈永贵——毛泽东的农民》一文所引用的关于'陈永贵参加兴亚会'一节的具体文章，均系他人所写回忆性文章，非权威性文献记载"，认定上诉人"没有其他证据予以佐证此事实的存在，故对上述证据的真实性不予认可"。上诉人对此不服。理由如下：

1. 非权威性不等于不真实。上诉人所引用的这些具体文章尽管有的属回忆性文章，但均经上诉人向有关作者、人员及单位进行了大量的采访、考证，而且各个文章间也可相互印证，均非单一"拿来"，这些文章的作者有的是与陈永贵本人有深入交往的新华社高级记者、驻大寨报道组组长（冯东书）；有的是昔阳县本县的、曾花费大量时间、采访大量知情人去了解陈永贵早期生活的第一位陈永贵的传记作者（秦怀录）；有的是中共中央党史研究室专门负责党史研究的（孙启泰）；有的是曾历任二十一军军长、六十九军军长、北京军区副司令、山西省军区司令员、山西省委第一书记兼革委会主任的离休干部、少将（谢振华）；有的是曾亲自到组织部查阅过陈永贵档案的陈永贵的昔阳老乡、新华社驻山西分社记者（范怀银）；还有的甚至是陈永贵本人的长子，且其文章被载入了《山西文史资料》……。这些人经过上诉人的了解、采访、核实，得知都是审慎、正直之人，这些人的所说、所写都是有坚实依据的，基于此，上诉人才在亲自调查、采访、分析的基础上引用了这些文章中的部分内容。上诉人的创作作风是认真严谨的，可以说是言必有据。如果上诉人所写文章通篇只能是极尽恭维之词，稍有涉及所写人物的历史问题便被认定是侵犯名誉权,这才真正是不实事求是。

2. 上诉人提供的证据并非孤证,形成了完整的证据链条,彼此之间可相互印证、支持。因此,一审法院认定"没有其他证据予以佐证此事实的存在",是违背事实的。

3. 原告断章取义,一审法院却不予以驳斥。原告在书中还有这样一句话:"兴亚会的问题,后来曾多次提起。陈永贵入党、进中央,每个阶段都闹出过一点麻烦,不过问题不大,在正式的定性上,这属于'一般历史问题'。"原告忽略了"一般历史问题"这一定性,却断章取义、不及其余,把问题扩大化。而一审法院对原告的指控不加驳斥地全盘认定,这对上诉人来说是不公平的。

4. 一审法院混淆了新闻和历史写作的依据与法律判决、定罪量刑的依据之间的效力。一审法院主观断定上诉人提供的关于写作事实依据的证据是"非权威性的",因而对诸多证据均不予认可,是没有法律依据的。在写作创作中,关于事实方面,何谓"权威",何谓"非权威",并没有明确的法律规定。上诉人所写的传记文学作品《陈永贵——毛泽东的农民》中的被指控情节均非无中生有地任意杜撰,都是经过上诉人严格挑选、认真核实的。而且上诉人本人也为此走访了很多人、调查了很多资料,基于多方认定的事实才落笔的。但一审法院将作者的写作依据等同于意欲为作品中的人物定罪量刑的证据,对上诉人如此之多的依据均不予认可,仍判定是上诉人贬损陈永贵的形象,侵害了陈永贵的名誉,未免过于牵强。此种判决对上诉人是极为不公的。

二、一审法院的适用法律错误。一审法院依据《中华人民共和国民法通则》第一百零一条之规定,该规定禁止用侮辱、诽谤等方式损害公民、法人的名誉。而上诉人的作品《陈永贵——毛泽东的农民》一书中的内容是基本真实的,陈述是客观的,文中除真实再现了陈永贵的功与过之外,并未使用任何侮辱性的语言,而且极力做到言必有据,更没有对陈永贵进行任何诽谤,故不应构成侵权。

三、一审法院在程序上存在问题,应追加其他作者作为被告或第三人。上诉人已经提出了若干证据,足以证明上诉人的作品是有依据的、真实的,而一审法院却不加核实就断定作者的依据是不真实的。这就涉及其他作者或当事人的陈述是否虚假,那么,就理应追加其他作者为被告或第三人,因为上诉人在此案中胜诉与否将与之息息相关。

综上所述,上诉人请求二审法院撤销一审法院的判决,驳回宋玉林、陈明亮的诉讼请求。以维护一个传记文学作者能够依照事实写作的合法权益,从而也给大众一个了解历史情况的权利的空间。

此致

北京市第一中级人民法院

上诉人:吴思

2003 年 4 月 28 日

代 理 词

尊敬的审判长、审判员:

北京莫少平律师事务所受本案上诉人吴思(一审被告)的委托,指派我们担任吴思的二审代理人。接受委托后,我们调查了有关档案,走访了相关证人,经过 2003 年 7 月 15 日二审开庭审理后,在充分了解案情的基础上,发表如下代理意见:

一、本案不存在侵害陈永贵名誉权的事实。通过一审民事判决书"本院认为……"一段的结论,可以看出本案的争议焦点是"陈永贵参加兴亚会"一节文章的真实性,法院之所以认定吴思构成侵犯陈永贵名誉权的依据也是认为吴思的证据不能证明关于这一节文章的真实性。也就是说,只要能够证明"陈永贵参加兴亚会"是事实,就不存在客观描写上侵犯陈永贵名誉权的问题。代理人认为:一审法院称上诉人吴思(以下称吴思)"所写《陈永贵——毛泽东的农民》一文所引用的关于'陈永贵参加兴亚会'一节的具体文章,均系他人所写回忆性文章,非权威性文献记载",从而认定吴思"没有其他证据予以佐证此事实的存在,故对上述证据的真实性不予认可",是违背事实的。理由如下:

1. 他人所写的回忆性文章同样可以作为证明事实的依据,一审法院认定他人所写回忆性文章均是"非权威性的",并没有法律、法规的依据。一审法院以吴思提供的关于写作事实依据的证据是回忆性的或是传记性的文章为由,就主观断定是"非权威性的",因而对吴思提交的诸多证据均不予认可,此观点是没有法律依据的。吴思的写作依据中有些属于地方志类的资料,关于县志等地方志的编纂,国务院有明文规定(见国办发〔1996〕47 号1996 年 11 月 9 日《国务院办公厅关于进一步加强地方志编纂工作的通知》),同时还成立了中国地方志指导小组,专门指导地方志的编纂工作,并颁发了《关于地方志编纂工作的规定》。规定:"对修志工作涉及的重大问题及时向党中央、国务院请示报告(第六条)","坚持'党委领导、政府主持'的修志体制……地方志编纂委员会办公室应是当地政府直属的具有行政职能的一级单位(第七条)",这些足见县志类资料的正规、权威;还规定:"编纂地方志要充分发挥老同志的作用(第八条)","地方志的体裁,一般应包含述、记、志、传、图、表、录等(第十三条)",这些足见县志的编纂中主要历史人物、事件均以知情人的叙述、回忆等等为主;还规定:"编纂地方志要加强调查研究,掌握翔实资料,力求观点鲜明正确,材料真实可靠,审校严格认真(第十一条)","地方志所采用的资料,务必考订核实(第十七条)","各级地方志应严格执行审查验收制度,报同级党委或政府批准出版(第十七条)","各级修志机构,要组织和推动用志,要运用现代化的手段建立方志地情资料库,推向社会(第二十条)",这些足见县志的可靠性、真实性、可借鉴性。吴思所提供的写作依据中《山西文史资料》、《昔阳大事记》、《昔阳人物》均属地方志的一种,尽管体例上有些是属于回忆性文章,但均符合地方志的要求。因此,一审法院认定吴思提供的证据是回忆性文章因而无权威性,是没有法律依据的。吴思所写的传记文学作品《陈永贵——毛泽东的农民》中的被指控情节均非无中生有地任意杜撰,都是经过认真核实的。而且吴思本人也为此走访了很多人、调查了很多资料,基于多方认定的事实才落笔的。吴思引用回忆性文章时,均向有关作者、人员及单位进行了大量地采访、考证,而且各个文章间也可相互印证,均非单一"拿来"。这些文章的作者有与陈永贵本人有深入交往的新华社高级记者、驻大寨报道组组长(冯东书);还有昔阳县本县的、曾花费大量时间、采访大量知情人去了解陈永贵早期生活的第一位陈永贵的传记作者(秦怀录);还有中共中央党史研究室专门负责党史研究的人员(孙启泰);还有曾历任二十一军军长、六十九军军长、北京军区副司令、山西省军区司令员、山西省委第一书记兼革委会主任的离休干部、少将、陈永贵历史问题的直接知情人(谢振华);还有曾亲自到组织部查阅过陈永贵档案的陈永贵的昔阳老乡、新华社驻山西分社记者(范怀银);甚至还有陈永贵本人的长子陈明珠,且其文章被载入了《山西文史资料》……。这些人所写的文章就是书证,这些作者就是人证。由此可知吴思的创作作风是非常认真严谨的,可以说是言必有据。换言之,人孰无过?陈永贵也是人,不是神,尽管他的经历充满传奇色彩。如果关于他的文章,通篇只能是极尽恭维之词,稍有涉及所写人物的历史问题便被认定是侵犯名誉权,这才真正是不实事求是。

2. 吴思先后提供的证据,已形成完整的证据链条,彼此之间可相互印证,足以证明吴思所写的《陈永贵——毛泽东的农民》一文中的诉争情节是真实的。一审法院认定"没有其他证据予以佐证此事实的存在",是违背事实的。吴思的写作依据及其提供的证据中,均可互相印证,如:证据一中的第1、2两项的不同文章可互相印证"五十而知天命"一节的真实性；证据一中的第3、4项与证据二、三、四、五、六、七等六篇不同的文章可相互印证"参加兴亚会，担任伪代表"一节的真实性；证据八是陈永贵历史问题报告总结的执笔者，可证明事实存在；证据九《昔阳人物》、证据十《昔阳大事记》属县志类材料，可证明陈永贵曾担任伪代表及兴亚会的历史定性及别名，以印证前八项证据；证据十一、十二可相互印证"张老太死因"一节的真实性。其他证据，如中共中央党史研究室副主任对吴思文章的审阅意见以及山西通史对吴思文章的评价，可以从客观上看到吴思在描写陈永贵的错误、不足等历史问题时，态度是很谨慎的，并没有夸大其词。除此之外我们还补充了一份与当时负责保管关于陈永贵参加兴亚会的敌伪档案及档案照片的路金元政委的通话录音，该证据可证实：陈永贵参加兴亚会、担任伪代表的历史真实性；谢振华曾亲历此事，其回忆录及证词可证实所写相关情节的真实性；谢振华的秘书赵志强即《谢振华征程录》一书的编辑组成员之一，也对此事知晓，从而证实该书的真实性。再加之代理人当庭递交的提请由法院调取证据的申请函中"1980年12月26日〔中发85号〕文件——中共中央转发中组部《关于陈永贵同志历史审查结论》"也将陈永贵的问题阐述得十分具体明确，与吴思书中所写一致。上述这些证据中书证、人证（证人证词）环环相扣，构成了不可辩驳的事实依据，足以证明诉争文章的真实性、严谨性。

3. 被上诉人代理人在二审开庭时称"上诉人吴思提供的证据为传来证据，不能作为证据使用"，没有法律依据。首先，证据有直接证据和间接证据之分，传来证据属间接证据，间接证据也是证据的一种，传来证据不等于不真实，是可以作为证据使用的；其次，本案中许多证据是属于直接证据，如：直接参与调查陈永贵问题当事人谢振华和负责保管相关档案材料的路金元的证人证言、昔阳县志（如《昔阳人物》、《昔阳大事记》）等文献作为直接证据，直接证据与间接证据相辅相成，直指同一个事实，其证据已是相当充分；另外，我们还当庭递交了一份提请由法院调取（或核实）证据的申请函，该申请上明确列出了我方新提交的"1980年12月26日〔中发85号〕文件——中共中央转发中组部《关于陈永贵同志历史审查结论》"这一特殊证据的原件保存地，该证据详细阐述了陈永贵参加兴亚会、担任伪代表等历史问题的真实性，兴亚会的性质，及如吴思书中所写的对陈永贵在该历史问题上的结论"一般历史问题"。这一文件以其顶尖的行政级别和正规性，从而成为本案中无可辩驳的铁证。

4. 被上诉人（一审原告）没有举出足以推翻原告所举证据的证据。根据法律规定，吴思所写的文章因被上诉人宋玉林、陈明亮提出质疑而使吴思承担了举证义务,当吴思已经履行举证义务提供了证据证明诉争文章的真实性之后,就应当由被上诉人再举反证以证明吴思的证据不是事实,否则被上诉人就应依法承担举证不能的后果。但至今为止,被上诉人所提供的证据均不能证明吴思的证据不真实、存在侵害陈永贵名誉权的事实。

5. 被上诉人(一审原告)断章取义,曲解了作者的本意。吴思在书中所写的关于陈永贵的问题只是一带而过,并未去刻意渲染、描述。同时,书中还有这样一句话:"兴亚会的问题,后来曾多次提起。陈永贵入党、进中央,每个阶段都闹出过一点麻烦,不过问题不大(一审判决中误写为'问题太大'),在正式的定性上,这属于'一般历史问题'。"被上诉人忽略了"一般历史问题"这一定性,却断章取义、不及其余,把问题扩大化,指责吴思贬损了陈永贵的声誉。众所周知,按照政策法规,参加过反动组织的人,在性质认定上大不一样。比如同样是参加汪伪政权,只有职务达到一定级别之上,或者有一定罪行的时候,才被定为"汉奸"。组织的性质与参加者的性质,是两个虽有关联但并不全相等的问题。而一审法院对被上诉人的指控不加驳斥地全盘认定,这对吴思来说是不公平的。没有人是完美无缺的,陈永贵也不例外。但只要从头开始认真阅读上诉人所写的这篇文章,就会明明白白地看到一个全息、立体的陈永贵:在政策上、路线上他是有错误的,但也有他敢担当、有骨气、勤劳淳朴、执着善良的一面。代理人相信,很少有人看完这篇作品不为之感动,也很少有人看完这篇作品会拘泥于陈永贵是否参加过"什么会",而忽略时势大局下的陈永贵。即使仅依据常理推断,我们也应该坚信:吴思奔走于各地去查阅书稿、走访证人、实地考察,呕心沥血地写下这洋洋洒洒近三十万言的传记,绝不是为了搜集陈永贵是否参加什么兴亚会的"罪证",而是旨在描绘一个全息的陈永贵,而不是"高大全"的陈永贵。我们能理解作为陈永贵的家属,可能丝毫不能容忍他人提及陈永贵的弱处、短处、错处或者任何不利于陈永贵的话——如果无动于衷反倒不正常了。但毕竟陈永贵作为那一个时代极富传奇色彩的公众人物,曾经是万众瞩目的焦点,也在那一时代的历史上留下了浓重的一笔,作为如此特殊的公众人物及其家属,就应该比一般人有更大的承受能力接受公众的审视、品评。这点已经成为社会上不争的规则,每一位普通人物在成为公众人物之前、之时、之后也都会有也应该有相应的心理准备。站在另外一个角度来看,从这篇文章感人的情节和笔触出发,从吴思认真、敬业的精神及善良本意出发,代理人倒认为被上诉人应该感谢吴思,因为他倾尽全力地用朴实无华的语言刻画了一个如此栩栩如生的陈永贵,作为陈永贵的家属不应过分苛求。

二、本案不符合名誉侵权的法律构成要件。一审法院依据《中华人民共和国民法通则》第一百零一条之规定,该规定禁止用侮辱、诽谤等方式损害公民、法人的名誉。根据《最高人民法院关于审理名誉权案件若干问题的解答(一九九三年八月七日)》中的规定:"文章反映的问题基本真实,没有侮辱他人人格的内容的,不应认定为侵害他人名誉权。"该解答还规定"描写真人真事的文学作品,对特定人进行侮辱、诽谤或披露隐私损害其名誉的……应认定为侵害他人名誉权"。而吴思的作品《陈永贵——毛泽东的农民》一书中:首先,内容是真实的,陈述是客观的,文中只是真实再现了陈永贵的功与过,而且极力做到言必有据;其次,文中并未使用任何侮辱性的语言,更没有对陈永贵进行任何诽谤(侮辱,是指用暴力或其他方式,如讥讽、谩骂等,指责他人现有的缺陷或其他贬损他人人格的行为。诽谤,是指捏造事实、造谣污蔑并向受害人以外的第三人散布。吴思的文章显然不符合该定义);再次,陈永贵作为公众人物,他的历史问题也曾多次审查,甚至上报中央,仅中央 85 号文件就印发了多达 4 080 份,阅览人更是不计其数,更不属于隐私权范畴。中央对陈永贵历史问题的审查结论也下达到陈永贵本人,并经本人同意。相反,这篇文章感人处催人泪下,警示处发人深省,显然从哪一个角度来说都不符合侵害名誉权的构成要件。因此,不应构成侵权。

三、本案应追加其他作者作为被告或第三人。吴思已经提出了若干证据,足以证明其作品是有依据的、真实的,而一审法院却不加核实就断定吴思的依据本身就是不真实的。这就涉及其他作者或当事人的陈述是否虚假,如果吴思在此案中败诉,其他的作者及当事人,甚至昔阳县志编纂委员会,均会面临被控侵害名誉权的局面,加之有吴思一案的定案在先,这些被告也应当、且一定会败诉。那么,既然此案的审理结果将与其有法律上的利害关系,就理应追加吴思所引用资料、文章的作者及当事人为被告或第三人才对。

综上所述,本案诉争文章的写作既然有依据,也符合事实,就不存在侵害陈永贵名誉权的问题,因此,本代理人请求二审法院撤销一审法院的判决,驳回宋玉林、陈明亮的诉讼请求。以维护一个传记文学作者能够依照事实写作的合法权益,从而也给大众一个了解历史情况的权利的空间。

谢谢!

代理人:北京莫少平律师事务所律师莫少平、高峡

2003 年 7 月 1 日

陈永贵亲属告北京青年报社、吴思案因名誉权纠纷一案终审判决书
北京市第一中级人民法院民事判决书

〔2003〕一中民终字第 8549 号

上诉人(原审被告):北京青年报社,住所地北京市朝阳区白家庄东里 23 号 A 栋。法定代表人陈星,社长。

上诉人(原审被告):吴思,男,46 岁,汉族,炎黄春秋杂志社执行主编(住址从略)。

上诉人委托代理人:莫少平,北京市莫少平律师事务所律师。

上诉人委托代理人:高峡,北京市莫少平律师事务所律师。

被上诉人(原审原告):陈明亮,男,34 岁,汉族,澳大利亚成功集团董事(住址从略)。

被上诉人(原审原告):宋玉林,女,74 岁,汉族,中央办公厅老干部局离休干部(住址从略)。

委托代理人:崔小明,北京市中业律师事务所律师。

上诉人北京青年报社、吴思因名誉权纠纷一案,不服北京市西城区人民法院〔2002〕西民初字第 4193 号民事判决,向本院提起上诉。本院受理后,依法组成合议庭,公开开庭进行了审理。上诉人吴思及其与上诉人北京青年报社的上诉人委托代理人莫少平、高峡(抄录者:原文如此。北京青年报的出庭律师是贾桂茹),被上诉人陈明亮、宋玉林的委托代理人崔小明到庭参加了诉讼。本案现已审理终结。

2002 年 4 月,陈明亮、宋玉林以北京青年报社在《北京青年报》第 31 版"每日连载"栏目,连载的由吴思所著的《陈永贵——毛泽东的农民》一书中所述的大量情节与事实不符,造成了对陈永贵名誉权的侵害为由,起诉至原审法院。认为,书中"'我们到了以后,刘少奇眼都不抬。'陈永贵在六年后的一次大会上说:'但那时根本没有考虑中央有两个司令部。我们到了主席那里,对我就十分亲热'"。毛泽东问起陈永贵的年龄,陈永贵答道:"五十啦。"毛泽东笑道:"五十而知天命嘛,搞出一个大寨来很好。""陈永贵不明白孔夫子那句话的意思,含糊地哼哼着点头。后来他知道了什么叫知天命,又为自己胡乱点头而后悔。""此时陈永贵像所谓的乱世英雄一样冒出头来,以一个长工的身份当了大寨村伪维持会的代表,后来还被迫参加了一个叫'兴亚会'的日伪特务外围组织";"陈永贵说,他问明了谁捐钱买酒买肉供他周旋之后,便痛痛快快地答应下来,干起了维持会"。"当年陈永贵的'维持'也真不容易,很像是在万丈深渊上走钢丝。他出入日本人的炮楼,打点着来大寨要吃要喝的'棒子队',一方面糊弄着狗日的别杀人,一方面又尽量小心地给

八路军干点事都帮忙。1943 年,陈永贵终于出了岔子,他在送粮问题上惹火了日本人,被抓起来痛打一顿,关进了'留置场'。日本人的留置场就是监狱或拘留所,其在昔阳的名声极为可怕。进了留置场的人常常被拉出去活埋、练枪刺,是个极其凶险的地方。这一年陈永贵 28 岁,已经结婚两年,并得了一个儿子陈明珠。他的妻子李虎妮急坏了,求村里的富户掏钱,又托关系又送礼,折腾了近一年,好不容易才将陈永贵保了出来。陈永贵拣了一条命,也明白了乱世出头容易掉脑袋的道理,出来后便辞了职,死活也不干了。日本投降之后,昔阳成了共产党的天下,全县掀起了土改运动和反奸复仇清算血债的群众运动。当年与日本人有染的人个个受审,人人过关,不少给日本人干过事的人被人们用石头砸死。陈永贵自然也躲不过这场审查。这次他又受到共产党方面的拘留,在村里挨了斗,据说还是'五花大绑',挨了几拳。共产党领导下的第一任大寨村村长叫赵怀恩,陈永贵担心自己过不了这一关,曾向赵怀恩托孤说:'我明珠小,托付给你,你给我招呼他长大!'当时赵怀恩替陈永贵说了好话,说日本人来了,总要有人出面。别人不敢,他胆大,就当了伪代表。这话说得合情合理,陈永贵保住了一条命。""兴亚会的问题,后来曾多次提起。陈永贵入党、进中央,每个阶段都闹出过一点麻烦,不过问题不太大,在正式的定性上,这属于'一般历史问题'。当时的张老太如日中天,相当自信,恐怕也没有把陈永贵这位初出茅庐的后生放在眼里。他做梦也想不到 20 多年之后,他将在陈永贵副总理兼昔阳县委书记的统治下,戴着反大寨、民主派和走资派的帽子死去。""他目送着小轿车扬尘远去,沉默了许久,转过身来叹了一声,对站在身后的昔阳县农村科科长王富元道:'哎,你看这。一个农民干点事,上边的领导咋重视呀。我回去也要闹一番事业哩!'"等情节系任意编造、杜撰,对陈永贵的人格进行贬损,要求《北京青年报》、吴思在《北京青年报》上赔礼道歉,并赔偿二原告精神损失 10 万元。

吴思辩称,作为《陈永贵——毛泽东的农民》一书的作者,在该书写作过程中参考了大量的历史资料,进行了多方的采访。书中所有情节均有相应的历史依据,并非本人编造、杜撰的,且该书对陈永贵的历史定位及评价均符合史实,未对陈永贵进行贬损、侮辱,没有侵害陈永贵的名誉权,不同意陈明亮、宋玉林之诉讼请求。

《北京青年报》辩称,报社在刊载《陈永贵——毛泽东的农民》一书之前,已经获得了作者以及出版社的授权,该书的内容是客观、真实的,不存在作者任意编造、杜撰的情况。而且该书中没有使用任何侮辱、诽谤性的语言,亦没有涉及陈永贵的个人隐私,未构成对陈永贵名誉权的侵犯,不同意陈明亮、宋玉林之诉讼请求。

原审法院经审理后确认,死者的名誉受法律保护。被告吴思所写《陈永贵——毛泽东的农民》一文所引用的关于"陈永贵参加兴亚会"一节的具体文章,均系他人所写回忆性文章,非权威性文献记载,被告吴思亦没有其他证据予以佐证此事实的存在,故对上述证据的真实性不予认可。该描写客观上对陈永贵形象有贬损,客观上造成其社会评价的降低,被告吴思的行为已构成对陈永贵名誉的侵害。陈永贵现已死亡,二原告作为陈永贵的近亲属起诉,要求被告吴思赔礼道歉,赔偿精神损害抚慰金,理由正当,本院予以支持。但原告要求赔偿精神损害抚慰金的数额偏高,具体数额由本院根据侵权人的过错程度、侵权行为的具体情节、给原告造成精神损害的后果等情况酌定。被告北京青年报社在刊登上述文章时未尽到审查职责,亦应依侵权后果承担部分赔偿责任。判决:

一、本判决生效后15日内,被告吴思、北京青年报社在《北京青年报》刊登向原告宋玉林、陈明亮的致歉声明(内容须经本院审核)。

二、本判决生效后15日内,被告吴思赔偿原告宋玉林、陈明亮精神损害抚慰金2万元。

三、本判决生效后15日内,被告北京青年报社赔偿原告宋玉林、陈明亮精神损害抚慰金2 000元。

四、驳回原告宋玉林、陈明亮其他诉讼请求。

判决后,北京青年报社、吴思不服,向本院提起上诉。北京青年报社认为,报社在刊载《陈永贵——毛泽东的农民》一书之前进行了合理的审查,原判认定报社未尽到审查职责,事实不清,认定构成侵权的法律依据不足。吴思认为,原判认定他人所写回忆性文章,非权威性文献记载,无法律依据,应追加其他作者为被告。北京青年报社、吴思要求撤销原判,驳回陈明亮、宋玉林的诉讼请求。陈明亮、宋玉林同意原判。

经审理查明,陈明亮系陈永贵、宋玉林夫妇之子。陈永贵曾任中共中央政治局委员、国务院副总理等职,1986年3月26日病故。自2002年4月23日起,《北京青年报》在第31版"每日连载"栏目中,开始连载吴思所著的《陈永贵——毛泽东的农民》一文。4月23日连载中写到:"我们到了以后,刘少奇眼都不抬。"陈永贵在六年后的一次大会上说:"但那时根本没有考虑中央有两个司令部。我们到了主席那里,对我就十分亲热";"毛泽东问起陈永贵的年龄,陈永贵答道:'五十啦。'毛泽东笑道:'五十而知天命嘛,搞出一个大寨来很好。'陈永贵不明白孔夫子那句话的意思,含糊地哼哼着点头。后来他知道了什么叫知天命,又为自己胡乱点头而后悔。""此时陈永贵像所谓的乱世英雄一样冒出头来,以一个长工的身份当了大寨村伪维持会的代表,后来还被迫参加了一个叫'兴亚会'的日伪特务外围组织";"陈永贵说,他问明了谁掏钱买酒买肉供他周旋之后,便痛痛快快地答应下来,干起了维持会"。"当年陈永贵的'维持'也真不容易,很像是在万丈深渊上走钢丝。他出入日本人的炮楼,打点着来大寨要吃要喝的'棒子队',一方面糊弄着狗日的别杀人,一方面又尽量小心地给八路军干点事帮帮忙。1943 年,陈永贵终于出了岔子,他在送粮问题上惹火了日本人,被抓起来痛打一顿,关进了留置场。日本人的留置场就是监狱或拘留所,其在昔阳的名声极为可怖。进了留置场的人常常被拉出去活埋、练枪刺,是个极其凶险的地方。这一年陈永贵 28岁,已经结婚两年,并得了一个儿子陈明珠。他的妻子李虎妮急坏了,求村里的富户掏钱,又托关系又送礼,折腾了近一年,好不容易才将陈永贵保了出来。陈永贵拣了一条命,也明白了乱世出头容易掉脑袋的道理,出来后便辞了职,死活也不干了。日本投降之后,昔阳成了共产党的天下,全县掀起了土改运动和反奸复仇清算血债的群众运动。当年与日本人有染的人个个受审,人人过关,不少给日本人干过事的人被人们用石头砸死。陈永贵自然也躲不过这场审查。这次他又受到共产党方面的拘留,在村里挨了斗,据说还是'五花大绑',挨了几拳。共产党领导下的第一任大寨村村长叫赵怀恩,陈永贵担心自己过不了这一关,曾向赵怀恩托孤说:'我明珠小,托付给你,你给我招呼他长大!'当时赵怀恩替陈永贵说了好话,说日本人来了,总要有人出面。别人不敢,他胆大,就当了伪代表。这话说得合情合理,陈永贵保住了一条命。""兴亚会的问题,后来曾多次提起。陈永贵入党、进中央,每个阶段都闹出过一点麻烦,不过问题不太大,在正式的定性上,这属于'一般历史问题'。当时的张老太如日中天,相当自信,恐怕也没有把陈永贵这位初出茅庐的后生放在眼里。他做梦也想不到 20 多年之后,他将在陈永贵副总理兼昔阳县委书记的统治下,戴着反大寨、民主派和走资派的帽子死去。""他目送着小轿车扬尘远去,沉默了许久,转过身来叹了一声,对站在身后的昔阳县农村科科长王富元道:'哎,你看这。一个农民干点事,上边的领导咋重视呀。我回去也要闹一番事业哩!'"

审理中,针对诉讼主张,陈明亮、宋玉林提交以下证据:

1.《北京青年报》刊载的《陈永贵——毛泽东的农民》一文,证明侵权事实。

2. 署名为陈明珠的证言,证明陈明珠本人并未写过也不知道《我的父亲陈永贵》一文。

3. 公证书,证明兴亚会并非特务组织以及陈永贵在日本投降后未受过拘留。

4. 公证书,证明赵怀恩并未当过队长,陈永贵无向其托孤,在大寨村也未受过批斗的事实。

5. 证书,证明赵怀恩并未当过队长,陈永贵未在大寨村受过批斗。

对此,北京青年报社、吴思认为证据并未正面回答陈永贵是否参加兴亚会的问题;证人证言的资格有问题,且证言也侧面反应了陈永贵参加过兴亚会;证人均未当庭作证,证言应认定无效。

北京青年报社、吴思提交以下证据:

1.《毛主席与农业学大寨》一文,作者系1964年时任山西省省委书记的陶鲁笳,该文载于《山西文史资料》1995年第5辑。

2.《毛主席宴请陈永贵》一文,载于《山西文史资料》1995年第5辑。证明诉争文章中所提及的"五十而知天命"一节的真实性。

3.《1971年5月25日陈永贵在批陈大会上的插话》抄件,抄自昔阳县档案馆第41号。证明诉争文章中所提及的"去见刘少奇"一节的真实性。

4.《我的父亲陈永贵》一文,作者陈明珠,该文载于《山西文史资料》1995年第5辑。证明诉争文章中所提及的"曾出任伪代表"一节的真实性。

5.《大寨内参引起的轩然大波》一文,作者系新华社高级记者范怀银,该文载于《百年潮》1999年第3辑,证明诉争文章中所提及的"参加兴亚会"一节的真实性。

6.《文盲宰相陈永贵》一文,作者系新华社高级记者冯东书。证明诉争文章中所提及的"参加兴亚会"一节的真实性。

7.《谢振华征程录》一文,谢振华1969年时任山西省委第一书记兼省革委会主任。证明诉争文章所提及的"参加兴亚会"一节的真实性。

8.《饥饿引发的变革——一个资深记者的亲身经历和思考》一文,作者系新华社高级记者陈大斌,该文由党史出版社出版。证明诉争文章中所提及的"张老太死因"一节的真实性。

9.《大寨红旗的升起与坠落》一文,作者系中共中央党史研究室二室助理研究员孙启泰、熊志勇,该文由河南人民出版社出版。证明诉争文章中所提及的"张老太死因"一节的真实性。

10.《陈永贵沉浮中南海——改造中国的试验》书稿审查意见,作者系中共中央党史研究室二室副主任陈文斌。

11.《陈永贵过关记》一文,作者系新华社高级记者范银怀,该文载于《炎黄春秋》1999年第5期。证明诉争文章所提及的"曾参加兴亚会"一节的真实性。

陈明亮、宋玉林的委托代理人对上述证据真实性均表示内容不真实,不予认可。

原审法院经庭审质证，认为公证书、《陈永贵——毛泽东的农民》一文，均系合法取得，可以作为证明本案相关事实的证据。《1971 年 5 月 25 日陈永贵在批陈大会上的插话》抄件其内容真实、合法，可以作为本案定案依据。《毛主席与农业学大寨》、《毛主席宴请陈永贵》、《我的父亲陈永贵》、《大寨内参引起的轩然大波》、《文盲宰相陈永贵》、《谢振华征程录》、《陈永贵过关记》、《饥饿引发的变革——一个资深记者的亲身经历和思考》、《大寨红旗的升起与坠落》、《陈永贵沉浮中南海——改造中国的试验》等文均属他人所写回忆性文章，非权威文献记载，对上述证据的真实性不予认可。

在本院审理期间，北京青年报社、吴思提交中共中央转发中央组织部《关于陈永贵同志历史问题的审查结论》的文件（1980 年 12 月 26 日发）。文件指出："陈永贵同志在入党前历史上有三个问题：关于当伪代表问题、关于参加'兴亚会'的问题、关于被日伪警察逮捕问题。均在入党前及向中央的报告中做了具体陈述，属一般历史问题。"

本院认为，评价历史人物应当真实、客观。吴思撰写的《陈永贵——毛泽东的农民》一文引用了大量他人所写回忆性文章，而回忆性文章系作者根据本人及当事人的回忆，对历史事件的追记，未经考证，非权威文献记载。因此，引用回忆性文章再创作，应对事件、人物予以评考、核实。吴思在《陈永贵——毛泽东的农民》一文中，对陈永贵的大量历史事件予以评价，无证据证实吴思对所引用的他人所写回忆性文章，进行了考证。部分情节客观上对陈永贵形象有所贬损，如"受到共产党方面的拘留，在村里挨了斗，据说还是'五花大绑'，挨了几拳。共产党领导下的第一任大寨村村长叫赵怀恩，陈永贵担心自己过不了这一关，曾向赵怀恩托孤说……"等，造成了陈永贵的社会评价降低。原审法院确认吴思的行为已构成对陈永贵名誉的侵害，并无不当。北京青年报社上诉认为报社在刊载《陈永贵——毛泽东的农民》一书之前进行了合理的审查及原判事实不清未提供证据证明。吴思关于原判认定他人所写回忆性文章，非权威文献记载，无法律依据的理由，不能成立，所要求追加其他作者为被告，无法律规定。因此，北京青年报社、吴思要求撤销原判，驳回陈明亮、宋玉林的诉讼请求的上诉主张，本院不予支持。综上所述，原审法院判决认定事实清楚，适用法律及处理结果正确，应予维持。据此，依照《中华人民共和国民事诉讼法》第一百五十三条第一款第（一）项之规定，判决如下：

驳回上诉，维持原判。

一审案件受理费 80 元，由北京青年报社、吴思负担（本判决书生效后 7

日内交纳);二审案件受理费 80 元,由北京青年报社、吴思负担(已交纳)。

本判决为终审判决。

审　判　长　王　农

代理审判员　徐庆斌

代理审判员　汤　平

二〇〇三年十二月二十九日

案例十三

《霍元甲》名誉侵权案①

2006 年 3 月 7 日,因不满由李连杰主演的电影《霍元甲》中将霍元甲塑造成"一个骄横荒诞的恶霸"及其中"满门灭绝"的情节,霍元甲内地唯一健在的孙子霍寿金向北京市海淀区法院提起诉讼,状告中国电影集团、北京电影制片厂等被告侵犯名誉权,要求对方停止放映该片,并就此事为霍元甲恢复名誉,向霍氏后人赔礼道歉。

2006 年 4 月,原告追加该片主演兼投资人李连杰、投资制片人杨步亭等为被告。

2006 年 10 月中旬,因被告方提出李连杰为美籍华人,被告之一星河投资有限公司注册地为英属岛屿,该案涉及涉外因素,因此被从北京市海淀区法院移送至北京市第一中级人民法院。

2006 年 12 月 15 日,北京市第一中级人民法院依法适用普通程序,公开审理霍元甲之孙——81 岁的霍寿金诉中国电影集团公司、北京电影制片厂、星河投资有限公司、中国电影集团公司第一制片分公司、杨步亭、李连杰、中国电影集团公司电影发行放映分公司、安乐(北京)电影发行有限公司、广东泰盛文化传播有限公司、辽宁文化艺术音像出版社名誉权纠纷一案。事实陈述、举证质证、辩论等法庭程序业已进行完毕,原被告双方未达成调解,法院也未当庭宣判。

<hr>

① 霍元甲后人告电影《霍元甲》侵权案开审,http://www.148com.com/html/3332/395216.html,2012-06-23;《霍元甲》侵权案新进展:原告放弃经济索赔,http://www.tj.xinhuanet.com/2006-12/14/content_8781051_1.htm,2012-06-23。

因身体原因,81 岁高龄的原告霍寿金没有参加庭审,由霍元甲的曾孙霍自正先生和代理律师杨仲凯代为出庭。该案中,除电影《霍元甲》主演兼投资人、知名影星李连杰,投资制片人杨步亭外,还有中国电影集团公司、北京电影制片厂、星河投资有限公司等 10 名被告。原告霍寿金是霍元甲长子霍东章的第四个儿子,也是霍元甲在国内唯一健在的孙子。他在诉状中称,电影《霍元甲》于 2006 年 1 月陆续在中国大陆及全球公开放映、发行,产生巨大影响,票房一再创造新高。原告观看此片后非常愤慨,认为该片侵犯了祖父霍元甲的名誉。原告认为,该影片将祖父描写成从小生性好斗,成人以后成为为争"津门第一"而好勇斗狠,乱收"酒肉徒弟",甚至滥杀无辜的江湖武夫。该片中,因霍元甲滥杀无辜招致老母、独女被仇人残忍杀害。原告祖父的形象被塑造成了一名"无父、无母、无妻、无子、无女"的落魄流浪汉,与以往人们印象中的民族英雄形象相差甚远。而影片表现原告祖父人生观的转变包括对武学精神的彻悟时,竟将这些变化归结于一个陌生的盲女的帮助和"收留",实属离奇荒诞,让人无从接受。影片《霍元甲》已大大超出必要的影视创作限度,与历史事实大相径庭,令知晓霍元甲生平的普通民众产生疑问,令不了解其生平的民众产生错误认识,使这一民族英雄的社会评价普遍降低。各被告利用民族英雄的名字为招牌来刺激市场,无节制、无顾忌地歪曲史实,臆造情节,只考虑商业反响,不考虑民族英雄的形象及其近亲属的感受,假以艺术的名义规避法律约束的行为,原告表示强烈的抗议。为此,请求法院判令众被告停止影片《霍元甲》在全球任何范围内的各种发行放映行为,消除影响、恢复名誉,向原告公开赔礼道歉。

庭审中,双方当事人对于影片的表现手法是否构成对霍元甲生前名誉的侵犯,以及原告的身份是否为霍元甲的直系亲属展开激烈争论。霍寿金的代理律师当庭出示了霍氏族谱,来证明霍寿金是霍元甲后人。法院经审理认为,在当时的历史情况下,国家并无规范的户籍制度及档案,故要求霍寿金出示国家户籍部门的证明来证明其与霍元甲的亲属关系,是一种苛求。从中国民俗来看,家族族谱即为记载家族亲属关系的家族档案,所以霍寿金以霍元甲之孙身份提起诉讼,法院不持异议。对于电影中的夸张、虚构的表现手法,法院认为,影片为表现主题而进行的铺衬描写和艺术表现手法是否准确到位,属艺术探讨与艺术批判之范畴,并非法律问题。影片《霍元甲》虽有夸张与虚构之处,但片中并未对这一特定历史人物有侮辱、诽谤之描写,其夸张与虚构内容仍在可容忍的范围之内,故该片并未对霍元甲的名誉构成侵犯。

2006 年 12 月 26 日,北京市第一中级人民法院对此案做出一审判决,确认霍寿金的身份为霍元甲之孙,但也指出影片中夸张与虚构内容仍在可容忍的范围之内,因此并不构成侵权。

庭审情况

[书记员]:宣布法庭纪律:

    1. 法庭内要保持肃静,不得喧哗,禁止吸烟。

    2. 开庭过程中,不得随便走动,不得进入审判区。

    3. 未经法庭允许,不准录音、录像和拍照。

    4. 未经法庭允许,不准发言或提问。

    5. 携带寻呼机、手持电话的人员,请关机。

    违反上述法庭纪律,值庭法警和工作人员将按有关规定执行。

[书记员]:全体起立。

[书记员]:请审判长、审判员入庭。

[审判长]:请坐。

[书记员]:庭前准备就绪,是否可以开庭?

[审判长]:我宣布,现在开庭。北京市第一中级人民法院今天依法适用普通程序公开审理霍寿金诉中国电影集团公司、北京电影制片厂、星河投资有限公司、中国电影集团公司第一制片分公司、杨步亭、李连杰、中国电影集团公司电影发行放映分公司、安乐(北京)电影发行有限公司、广东泰盛文化传播有限公司、辽宁文化艺术音像出版社名誉权纠纷一案。本法庭由审判员胡沛担任审判长,审判员张兰珠、赵斌组成合议庭,书记员是常婷婷。

[审判长]:经审查双方当事人及诉讼代理人参加诉讼的资格符合法律规定,准予参加本案诉讼。

[审判长]:现在宣布当事人在法庭上享有的诉讼权利和应尽的诉讼义务。当事人有权就案件事实进行陈述和申辩,委托代理人参与诉讼,收集、提供证据。在法庭上进行辩论,请求调解,协商解决纠纷。承认、放弃、变更诉讼请求。原告可以申请撤诉。当事人经人民法院许可,按照最高人民法院规定的范围和办法可以查阅本案有关的诉讼材料,并可以复制本案有关的诉讼材料和法律文书。双方当事人还可以自行和解。

[审判长]:当事人如果认为本案的审判员、书记员、鉴定人、翻译人员与本案当事人是近亲属,有利害关系或者有其他关系,可能影响对本案公正审理的,有权对上述人员提出回避申请。当事人、诉讼代理人等必须遵守法庭纪律,如实陈述事实,依法行使诉讼权利,履行

发生法律效力的判决书、裁定书和调解书。以上宣布的各项诉讼权利、义务双方是否听清？是否申请回避？

[原告]：听清了，不申请回避。

[被告]：听清了，不申请回避。

[审判长]：现在开始法庭调查，首先由原告宣读起诉书，陈述诉讼请求与理由。

[原告]：诉讼请求：①请求贵院依法判令十被告停止影片《霍元甲》在全球任何范围内的各种发行放映行为。②请求贵院依法判令被告北京电影制片厂、星河投资有限公司、杨步亭、李连杰、中国电影集团公司、中国电影集团公司第一制片分公司在影片已经公映及发行的区域范围内，通过公开方式就影片对霍元甲生前名誉造成的侵害消除影响、恢复名誉。③请求贵院依法判令十被告以书面的方式在影片已经公映及发行的区域范围内向原告公开赔礼道歉。④本案的诉讼费用由十被告承担。

[原告]：事实和理由。原告霍寿金是爱国武术家霍元甲长子霍东章的第四个儿子，是霍元甲在国内唯一健在的孙子。由北京电影制片厂、杨步亭、李连杰出品，中国电影集团公司第一制片分公司与星河投资有限公司联合摄制的电影《霍元甲》于2006年1月25日陆续在中国大陆及全球范围内公开放映，影片光盘也于2006年3月上旬公开发行销售。影片由安乐（北京）电影发行有限公司和中国电影集团公司电影发行放映分公司联合发行，影片光盘由辽宁文化艺术音像出版社出版，广东泰盛文化传播有限公司发行。

[原告]：影片公映以来产生了巨大的影响，票房一再创造新高，亦倍受各大媒体的关注。原告也在家人的提议下观看了此片，观后非常愤慨，认为该片侵犯了原告祖父霍元甲的名誉。影片中将原告祖父描写成从小生性好斗，成人以后为争"津门第一"而好勇斗狠，乱收酒肉徒弟，甚至滥杀无辜的一介江湖武夫。也就是因此，致人非命的行为，招致老母、独女被仇人残忍杀害。片中原告祖父的母亲与女儿被杀的场面血腥，惨不忍睹。

[原告]：原告祖父的形象已经被塑造成了一名无父、无母、无妻、无子女的落魄流浪汉，与以往人们印象中的民族英雄形象相差甚远。影片表现了原告祖父人生观的转变包括他对武学精神的彻悟，但这些变化的产生却源于一个陌生的盲女的帮助和"收留"，一代武学宗师寄人篱下地生活了七年之久，并莫名其妙的被称作"阿牛"。

[原告]：原告及家人虽说是霍元甲的后代，但也是普通的老百姓，对于电影、电视剧、小说等作品的文学创作需要虚构是可以理解的，也是一直抱着宽容的态度。在原告祖父的形象1983年被搬上电视银幕时，对剧中的虚构创作基本可以接受，因为他毕竟是没有超出必要的限度。而影片《霍元甲》已经大大超出了这个限度。

[原告]：原告祖父霍元甲生于天津小南河村，是一个普普通通的农民，从小习武，在天津城内见洋人摆擂，侮辱国人"东亚病夫"，挺身而出接受挑战，对方闻风而逃，从此扬名，后又赴沪，令洋人丧胆，大振国人志气，改变了洋人眼中的国人形象。1910年被日本人毒害致死。终年42岁。

[原告]：原告祖父生前育有二子三女，父、母、妻、子及女均于原告祖父去世后多年才辞世，家中多为长寿者，子孙人丁兴旺生活于中国大陆及海外。祖父生前创建第一个在世界范围传播中国武术的组织——精武体育会，去世后由原告的叔叔霍东阁继续发扬光大，目前在全球多个国家和地区设有分会。

[原告]：影片与上述历史事实大相径庭，另知晓霍元甲生平的普通民众产生疑问，令不了解霍元甲生平的民众产生错误认识，使霍元甲这一民族英雄的社会评价普遍降低。

[原告]：原告对于作为电影出品方、摄制方、影片及光盘发行方的各被告这种利用民族英雄的名字为招牌来刺激市场，无节制、无顾忌的歪曲史实，臆造情节，只考虑商业反响，不考虑民族英雄的形象及其近亲属的感受，假以艺术的名义规避法律约束的行为，表示强烈的抗议。

[原告]：原告作为霍元甲的近亲属，依据《中华人民共和国民法通则》第三百零一条、第一百二十条、《最高人民法院关于审理名誉权案件若干问题的解答》第五条的相关规定，认为被告侵犯了霍元甲的名誉，特此依据《中华人民共和国民事诉讼法》第二十九条的规定，向贵院提起如上诉求，望判如所请。

[审判长]：下面由被告方进行答辩。

[被告]：十被告的共同答辩意见是，原告提供的自身的身份证明材料尚不足以证明与霍元甲的亲属关系，原告不享有诉讼主体资格。下面分别发表答辩意见。

[被告]：下面是电影集团公司、中国电影集团公司第一制片分公司、星河投资有限公司答辩意见。2004年12月1日、20日，答辩人下属的中国电影集团公司第一制片分公司先后与星河投资有限公司签订关于

《霍元甲》影片合作拍摄合同书、合拍影片补充合同，双方约定，星河投资公司独立拥有该剧本和影片的版权。

[被告]：2005年1月17日、1月20日、12月16日，2006年1月6日，国家广电总局先后批准星河投资公司合作拍摄故事片《霍元甲》立项、授予中外合作拍摄电影片许可证，批复故事片《霍元甲》通过电影审查，并授予电影公映许可证。答辩人认为，原告诉称电影《霍元甲》侵害霍元甲生前名誉及其名誉权没有事实和法律依据。

[被告]：(一)原告不具有本案诉讼主体资格。原告提供的自身身份材料尚不足以证明与霍元甲之间的亲属关系。原告出示的证明其与霍元甲具有亲属关系的材料不具有证明效力，因此原告不享有诉讼主体资格。(二)《霍元甲》影片是经过国家有关行政主管部门依法严格审查、批准和出版发行的电影作品。《霍元甲》作为一部在中国摄制的电影作片，依中国电影管理条例规定，对中外合作摄制电影实行许可证和电影审批制度，审查内容包括不得诽谤、侮辱他人。《霍元甲》一片通过了国家电影电视总局、电影事业管理局的依法审查，依法获取了全部国家行政主管部门批准的立项、摄制、发行和公映等合法手续。(三)《霍元甲》影片不存在法律规定侮辱和诽谤的情节，因而不构成对霍元甲生前名誉的侵害。霍元甲作为历史公众人物早已进入公共领域，这是一个不争的事实。霍元甲已过世96年。世人对霍元甲的生平知之甚少，多半始于20世纪80年代以来影视作品塑造的艺术形象。《霍元甲》一片作为描写、歌颂一位民间爱国武术家的文艺作品，夸张、虚构是该作品创作、表现的必要手段。正如原告起诉书所述可以宽容接受必要限度的"虚构创作"，证明《霍元甲》作为一部电影故事片，虽使用霍元甲真实姓名，但因注明"故事纯属虚构"，仍属于受到法律保护的艺术创作。这种宽容不仅应当允许直接为艺术形象增彩的"虚构"，也应允许善意地运用反衬手法为艺术形象增彩的"虚构"。《霍元甲》在总体坚持褒扬霍元甲爱国武术家形象的前提下，艺术地诠释一个艺术形象的成长过程，属于艺术创作和批评自由的范畴。霍元甲的近亲属在领受艺术形象给霍元甲带来的更大、更广泛的声誉的同时，应该给予电影制作者及表演艺术家更大的宽容，因此该片不存在法律规定侮辱和诽谤的情节，因而不构成对霍元甲生前名誉的侵害。(四)影片《霍元甲》是一部兼顾海内外各方的需要，有利于中外电影交流的影片。《霍元甲》是一部中外合作拍摄的影片，依据《中外合作摄制电影片管理规

定》,拍摄该影片应有利于中外电影的原则,该片不仅是为中国观众摄制的,也是全球观众摄制的。在属于非纪录片的故事片领域,西方受众与东方受众的欣赏习惯有所不同,中国受众与亚洲其他国家受众也有所不同,今日的中国受众与过去的也有所不同,这种多元化的欣赏习惯和心理期待,一定程度上决定电影故事片的成败,决定电影剧作者不得不兼顾各方需要来艺术地塑造英雄人物。《霍元甲》一片的放映,在海内外广受瞩目和欢迎,这证明该片完全符合上述原则。(五)原告提供的证据材料不足以证明霍元甲生前名誉受损,社会评价普遍降低。原告提供的有关光片、报刊、公众调查问卷等材料,仅可以说明原告作为近亲属的内心感受,和在此种感受支配下参与或主持访谈节目、问卷调查的结果,以及海外个别与霍家关系密切人士的看法,不能客观真实全面地反映中国及海外广大受众对霍元甲的社会评价。在衡量近百年前的死者名誉是否受损时,应把死者近亲属个体感受和社会整体评价予以区别。因此,该影片无论是对霍元甲生前名誉和其后人名誉均未构成侵害。中国电影集团公司第一制片分公司是中国电影集团公司的分公司,不是独立法人,根据《民法通则》及《公司法》的规定不能独立承担民事责任。《霍元甲》电影著作权属于星河公司,因该片创作、摄制引起的纠纷,与其他被告没有利害关系。中国电影集团公司第一分公司作为中方合作拍摄方,不享有《霍元甲》电影著作权,不承担《霍元甲》一片引起的法律责任。李连杰在影片字幕中冠名"出品人"、"总制片人"只是基于与答辩人之间合同约定的"名誉头衔",不能因此就认定李连杰负实际责任。杨步亭出任出品人是职务行为。安乐(北京)电影发行有限公司、中国电影集团公司电影发行放映分公司、广东泰盛文化传播有限公司、辽宁文化艺术音像出版社是基于星河公司授权的发行行为,对《霍元甲》是否涉及侵权也不负有法律责任。综上所述,《霍元甲》一片没有侵害霍元甲的生前名誉,请求法院依法驳回原告诉讼请求。

[被告]:下面是李连杰答辩意见:(一)答辩人提供的自身身份材料尚不足以证明其与霍元甲之间的亲属关系,不享有诉讼主体资格。(二)李连杰在受雇拍摄影片《霍元甲》中,依据其与星河投资有限公司鉴定的《演员合同》,其身份只是一个演员,该片是否侵权与李连杰没有任何关系。(三)该片中,李连杰被冠以"出品人"是依据中国电影集团公司第一制片分公司与星河投资有限公司签订的"关于《霍元甲》影

片合作拍摄合同书"中的约定,与其本人无关。(四)根据演员合同和制片人合同中的约定,如果只要艺术家(指李连杰)制做出可供发行的影片而没有实质性的违约,艺术家就应在片头共用字幕上享有"制片人"的荣誉。李连杰只是享有制片人的荣誉,并不是实质上的制片人。原告起诉李连杰没有事实和法律上的根据。请求法院依法驳回原告的诉讼请求。

[被告]:下面代表安乐公司发表答辩意见。安乐公司经霍元甲版权公司授权,在中国大陆,不包括香港、澳门和台湾地区发行霍元甲,答辩人的发行行为合法有效。安乐公司在发行电影霍元甲过程中,忠实电影作品的内容,没有添加任何作品以外的情节及原告未提出任何的事实和证据证明安乐公司侵害其霍元甲生前名誉的行为,因此原告仅以从事电影发行行为为由起诉安乐公司是没有事实和法律根据的。安乐公司与本案没有利害关系,不应该作为本案当事人,请求法庭依法驳回原告的诉讼请求。

[被告]:下面代表中国电影集团公司电影发行放映分公司发表答辩意见。原告提供的自身身份材料尚不足以证明其与霍元甲之间的亲属关系,不享有诉讼主体资格。被告中国电影集团公司所属的电影发行放映分公司,根据国家广播电影电视总局核发给集团公司的《电影发行经营许可证》从事电影发行工作。经电影《霍元甲》版权人星河投资有限公司授权在中国大陆境内(不包括香港、澳门和台湾地区)发行电影《霍元甲》,被告的发行行为合法有据。被告在发行电影《霍元甲》的过程中,忠实电影作品的内容,没有以任何形式添加作品以外的情节,原告也未提出任何事实和证据指证被告实施侵害霍元甲生前名誉的行为。因此,原告仅以从事电影发行行为为由起诉答辩人,是没有事实与法律根据的。答辩人与本案没有直接的利害关系,不应作为本案的当事人。被告不是独立法人,不能独立承担民事责任。根据《民法通则》及《公司法》的规定,请求法庭驳回原告的诉讼请求。

[被告]:下面代表辽宁文化艺术音像出版社、广东泰盛文化传播有限公司发表答辩意见。被告提供的自身身份材料尚不足以证明其与霍元甲之间的亲属关系,不享有诉讼主体资格。依据《电影管理条例》,电影《霍元甲》已通过国家广播电影电视总局电影事业管理局的审查;该音像制品进口时,依据《音像制品管理条例》及《音像制品进口管理办法》,也通过了文化部的审查。两次审查都包括是否有侮辱、诽

谤的内容,通过审查说明该音像制品没有侮辱、诽谤的情节。被告从事的音像制品《霍元甲》出版发行行为不构成侵权,依法应受到法律保护。被告在出版、发行电影《霍元甲》的过程中,重视电影作品的内容,没有以任何形式添加作品以外的情节,原告也未提出任何事实和证据指证被告实施侵害霍元甲生前名誉的行为。因此,原告仅以从音像制品出版行为为由起诉被告,是没有事实与法律的。并且被告与本案没有直接的利害关系,不应作为本案的当事人。请求法庭依法驳回原告的诉讼请求。

[审判长]:下面进行举证、质证。首先由原告举证。因为被告在答辩的时候提出了实体方面是否构成侵权问题,以及诉讼主体资格问题。请原告依次出示证据。

[原告]:第一组:①霍元甲故乡小南河村委会出具的证明。证实霍寿金是霍元甲的孙子的事实。②霍元甲家谱。是霍元甲的后人提供的,能够充分证实霍寿金系霍元甲长子霍东章之子,也就是霍元甲的孙子,具有提起诉讼的主体资格。霍元甲的家谱编制于20世纪80年代,完成在2002年。在2002年家谱里明确记载,霍寿金是霍元甲的孙子,而电影的上影时间是2006年,充分证实了霍寿金是霍元甲的孙子。③音像资料。是霍氏祖坟的现场录像。可以清楚地看出,霍元甲的子孙已经去世的,都埋葬在这个坟墓中,这里有霍寿金妻子的墓碑,霍寿金还健在,祖坟中留出了他的位置,这个和家谱是完全吻合的,相互印证的。④霍元甲故居的实地录像。在霍元甲的故居里,不仅有描绘霍元甲生平的具体事物,还挂有霍元甲的族谱,这是经过政府机关部门认可而于1996年挂入故居之内的。以政府名义挂入故居的家谱和刚才证据2家谱是完全吻合的,证实了霍家家谱的真实性,证明了霍寿金和霍元甲之间的关系。⑤天津市西青区文化局证明。证实了天津市西青区文化局作为一个政府机关部门,将霍家家谱认可以后,挂入了霍家内,时间是1996年。也就是说,1996年的时候霍寿金是霍元甲孙子的事实已经被证实了。⑥关于霍元甲故乡的人民对于霍寿金主体身份的证实。其中包括4个证人,即霍某某、马某某、王某某和赵某某。霍某某是霍元甲故乡霍姓中的年长者,他证实了霍寿金是霍元甲孙子的情况。马某某是霍元甲的孙媳妇,即另外一个代理人霍自正的母亲,她是霍寿金的嫂子,他能够证实霍寿金和自己的关系,和霍元甲是爷爷和孙子的关系。王某某和赵某某都是霍寿金小时候的伙伴,能够清楚地证实霍寿金是霍

元甲的孙子,王某某和赵某某还是霍元甲的邻居。4 份证人证言可以充分印证霍寿金是霍元甲孙子的客观事实。第二组:证实被告身份的证据。①《霍元甲》电影海报(部分)可以说明起诉十个被告的理由,和他们在电影当中的身份。②《霍元甲》光盘封面。在封面也有海报,证实各被告的主体身份。第三组:《霍元甲》光盘(1 张,提交法院)证实影片《霍元甲》的侵权行为。第四组:马来西亚当地报纸。证实影片《霍元甲》的侵权后果。

[原告]:补充以下证据。(1)霍氏族谱,证实霍寿金系霍元甲长子之子,系霍元甲孙子,具有提起诉讼的主体资格。(2)关于证实影片《霍元甲》的侵权行为的补充证据:①上海精武创始人兼主干卢炜昌先生所写"霍公元甲遗事并精武体育会之梗概",证实霍元甲的生平概况及其创办的精武会的历史事实。②福建电视台"发现档案"节目录像(1 张),证实霍元甲的生平及其创办的精武会的历史事实。③马来西亚精武总会写给霍自正先生的"事关霍元甲电影"的信,证实霍元甲的生平概况及其创办的精武会的历史事实。④马来西亚精武总会总会长黄保生在怡保精武体育会 2006 年度会员大会上的演词,证实霍元甲的声频概况及其创办的精武会的历史事实。(3)关于证实影片《霍元甲》的侵权后果的补充证据:①马来西亚及各地报纸,证实霍元甲的社会评价已经普遍降低了。②马来西亚精武总会写给霍自正先生的"事关霍元甲电影"的信,证实霍元甲的社会评价受到影响,已经普遍降低。③马来西亚精武总会总会长黄保生在怡保精武体育会 2006 年度会员大会上的演词,证实霍元甲的社会评价受到影响,已经普遍降低。④问卷调查表,证实霍元甲的社会评价已经普遍降低。⑤天津电视台都市报道节目对于《霍元甲》公映后社会各界相关反响的报道(1 张),证实霍元甲的社会评价受到影响,已经普遍降低。⑥齐鲁电视台"齐鲁开讲"节目录像(1 张),证实霍元甲的社会评价受到影响,参与节目的 8 万余人中有 6 万余人认为霍元甲的形象受到损害,支持霍氏后人通过法律手段维护霍元甲的形象。⑦上海精武总会来函及问卷调查表,表明了他们的认识,认为霍元甲的社会评价普遍降低。同时还有 17 人,精武会员工等 8 人,精武会教练员等 13 人证实,他们认为霍元甲社会评价普遍降低。举证完毕。

[审判长]:下面由被告对原告提供的证据进行质证。

[被告]:第一组证据意见:原告主要想证明与霍元甲的亲属关系。①村委会

的证据真实性没有异议,证明效力有异议。村委会不具有政治职能,不具有出具证明亲属关系的职能,引而不具有证明力。②族谱。以这个证明亲属关系缺乏法律效力,该证据不具有客观性,该族谱是 2002 年形成的,不是从霍元甲的时代传下来的,与本案没有直接关联性。③霍氏祖坟的录像。这是原告单方摄制的,与本案没有直接利害关系。取证程序不合法,没有证明效力。而且真实性有异议。根据国务院的相关规定,禁止介入或者恢复墓地,所以墓地是不合法的。原告没有提供证据批准在此地建造墓地的证据,所以不予认可。④霍元甲故居的实地录像。这是原告单方摄制的,没有反映出拍摄的时间,与本案没有利害关系的第三人在场监督。取证不合法,没有证明效力。真实性有异议,不能证明原告所证实的族谱的真实性,以及原告与霍元甲的亲属关系。该故居系天津市人民政府于 1991 年 8 月 2 日为纪念霍元甲本人而建的,不能证明原告与霍元甲的关系。⑤天津市西青区文化局证明。不能证明原告所主张的事实,只能证明霍元甲家谱是在天津市西青区他人提供的,于 1996 年悬挂没有经过核实,不能证明原告与霍元甲的亲属关系。⑥证人证言。这也是原告单方提供的,自报取证时间与提供给法院的时间是不一致的,自报是 11 月 25 日,给法院提供的是 12 月 2 日,证人的身份和基本情况都不清楚,而且第一个证人没有姓名,但是在原告提供给法庭的文字资料中,有证人姓名。不知道姓名是从何而来。其他三个证人也没有住址和联系方式,没有出示证人的身份证明和户籍证明。因此这 4 个人不具有证人资格。取得的证明没有证明力,不具有合法性。根据《最高法院关于民事诉讼证据的若干问题》第五十七条规定,出庭证人应该客观陈述其亲身感知的事实,上述证人没有出示身份证明,在霍元甲去世时他们还没有出生,不可能证明霍元甲和原告的亲属关系,证明不具有真实性和客观性。以上 6 份证据不足以证明原告和霍元甲之间的亲属关系,原告无权提起诉讼。

[被告]:第二组证据:我们要求原告出示原件(海报)。

[审判长]:原告出示一下原件。

[原告]:可以出示。

[审判长]:被告继续质证。

[被告]:对于真实性没有异议,对于证明效力有异议。不能反映出原告主张的事实。霍元甲光盘封面没有异议。

[被告]:第三组证据:①光盘。真实性没有异议,不能证明被告侵权。这是经过合法审批公映的故事片,注明了纯属虚构字样,不涉及对个人的评价。影片情节在更早的电视剧作中也有不同的涉及。无父、无母、无子、无女的情节描述,这部电影重在描写霍元甲个人,没有涉及到描写霍元甲的家庭成员情节。②卢炜昌所著的文章。要求出示原件。

[审判长]:原告出示原件。

[原告]:可以。

[审判长]:被告看一下原件。

[被告]:好的。

[审判长]:被告继续质证。

[被告]:这份证据原告在证据交换时和庭上出示的是不一样的,对真实性有异议。另外,这份证据与本案没有关系。

[被告]:③该组证据不具有完整性和客观性,节目报道了创建精武会的传闻,属于传来证据,没有原始资料。不是史料性的节目,这些事实不能证明侵权,只是把有关霍元甲的各种传说记录下来,与本案没有关联性。也没有证明力,不能证明被告的侵权事实。④马来西亚精武总会写给霍自正先生的事关霍元甲的信。这个我们要求原告出示原件。

[审判长]:原告出示原件。

[原告]:可以。

[审判长]:被告看一下原件。

[被告]:好的。

[审判长]:被告继续质证。

[被告]:真实性有异议,没有经过公证、认证程序,不能作为证据。也不能证明霍元甲影片的侵权后果。⑤马来西亚精武总会总会长的演词,要求原告出示原件。

[审判长]:原告出示原件。

[原告]:需要说明的是,演讲稿不存在原件的问题,演词主要看内容。

[审判长]:被告继续质证。

[被告]:这个质证意见和证据4的质证意见是一致的。⑥马来西亚各地报纸。要求原告出示原件。

[审判长]:原告出示原件。

[原告]:可以。

[审判长]：被告继续质证。

[被告]：真实性有异议，新闻报道不具有客观性，他们的理解和感受不能代表整个社会大众的整体评价。

[被告]：⑦问卷调查表。真实性有异议，这个应该属于证人证言，根据《最高法院关于民事诉讼证据的若干规定》第五十五条规定，证人应该出庭作证，接受当事人的质询，证据应该当庭在法庭上出示，未经质证的证据不能作为认定案件事实的依据。该问卷缺乏公正性，没有调查的方式，范围有多大也没有显示，是由谁组织的调查也不清楚。所以不具有客观性。被调查对象都是小南河村村民成员，他们的理解不能代表社会大众的感受。所以，该证据不能证明霍元甲电影的侵权后果。⑧天津电视台都市报道节目的报道。真实性有异议，这里面有剪接的痕迹，报道的基调有倾向性，与本案没有关联性。不能证明霍元甲影片有侵权行为后果。⑨真实性有异议，不具有客观性。这是在原告起诉以后录制的，而且只有原告一方参加，节目带有商业色彩。另外，节目的题目是霍家该不该起诉，投票结果也是对该不该起诉进行，与社会评价是否降低没有关系，与本案没有关联性，不能证明影片霍元甲有侵权行为后果。⑩上海精武会来函以及问卷调查表。也属于证人证言，根据最高法院关于民事诉讼证据的若干规定，证人应该出庭，但是本案中没有出庭。问卷缺乏公正性，不能证明霍元甲影片侵权后果。

[被告]：补充意见。原告诉讼主体资格是否合格是决定本案在本案中程序上立案是否合法的关键。对原告出示的他们认为证据非常有证明力的就是族谱，我需要进行说明。原告出示的霍氏族谱，我们认为这个本身就不是族谱。根据中国社会科学院语言研究所的解释，族谱是家族或者宗族记载本族世系和重要人物事迹的书。原告出示的不是族谱。族谱应该是从祖辈传下来的，原告刚才讲是编写于20世纪80年代，显然该族谱的真实性有问题。也就是说，原告提供的证据不能作为族谱。原告称族谱是政府认可的，在原告向法庭出示的证据中，有一份证据，即天津市西青区文化局的证据，并没有做出认可。原告提供的有关问卷调查、报纸，只能反映出当时的情况，不能代表整体的情况。

[审判长]：被告质证意见是否发表完毕？

[被告]：完毕。

[审判长]：下面由被告进行举证。

[被告]：中国电影集团公司证据：①《国家广电总局电影事业管理局影片立项通知书》电立合字〔2005〕第02号。证明电影剧本梗概立项等，霍元甲影片的剧本是经过主管部门审查并立项的。②《中外合作摄制电影片许可证》影合字〔2005〕第001号。证明中外合作拍摄电影片根据中外合作拍摄电影片管理规定，霍元甲影片依法获得了影片拍摄的许可。③《国家广电总局电影审查委员会影片审查决定书》影审故字〔2006〕第001号。④关于《霍元甲》影片合作拍摄合同书及合拍影片《霍元甲》补充合同。⑤中国电影合作制片公司协助、中国电影集团第一制片分公司与星河公司共同投资拍摄电影影片《霍元甲》合同书及合拍故事片《霍元甲》补充合同。⑥中国电影集团公司致星河公司的"版权声明契约"。⑦星河公司致中国电影集团公司的"版权声明契约"。⑧《电影片公映许可证》影映故字〔2006〕第001号。

[被告]：星河投资有限公司证据：①《中外合作摄制电影片许可证》，影合证字〔2005〕第001号。证明依法获得的合拍影片的许可。②关于《霍元甲》影片合作拍摄合同书。③合拍影片《霍元甲》补充合同。证明剧本版权享有者等为星河公司。④中国电影合作制片公司协助、中国电影集团第一制片分公司与星河投资有限公司共同投资拍摄电影影片《霍元甲》合同书及合拍故事片《霍元甲》补充合同。⑤版权声明契约。⑥《电影片公映许可证》影映故字〔2006〕第001号。

[被告]：北京电影制片厂证据：①《国家广电总局电影事业管理局影片立项通知书》电立合字〔2005〕第02号。证明：《霍元甲》影片剧本经主管部门审查并立项。②《中外合作摄制电影片许可》影合证字〔2005〕第001号。证明：影片《霍元甲》具有合法的合拍影片许可。③《国家广电总局电影审查委员会影片审查决定书》影审故字〔2006〕第001号。证明：影片《霍元甲》是经主管部门审查通过的影片。④关于《霍元甲》影片合作拍摄合同书及补充合同。证明：影片《霍元甲》的剧本版权享有者、投资方及收益方均为星河投资有限公司。⑤中国电影合作制片公司协助中国电影集团公司第一制片分公司星河公司共同投资拍摄电影影片《霍元甲》合同书及补充合同。证明：影片《霍元甲》合拍影片剧本、电影片都有严格的立项审批手续，各方都履行合同，完成了各项审批。⑥中国电影集团公司致星河公司的"版权声明契约"。证明：星河公司承诺承担所有争执及法律纠纷的后果。⑦星河公司致中国电影集团公司的"版权声明契约"。证明：

星河公司承诺承担所有争执及法律纠纷的后果。⑧北京电影制片厂与中国电影集团公司企业法人营业执照。证明:中国电影集团公司与北京电影制片厂为两个独立的法人实体。

[被告]:中国电影集团公司第一制片分公司证据:①《国家广电总局电影事业管理局影片立项通知书》电立合字〔2005〕第02号。②《中外合作摄制电影片许可证》影合证字〔2005〕第001号。③《国家广电总局电影审查委员会影片审查决定书》影审故字〔2006〕第001号。④关于《霍元甲》影片合作拍摄合同书及合拍影片《霍元甲》补充合同。⑤中国电影合作制片公司协助、中国电影集团第一制片分公司与星河公司投资拍摄电影影《霍元甲》合同书及合作故事片《霍元甲》补充合同书。⑥中国电影集团公司致星河公司的"版权声明契约"。⑦星河公司致中国电影集团公司的"版权声明契约"。⑧《电影片公映许可证》影映故字〔2006〕第001号。⑨中国电影集团公司第一制片分公司企业营业执照。

[被告]:杨步亭证据:中国电影集团公司企业法人营业执照。证明:杨步亭为中国电影集团公司的法定代表人,出品人即为出品电话的法定代表人,不能将个人行为与法人行为混为一谈。杨步亭是法人行为,不是个人行为。

[被告]:李连杰证据:①演员合同。证明:李连杰在影片霍元甲中是演员,出任霍元甲影片出品人是依合同约定,其行为不是个人行为。②星河公司致李连杰的函。证明:李连杰没有发生违约,在名誉上享有制片人的名誉。

[被告]:安乐公司的证据:①联合协议。②电影发行公映许可证。证明:安乐公司具有发行电影的合法资格,其在大陆发行电影霍元甲的行为合法。③电影公映许可证。依据电影管理条例规定,影片霍元甲经过相关主管部门审查批准公映,可以在中国国内以及境外发行。

[被告]:中国电影集团公司电影发行放映分公司证据:①《电影片公映许可证》影映故字〔2006〕第001号。证明:影片《霍元甲》经主管部门同意准许公映。②《中国电影集团公司发行经营许可证》。证明:中国电影集团公司电影发行放映分公司是中国电影集团公司的下属分公司,具有从事电影发行业务的合法资格。③影片《霍元甲》联合发行协议。证明:中国电影集团公司电影发行放映分公司的发行行为符合合同约定及国家法律的规定。

[被告]:广东泰盛文化传播有限公司证据:音像制品经营许可证。证明:广

　　　东泰盛公司具有经营音像制品的合法资格,其经营《霍元甲》光盘是合法的。

[被告]:辽宁文化艺术印象出版社证据:①音像制品出版许可证。证明:该出版社具有出版合法的手续,出版影片霍元甲合法。②进口音像制品批准单。证明:音像制品霍元甲是经过合法手续出版的。③国家版权局著作权合同登记批复。证明:合同登记程序合法。④合做出版发行协议书。证明:辽宁文化艺术音像出版社出版发行音像制品是合做出版发行的。十被告全部举证完毕。

[审判长]:下面由原告针对被告出示的证据发表质证意见。

[原告]:鉴于被告提供的证据企业营业执照、经营许可证、有关电影行政许可的审批文件,十被告的证据类别大同小异,我方首先综合发表意见。被告提供的资质性、文件性、行政审批合法性的文件,原告对真实性认可。这些证据均不能证明电影《霍元甲》没有对霍元甲的生前名誉构成侵害,也即被告并没有出示任何证明他们抗辩主张的有利证据。从电影行政审批许可、经营许可证讲,原告从来没有说该电影是非法出版物,电影的出版是合法的,正是因为电影合法出版才造成了对霍元甲生前名誉的侵权。从这些证据的内容看,国家广电总局、电影事业管理局影片立项通知书能够表明,国家有关行政机关已经提出了指示,认为应提升霍元甲的民族英雄形象,民族英雄的形象表现不够,暴力的场面应该把握分寸,这些原告关注的问题,有关国家机关部门也已经进行了充分的关注。另外,对方刚才在进行答辩的时候称,北京电影制片厂的被告主体身份问题,原告只是依据一份印制错误的海报,但是从被告提供的有关文件中,北京电影制片厂作为拍摄的合作一方是赫然在列的,在所有被告陈述的过程中,均没有提及哥伦比亚三星娱乐有限公司,但是在被告提供的证据中出现了哥伦比亚三星娱乐公司的字样,我们认为被告没有如实陈述电影的合作人是谁。杨步亭和李连杰就是电影的出品人,被告称李连杰只是合同的需要,这是自相矛盾的。

[审判长]:举证、质证结束。下面法庭进行提问。原告,你们的族谱是如何形成的?

[原告]:族谱是当时我父亲在世的时候,组织霍氏族人想把族谱办起来的,后来因为父亲的去世没有全部完成,于2002年完成,没有正式印制。开始是于1980年电视剧霍元甲以后,大家比较关注霍元甲的相关情况,具体成型是2002年。

[审判长]：在此之前有没有其他这方面的相关记载？

[原告]：没有。

[审判长]：下面进行法庭辩论。首先由原告发表辩论意见。

[原告]：对于霍寿金的身份问题，现在社会查一个人的身份是很容易的，不是很困难的事情。村委会是最知根知底的，族谱不能胡编乱造，它也是有权威性的。当然它不是为了打官司而造的。

[原告]：被告提出了一个问题，称霍寿金在霍元甲去世的时候还没有出生，怎么能证明霍元甲的情况。霍元甲早逝，但他亲人在世，霍寿金是霍元甲的孙子是没有疑问的。关于电影《霍元甲》的侵权问题，被告对霍元甲的英雄形象进行了歪曲丑化，对于霍元甲的英雄形象没有提及。影片反映的霍元甲形象像一个黑社会的人物，骄横、猖狂等，这样反映一个英雄人物的形象是错误的。对霍元甲全家灭门的情况是丧失道德的一种描写手法，霍元甲为什么全家遭灭门，是因为他胡作非为，这是影片反映的情况。我认为这种写法是伤天害理的写法，不应该把霍元甲写成这样。事实上，霍元甲英年早逝，他的亲人比他的寿命都长，可是在电影中，霍元甲的亲人一个都不存在了。霍元甲的爱国主义精神反映在抗击外来侵略，去东亚病夫之耻，霍元甲的事业还在，精武会已经发展了很多年了，霍元甲从精武会的发展起到的作用是无可非议的。电影《霍元甲》反映的霍元甲的思想，精武会根本无法接受，反映很强烈，纷纷给霍家后人来电，来函，霍家后人必须对此事站出来说话。至于法庭如何判决，我们不得而知。霍元甲不是一个普通的先人，他在世界上影响非常大，希望法庭对本案做出公正的判决。

[审判长]：原告另外一位代理人还有补充意见吗？

[原告]：被告出品发行的电影《霍元甲》于 2006 年 1 月公映以来，到本案开庭时间已经将近一年时间，我注意到被告提供的证据，影片霍元甲联合发行协议，霍元甲这部电影在中国大陆的联合发行期限是 12 月 31 日，还有十几天这部电影就放映完了。

[原告]：一年以来，被告方并没有以起码的礼貌充分关注霍元甲后人的正当要求，还继续上映电影，不仅在中国大陆发行影片，还送到亚洲各地上映。据说主要演员还获得了奖项。在知悉霍元甲后人对该影片提出相关反映以后，被告没有采取任何补救措施，任意损失的扩大。霍元甲的后人，其实可以站得更高一些，甚至对该影片一笑了之，我想说明的是，民事案件不是娱乐故事，民族英雄的事迹不能随便篡

改,仅仅是一个普通公民的人格权利,也不能任意的践踏。该影片《霍元甲》以纯属虚构,片名以传记的形式出现。有的电影改变了历史。希望法庭依法维护霍元甲先生生前的名誉。我需要说的第一个问题是关于原告霍寿金的主体身份问题。在该问题中兼系各被告之所以被列为被告的理由以及要承担责任的理由。另外,还要涉及到被告在质证意见的时候提出的一些我们所不同的意见。霍元甲一共有两个儿子,霍东章和霍东阁,霍东阁是霍自正先生的爷爷,而霍东章是霍东阁的哥哥,霍东章有四子,霍寿金是霍东章的儿子,霍元甲一共有 7 个孙子。健在的只有两位,即霍寿金,还有一位在印度尼西亚。霍元甲还有 3 个女儿,3 个女儿将有将近 10 人属于霍元甲的外孙子女。首先说一下家谱问题,被告提出中国社会科学院的解释,提出家谱应该是书。这是哪里的法律规定,这是什么人士?自己的家谱当然是由自己编制。这本家谱已经得到了有关政府机关部门的认可,我认为这种说法没有意义。在该家谱中关于霍寿金的记载非常清楚,足以证明他是霍元甲三代以内的亲孙子。刚才被告对于霍寿金的主体身份问题提出了大量的质疑。对于原告所进行录制的 4 份证人证言更是提出了质疑,被告谈到了单方取证,请问一个取证难道要双方或者多方完成吗?显然这种说法是错误的,而且还谈到作证的人都是霍元甲的亲属,或者族人或者朋友,当然应该是这样,证明一个人的爷爷是谁,让不认识的人证明,能够证明得了吗?我认为证明不了。马某某是霍元甲的孙媳妇,她来作证有什么问题吗?被告还谈到作证的人都是在霍元甲死亡以后出生的,没有办法作证。我们一代一代的记历史,一代一代的传承,有什么问题吗?如果对方找一个认识霍元甲的人来证实,我们来谈论历史还有什么意义呢?霍元甲已经死亡 96 年了,101 岁的人作证才合法,这是被告的逻辑,我认为这种逻辑是荒谬的。被告谈到西青区小南河村委会的证明,认为村委会不是政府,我在举证的时候说得非常清楚,小南河村村委会是基层群众组织,但是这里是生霍元甲、养霍元甲的地方。所以应该由村委会作证。可以举一个例子,国务院和天津市西青区政府能够证明霍寿金是否为霍元甲孙子的问题吗?我们认为不应该关注政府出局证明的地位是高还是低,只有村委会能够证明。被告提出了 4 个证人证言问题,提出没有住址和姓名等问题,我们已经向法庭提供了 4 个证人的身份证件,他们都是小南河村的人,这是非常清楚的。另外,这些证人其中有 2 个清楚地叫出了霍寿金的小名。还证明了霍寿金的原名叫霍锦亭。我们认为被告应该实事求是，不应该断章取义。下面简要陈述十被告之所以被列为被告的问题。中国电影集团公司、星河公司等是电影联合发行方，所以应该列为被告。北京电影制片厂被告在答辩中讲，原告只是根据一个错误的海报将其列为被告。我认为不能以此为理由免责。关于死者名誉权利的保护，霍元甲的生前名誉应该受到保护。关于死者到底有没有生前名誉，双方已经达成了共识，都有最高法院的司法解释，霍元甲是一个特殊的历史名人，他是历史人物，但是他的孙子还活着。霍元甲并没有像对方陈述的那样，他生前的名誉还要受到保护。不能因为被告的一句话，霍元甲就进入了公共领域，这个需要时间和历史完成。我想说，霍寿金进行诉讼，不是进行一个公益诉讼，只是以近亲属的名义，维护自己爷爷的生前名誉。不仅仅是被告代理人讲的主观名誉感，而是客观名誉受到了侵害。被告称近亲属往往自己比较敏感，这里不仅是主观敏感的问题，而是客观名誉受到侵害的客观存在。我们不对影片进行具体描述，我们把该电影划分为36个单元。请审判长、审判员看一下。通过归纳总结，用数字来说话，可以清楚地看出如下问题。用于衔接和铺垫共11个单元，用于正面描写霍元甲形象的5个单元。而涉及到侵权的却有20个单元！我们认为涉及到了对霍元甲名誉权的侵害。在这里面，我们认为对霍元甲生前名誉的侵权归纳为四个方面。第一，年少轻狂、好勇斗狠、乱收徒弟。事实上，霍元甲对于收徒弟都是经过很严格的考核的。被告提到了，认为这没有什么，只是反衬的手法。电影文学艺术的创作者为了追求创作效果，用一句话概括就是浪子回头。对于霍元甲的这样一位民族英雄来说，虽然是浪子回头，但毕竟把他当成了"浪子"，而霍元甲不是。描写人物的成长，就一定滥杀无辜，走路横着走吗？电影《霍元甲》丧失了反衬艺术描写手法的起码的道德底线和艺术底线。第二，全家被杀，没有后代。在全家被杀，没有后代问题上，也在我所划分的单位，即19、28等单元。第三，关于盲女月慈问题。首先想说的是，并不是说一个大英雄的成长，不能够源于一个村姑，很多历史人物受到别人的帮助，但电影把该盲女的表现太程式化了。另外，该电影中霍元甲是一个失去了妻子的人，并不是说霍元甲不可以与该盲女有感情，在与该盲女相处几年以后，盲女又是先知先觉，她一直不知道霍元甲的名字，两个人是什么关系呢？这是对霍元甲名誉的贬损。第四，庭后我们会提供给法庭一本书,里面记录了很多霍元甲真实的情况。霍元甲是为了抵抗日本人的侵略才打擂台。我们仔细地看了电影,在电影里,霍元甲是有机会打败日本对手的,留着劲不发,表现他大彻大悟。在此我想讲,我们看懂了电影,但是电影歪曲了历史事实。对于社会评价普遍降低的问题。一是在霍元甲生前的故乡,一是在其事业所在地。再有是向其他省份传播,我们进行了 8 万人的问卷调查,很多人描述了自己的观念。归纳一句话,就是关于名誉权的司法解释,最高法院 1993 年、1998 年有两个,考虑一个人的社会评价普遍降低,不是对全体而言,就是根据该人生前工作和学习过的地方进行调查。我还想说,我们都觉得对我们对霍元甲了解,实际上除了霍元甲的后人以及乡亲外,我们大多数人对他的调查都是通过 1983 年的霍元甲电视剧。关于社会评价普遍降低问题如何理解,一个人被别人骂,被骂的人可能是好人,但是有了骂的言词以及传播以后,这就是一个人的社会评价的一种普遍降低。最后一个问题是关于纯属虚构,不能免责问题,以及历史与真实的碰撞问题。电影片尾可以发现,"本片取材于真人真事,但故事纯属虚构,如有雷同,实属巧合"。这段话不能免责,既然是取材于真人真事,为什么又虚构呢? 这是相互矛盾的。难道真实的霍元甲和电影里的霍元甲雷同了吗? 无论如何不能得出这样的结论。而被告刚才也一再强调,讲的纯属虚构,讲的纯属虚构就能够免责吗? 只要写上纯属虚构就可以免责吗? 我们认为影视剧的创作不是不可以虚构,但是虚构要有一个起码的底线。关于霍东阁等人的问题,影片中没有描写,我认为原告是可以容忍的。但是如上所说的问题,是起码的底线问题,不能容忍。请求法庭看一下该片的前言和尾声,这些内容在我的代理词中都有体现。前言和尾声都试图表现历史的真实情况,人们看了以后都会认为这是一个真实的历史。被告提到了大量的证据,经过了电影管理部门的审批,所以就认为没有侵权。例如批准了药品以后,药品可以用,但不能证明它没有副作用。最后,在我们充分地关注了霍元甲名誉权利之后,我们还想请法庭关注一个问题,就是人格权和商品权划分的问题。霍元甲三个字不应该被别人这样随便地用。请求法庭依法支持我们的诉讼请求。我们最终放弃了经济赔偿的要求,名誉不是可以用金钱来补偿的。

[审判长]:下面由被告发表辩论意见。

[被告]:我们接受十被告的委托,作为代理人参与本案诉讼。发表如下代理

意见:本案争议焦点在于,霍元甲影片是否侵害霍元甲生前的名誉,经过法庭调查,原告提供的自身身份材料尚不足以证明其与霍元甲之间的亲属关系。根据中华人民共和国户口登记管理条例,只有公安机关出具的证明文件才具有法律效力。因此,原告不具备诉讼主体的资格。电影霍元甲是经过国家有关行政主管部门依法审查并批准发行公映的电影作品。根据电影管理条例第二十三条规定,未经国务院广播电影电视行政部门的电影审查机构,审查通过的电影不得发行放映。电影禁止载有诽谤侮辱他人的内容。经法庭调查,电影霍元甲依法获得了相关手续,因此电影霍元甲已通过严格的审查事实。可以反证和推定该片不具有诽谤或侮辱他人内容。未侵害霍元甲生前名誉。该片通过国家行政审查,不构成侵权行为。霍元甲是一位历史公众人物,进入公共领域。霍元甲属于历史公众人物,拍摄电影《霍元甲》不属于国家主管部门规定的重要革命和历史题材,他人在尊重基本事实的基础上可以进行创作的空间较大,同样司法机关在审理死者名誉案件时,也应该适当限制对历史人物人格权利的保护。这一原则在外国判例中较为普遍,在中国判例中也有所涉及。电影《霍元甲》的主要情形与原告起诉书所称,与基本概况基本一致。霍元甲自小体质较弱,自小习武,电影《霍元甲》的主要情节和历史背景与原告提供的证据材料基本一致。电影《霍元甲》公映以后,受到社会各界的好评,表明观众肯定霍元甲的英雄形象。原告诉称影片有关情节损害霍元甲生前名誉不能成立。影片霍元甲是故事片,不是纪录片,影片在声明纯属虚构的情况下,为了塑造霍元甲爱母爱国的形象,用一些象征、对比、反衬的描写手法,有助于增进海内外观众的理解和认同。影片描写霍元甲的转变过程无可厚非。与盲女相处的情节没有对霍元甲进行诽谤,也没有揭露隐私。原告过度夸大了无父、无母的情况。原告提供的表明霍元甲社会评价普遍降低的证据材料不具有客观性、真实性、关联性和合法性,也不具有证明效力。原告提供的问卷调查等材料,丧失了客观性和合法性,不能认定为霍元甲社会评价降低的证据。原告请求停止影片《霍元甲》发行和公映不能成立。原告认为侵害了死者霍元甲的名誉,尚可理解,但原告没有提供任何的事实和证据证明电影霍元甲在其他国家和地区对霍元甲的名誉构成侵害。星河公司作为电影《霍元甲》主要合作和制作方等,不回避因影片产生的纠纷。对影片是否侵权,侵害霍元甲生前名誉与本案没有利害关系,不负有法律责任。北京电影制片厂没有参与影片的制作,原告以错误的海报起诉北京电影制片厂没有根据。中国电影制片第一分公司不能独立承担责任,杨步亭是中国电影集团公司的法定代表人,其作为出品人是法人行为,不是个人行为,不应该承担责任。李连杰受雇拍摄影片《霍元甲》,他的身份是演员,他被冠以出品人是根据合同的约定,与其本人无关。根据演员合同和制片人合同中规定,没有实质性的违约,艺术家就享有制片人的名誉。李连杰只是名誉上的制片人,并不是实质上的制片人。发行公司的行为合法,没有任何添加行为,原告起诉两个发行人没有事实和法律依据。依据电影管理条例规定,电影《霍元甲》通过了主管部门的审查,经过两次行政审查,充分说明,该音像制品没有侮辱诽谤的情节。辽宁文化音像出版社和广东泰盛文化传播有限公司在出版发行《霍元甲》过程中,原告未提出任何证据证明其行为侵犯了霍元甲生前的名誉。原告起诉该二被告没有事实和法律依据。综上所述,上述十被告的行为不构成对霍元甲生前名誉的侵害,请求法院依法驳回原告的诉讼请求。

[审判长]:被告代理人还有补充吗?

[被告]:原告提出的身份问题,希望法庭注意。在开庭之前,原告出示了一个情况说明,在该材料中说了对方的代理人走访了8个政府部门,包括霍寿金的所在单位,这些单位调查的结果是,没有任何材料,也就是说不存在任何对我们今天所谈的霍寿金、霍元甲等有任何档案记载。今天讨论的霍寿金和霍元甲之间的关系没有任何的档案反映。我们认为,要把电影当中的霍元甲,和把霍元甲作为一种先人来看待,应该区别对待。我们当时出这部影片有两个主题,想说明武术不是解决问题的主要办法,另外一个就是想说明年轻人面临困境的时候走出困境的办法。最后想说明霍元甲的成长过程。真人真事我们认为不是电影故事,因此我们在影片中注明了取材于真人真事。

[审判长]:法庭辩论结束。双方当事人是否能够协商解决纠纷? 原告什么意见?

[原告]:原告不同意协商。

[审判长]:鉴于一方当事人不同意协商,法庭不再做调解工作。本案由合议庭对本案进行评议,评议以后做出判决。现在休庭,双方在笔录上签字。

背景资料：

霍元甲生于天津小南河村，是一个普普通通的农民，从小习武。其在天津城内见洋人摆擂台侮辱国人是"东亚病夫"，挺身而出接受挑战，对方闻风而逃。霍元甲从此扬名，后又赴沪，令洋人丧胆，大振国人志气，改变了洋人眼中的国人形象。1910 年，霍元甲被日本人毒害致死，终年 42 岁。其生前育有二子三女，父、母、妻、子及女均于霍元甲去世后多年才辞世，家中多为长寿者，子孙人丁兴旺，生活于中国大陆及海外。霍元甲生前创建第一个在世界范围传播中国武术的组织——精武体育会，去世后由其子霍东阁继续发扬光大，目前在全球多个国家和地区设有分会。

案例十四

董存瑞名誉权案①

2006 年第 8 期《大众电影》发表的一篇题为《〈董存瑞〉："真实"创造的经典》的访问记，电影《董存瑞》的导演郭维说："没有人亲眼看见董存瑞托起炸药包的情景。"10 年以前，1996 年第 10 期的《大众电影》就曾刊登过一篇文章，题目是《英雄启示录》。这篇采访导演郭维的文章说："他（董存瑞）举炸药包牺牲是许多专家经半年考察论定的。论据就是在桥下也炸出了一个坑，是炸药爆炸时反作用力将人扎入土中造成的。人的身体全炸飞了，可是坑底下发现了一层袜底，战友们认出来那是董存瑞媳妇给他做的，上面还绣了一朵花。"2006 年 8 月 19 日，在中央电视台播出的电视专题片《电影传奇——董存瑞》中，郭维又讲："我了解的是什么呢？郏振标是真正跟着董存瑞冲上去了。但董存瑞冲到碉堡前头后，找不着他了。以后怎么知道、确定他是托着炸药包炸的呢？最后有人建议挖这个桥底下。结果最后挖到一定深度的时候，挖出一个袜底来，就是董存瑞媳妇给董存瑞缝的。班里的同志都知道，这是董存瑞的袜底。这么确定这是董存瑞……"

---

① 石岩：《质疑英雄事迹惹风波　董存瑞之妹状告央视等侵权作者》，http://www.china-court.org/public/detail.php？id＝242198，2012-03-23；陈丽平、王根成、王绍波：《董存瑞生前所在部队呼吁　让法律保护英雄的圣洁》，http://cpc.people.com.cn/GB/64093/64387/5646981.html，2012-03-23。

2007年初,董存瑞的妹妹,年近70岁的董存梅一纸诉状将《大众电影》杂志社、导演郭维和中国中央电视台告上了法庭,称三被告侵犯了董存瑞的名誉权,要求三被告公开致歉、消除影响、停止销售播放《电影传奇——董存瑞》,并赔偿精神损害抚慰金、律师代理费、其他经济损失共计10万元。3月29日,北京市朝阳区人民法院已经正式立案。后来驻吉林省延吉市的董存瑞生前所在部队要求作为第三人参与诉讼。他们的诉讼请求是,英雄董存瑞是全军的英模人物,作为董存瑞生前所在部队,与英雄名誉有着直接利害关系。被告的行为构成侵犯英雄董存瑞的名誉权,应当依法承担民事责任,被告还应在《大众电影》和中央电视台上承认错误,赔礼道歉,挽回影响。4月,朝阳区人民法院准许董存瑞生前所在部队作为第三人参与诉讼。

2007年5月25日,董存梅姐弟俩没有到庭,董存瑞的侄子董继先作为原告代理人来到法院。此外,河北隆化董存瑞烈士陵园、董存瑞生前所在部队、隆化县存瑞中学、存瑞小学的代理人作为该案中的第三人也纷纷到庭。在法庭上,原告方提交了大量的史料以证明董存瑞的壮举是真实的,但仍有一些证据正在搜集中。导演郭维的代理律师也表示目前证据不足。因此,法庭宣布给双方一段时间补充证据。此案将择日再行审理。

最终,此案在北京市朝阳区人民法院多次调解下,原被告双方终于于日前最终达成协议:(一)被告郭维、《大众电影》在近期的《大众电影》上发表一篇对《为了新中国前进》中饰演战斗英雄董存瑞的王宝强的采访文章,而该片将生动再现董存瑞在隆化中学战斗的关键时刻的英雄壮举;(二)被告方赔付董存梅、董存金诉讼费等共计3.5万元。

案例十五

"西安事变"电视剧侵害冯钦哉名誉权案[①]

三十六集电视连续剧《西安事变》由西影厂和中央电视台文艺中心影视部合拍,2007年12月在央视电视剧频道播出。在西安的冯钦哉的孙子冯寄宁看到后,认为《西安事变》恶意编造冯钦哉炸毁煤矿、行贿钱大钧、随手枪

---

① 冯寄宁:《"西安事变"电视剧侵害冯钦哉名誉权案开庭》,http://fengjining.blshe.com/post/4177/220899,2012-03-21。

杀少将江天正等情节,对冯钦哉名誉权造成严重侵犯,要求被告停止侵害、恢复名誉、消除影响、赔礼道歉。

"西安事变"电视剧侵害冯钦哉名誉权案

2008年6月23日西安市碑林区人民法院开庭审理冯寄宁诉西安电影制片厂名誉侵权。

原告:冯寄宁。

原告代理律师:戴晓东(陕西诺尔律师事务所)。

被告:被告法人代表延艺云未出庭由该厂两名干部代理。

民事起诉状

原告:冯寄宁(冯钦哉的孙子),男,汉族,退休职工。

籍贯:山西省万荣县南薛朝村,住址:西安市东大街。

被告:西安电影制片厂,法人代表:延艺云,住址:西安市南郊西影路。

案由:名誉侵权

诉讼请求:

1. 要求被告对我祖父冯钦哉将军停止名誉侵害,恢复名誉、清除影响、赔礼道歉。

2. 诉讼费由被告承担。

事实理由:西安电影制片厂和中央电视台文艺中心影视部合拍的36集电视连续剧《西安事变》从2007年12月24日起在中央电视台八频道黄金时段在全国范围连续播放,该电视剧不尊重历史事实,对有关我祖父冯钦哉将军的剧情进行了无根据的恶意编造,对冯钦哉的名誉权进行了严重的侵害,造成极坏影响。

我祖父冯钦哉是1909年参加同盟会的资深反清革命党人,曾在包头组织起义反对袁世凯称帝,曾受孙中山指示,奔走各地联络革命。

1917年在陕西参加靖国军,因作战勇猛,从连长逐级升为军长,1933年长城抗战时,由于北平危机,蒋介石急令冯钦哉第42师、第87师、第88师等部北上,保卫北平。(见中国抗日正面作战记上集P212页)冯部在怀柔、顺义一带与日军接火。下半年,冯玉祥组织察哈尔抗日同盟军打击日伪军。蒋介石让冯钦哉打冯玉祥,冯钦哉说:"冯玉祥总司令是抗日的,我不能打他,我又是他的旧部,我更不应当打他。"拒绝执行蒋介石的命令。(引号内摘录于:冯玉祥所著《我所认识的蒋介石》一书第二篇,不抵抗政策,察哈尔民众抗日同盟军时代(3))

　　1936 年张学良发动西安事变，扣押蒋介石。冯钦哉反对扣押蒋介石，拒绝执行张学良占领潼关的命令。后被升为二十七路军总指挥。

　　"七七事变"，冯钦哉于 7 月 12 日领衔致电卢沟桥的抗日将领："本路将士，愿作后盾，同仇敌忾，灭此朝食。"8 月，率部开赴河北省、参加正太路与日军作战，以冯钦哉部辖第三军、三十八军教导团、独立炮兵第七团一个营，组建十四军团，冯被任军团长，为左翼军，担负陈村以西沿滹沱河阵地的防守，阻击日军。后又奉命撤到娘子关指挥所部与日寇血战。太原失守后，在晋南指挥其部多次与日寇血战，先后击退进攻子洪镇之日军，打败日军小林联队，收复稷山县城。1939 年 3 月升为第十四集团军副总司令，4 月代总司令职。9 月升为第一战区副司令长官。1941 年任察哈尔省政府主席。1945 年夏，在国民党第六次全代会上当选中央执行委员。1948 年冯任华北剿总副总司令（二级陆军上将），为了北京城和北京老百姓免受战火涂炭，1949 年随同傅作义参加北平和平起义，解放后中国共产党多次派人征求他的意见，以便安排适当工作，他都加以拒绝，说：绝对不做官，愿当老百姓。

　　这么一个抗日爱国将领，在《西安事变》电视剧中被丑化成：不顾矿工和士兵死活，为了泄愤随意炸毁煤矿；为了见蒋介石死皮赖脸给钱大钧送了一根金条行贿；见了蒋介石又胡编乱捏告杨虎城黑状；因意见不同冯钦哉随意枪杀部下。

　　以上捏造的故事情节见电视连续剧：

　　（由于第三、二十二、二十八集侵权情节在下面要举证在此省略）

　　《西安事变》电视剧有关冯钦哉的故事情节，除不服从张学良命令、反对扣蒋外，其余都是恶意编造的。《西安事变》编剧为了吸引观众的"眼球"而故意歪曲，编造历史，对冯钦哉的名誉权造成了严重的侵犯以及人格评价的贬损，为此要求被告停止侵害，恢复名誉、消除影响、赔礼道歉。

　　此致

　　碑林区人民法院

具状人：冯寄宁

2008 年 4 月 7 日

被告答辩：

　　被告称该电视剧是由成都军区专业作家李凯军、王爱飞编剧，导演叶大鹰改编，西影厂无版权、只是制作，不应承担责任。

　　原告要求法庭追加李凯军、王爱飞、叶大鹰为被告。由于西影厂不愿提供这三人的家庭或单位住址，原告无法追加被告。

原告举证：

1. 证据一：由西安电影制片制作的《西安事变》36集电视连续剧DVD光盘、附带第三、二十二、二十八集有关冯钦哉的剧情文字记述

西安事变电视剧第三集：炸煤矿

（冯钦哉和部下在吉普车上）

冯部下：军座这么说总指挥还是让把矿交出去啊。

冯钦哉（以下简称冯）：该交就交吧，我的道理讲得很清楚了，谁知道杨主任是怎么打算呀，其实啊，也不是个多大的事。

冯部下：是、是、是。

冯：轮不到我这个军长瞎操心，不蒸馒头，争口气吧！再不爽了，老子解甲归田当员外去，还能多活几年。

冯部下：那可不行，军座别这么想，您要是不干了，弟兄们可怎么办啊！这十七路军打下的天下，军座的功劳首屈一指啊。没有功劳也有苦劳呢？就是委员长也未必舍得你走。

冯：哼，你小子越拍越离谱了啊！现在张学良一来，重新洗牌，我们算老几啊。

（电视画面上出现东北军和一辆吉普车挡住去路）

冯部下：怎么回事。

司机：前面有卡子。

冯部下：混蛋也不看谁的车，我去看看怎么回事（随后下车）。干什么呐，干什么！你们闪开，干什么！

东北军官：我们是东北军卫队营的，这里实行暂时警戒，请让你的车绕路。

冯部下：瞎了你的眼，也不看是谁的地盘。

东北军官：你再这么跟我说话，我就不客气（东北军官缴了冯部下拔出的手枪，并打了冯部下）。

冯部下：混蛋，你居然敢动手打人（张学良小老婆赵走出商店）店老板帮把布料放到车上说：下次从苏杭进来时新的货，请一定再来光临啊！

赵：好，一定。

店老板：小姐走好。

东北军官对冯部下说：兄弟以后别动不动就拔枪，不然会死得快，走，上车。

冯（在车里说）：张学良你欺人太甚，矿老子送给你（下来电视画面出现东北军到煤矿接收、煤矿被炸了）。

（杨虎城办公室）

杨虎城（以下简称杨）：瓦斯爆炸亏你想得出，冯钦哉，你也是沙场上指挥过千军万马的将军，怎么会弄出这种黄口小儿的把戏啊！你让人家怎样看待十七路军，你把我杨虎城置于何种境地。

冯：总指挥息怒，这件事是敬业一时糊涂，我这就去向张学良领罪。

杨：你去，你别给我现眼了……。

第二十二集：蒋介石在华清池接见冯钦哉一段内容（开始后约 20 分钟）

（给钱大钧送金条）

钱大钧：冯钦哉、冯军长。

冯答：到。

钱大钧：请！

冯钦哉：钱主任。

钱：啊。

冯钦哉：一点小意思，委员长那里，还请你多多关照。

钱：你这是干什么？

冯：哎，千万要收下，要不就看不起我冯某，我会寝食难安的（把一根金条放在钱手里）。

钱：那就让冯军长破费了，请！（冯进室内）

（告杨虎城黑状）

见了蒋介石后相互先客气了几句后。

蒋：如果我没记错，民国 16 年你就任十七路军兼四十二师师长。民国 19 年你任四十九军军长兼四十二师师长。我没说错吧？

冯：卑职区区小人物，还劳委员长记得如此清楚，叫钦哉惭愧啊！

蒋：记得去年春天，徐海东、程子华率领的红军残部从鄂豫皖窜入陕南，你军奉命围追堵截，屡挫敌锋，是党国的功臣呀！你们把生死都置之度外了，我记得你们的姓名，又算得了什么呢？你呀跟我剿共这么多年，辛苦你了。

冯：共党是委员长心腹大患，卑职与共党不共戴天，愿为委员长牵马坠鞍、肝脑涂地。

蒋：我怎么听你们杨主任说，你们十七路军不愿剿共士气低落呢！

冯：委员长，这话说起来，卑职与总指挥二十多年了，还是一个磕过头的结义兄弟，本来不该在背后说他的坏话，但为了党国的事业，延禄不能顾私情失大义啊！

蒋：不说无妨，不说无妨，不要伤了你和虎城之间的兄弟情谊。

冯：卑职有话要说，杨虎城同情和支持共产党由来已久，在靖国军时期就与共产党有往来,从那以后他和共产党之间可以说是藕断丝连,东北军入陕,张副司令主持西北剿总事务后,杨虎城唯张副司令马首是瞻,他们违背委员长制订的安内攘外的既定国策,暗中与共党勾结,鼓吹停止内战,联共抗日,委员长,不是我们十七路军的官兵不愿意剿共,是他杨虎城不愿意剿共啊。

蒋:没想到啊,西北的状况是如此的不堪,被赤化得是这么厉害,看来以往的情报,不都是讹传啊。

冯:卑职等党国的功臣,虽然心有不满,但人微言轻,卑职忠于党国的事业,坚决反共剿共,日益为杨虎城所不容,政见上的分析,早已经破坏和疏远了我们兄弟之间的情谊,因此我说的他都听不进去,把亲共份子拉到自己身边,想起这事来,真让人心寒。就连我在剿共作战中,损失的武器兵员他都以种种借口不予补充。

第二十八集:冯钦哉枪毙江天正(开始后约25分钟)

(十七路军第七军军部开会)绥署作战处长江天正:特急,大荔冯军长、蒋近日与日本签订防共协定,承认伪满,全国愤懑,张副司令及此间各同仁临时决定将蒋本人及钱大钧、陈诚、蒋鼎文、显立煌等一律扣留,并通电全国改组中央政府一致抗日,因事出仓促,故未前闻现中央军樊崧甫部主力正向西开进,对我不利,潼关为要隘,请速调附近所部精锐兵力,不分昼夜,袭击潼关,为确实占领之,阻止中央军西进,望兄亲驻潼关指挥,万急,虎城。

冯钦哉:大家听明白了吧!诸位怎么看啊。

江天正:冯军长,我们执行命令吧!

冯:执行命令,执行谁的命令,这是叛国,背叛党国、背叛领袖,张学良勾结共产党、作乱造反、破坏抗战,杨虎城是受了他的蛊惑,说不定是威逼。

江天正:军座现在情况还不明朗,我们是十七路军的部队,应该还是听从总指挥的调遣呐。

冯:扣押委员长这么大的事情,杨虎城事先不通知我,这分明是看不起我冯钦哉。

江天正:总指挥和冯军长情同手足,我们十七路军的大部分人马都在冯军长麾下,这足以证明总指挥对冯军长是绝对信任的。

夏炳候(十七路军五十二师副师长):不管怎么说,张学良闹事是为了他们东北军,我们跟着掺和什么。

冯:大家都听明白了,背叛党国、背叛领袖的事情,我冯钦哉不干,李子清。

李子清:到。

冯:我任命你为大荔地区警备司令,除了你的团之外,再配给你四个独立营,负责城防事务。

李子清:是。

夏副师长:你把四十二师其他几个团调至大荔城外,准备配合中央军,进西安救委员长。

夏副部长:是。

江天正:冯军长,这是分裂十七路军,我们不能这样做呀。

(冯拔出手枪打死江天正,然后说:诸位,执行命令吧!)

证明:第三、二十二、二十八集有关冯钦哉的剧情,侵犯了冯钦哉的名誉权的事实。

2. 证据二:解放军出版社出版《民国高级将领列传》(冯钦哉传)(由于该传篇幅太长,下面只引入证明部分)

证明如下:

(1)《西安事变》电视剧有关冯钦哉的故事情节,除不执行张学良的命令、反对扣押蒋介石外,其余故事情节传记里都没有,应该是捏造的。

(2)在第二十二集蒋介石接见冯钦哉时说冯钦哉民国16年和民国19年担任的军职是错的。1927年(民国16年)春杨虎城部改编为国民革命军第二集团军第十军冯钦哉任第一师师长(见冯钦哉传36页)。1930年(民国19年)杨部正式扩编为国民革命军讨逆第十七路军,冯钦哉任第四十二师师长(见冯钦哉传39页倒数第十行)。

(3)(冯钦哉传第38页倒数第五行)于次年元旦全部占领驻马店后,又奉令参加追击,直至唐军覆没。战后,冯钦哉被蒋介石晋升一级,在驻马店还受到蒋召见,得赏两万元。蒋当众夸他:你的队伍打得好,是一员猛将。(冯钦哉传39页倒数第七行)这时,在西北军中,冯钦哉成了南京政府较为注意的人物。1931年12月,他参加了蒋介石在南京召开的军事将领会议。蒋特地当众介绍说:"这就是打驻马店的旅长冯钦哉,老同盟会员,现在是四十二师师长。"1932年冯钦哉升第七军军长。因此根据史料,冯钦哉根本不需要送金条见蒋介石。

3. 证据三:《西安事变与第二次国共合作》一书第121页

此信由邵力子透露给大公报驻陕特派员李天织,李天织与张学良关系较密切,李天织于12月11日将信内容透露给张学良促成张学良发动了西安事变。

证明:此页内容充分说明了张学良发动西安事变的真实原因。与电视剧第二十八集中所谓绥署作战处长江正天念的杨虎城给冯钦哉的电报事变起因:"蒋近日与日本签订防共协定,承认伪满,全国愤懑。"原意完全是相违背的。并且剧中杨虎城的所谓电报、起事原因是颠倒中国历史的重大原则错误。因为当年国民党政府从未和日本订什么"防共协定",更没有承认伪满洲国。当时承认满洲国的有苏联、蒙古社会主义国家(蒋介石直到死都未承认外蒙独立)。既然没有宣读电报的这个江天正真人,该电报内容起事原因又是违背中国历史重大事件真实性的原则错误,又找不出任何史实证实冯钦哉枪毙江天正。

以上证据进一步证明:第二十八集侵权事实成立。

4. 证据四:冯钦哉与蒋介石多次合影(该证据取自《西安事变与第二次国共合作》一书)

证明:在电视剧所反映的蒋介石接见冯钦哉应是 1936 年 12 月 4 日—9 日(见证据三文字),在此之前蒋多次召见冯一起游览风景名胜,根本没必要为见蒋送金条。

5. 证据五:孙蔚如的回忆"杨虎城在武功继续坚持靖国军旗帜"(选自陕西人民出版社出版的《回忆杨虎城将军》一书)

以上文章证明靖国军杨虎城部始于 1917 年,终于 1922 年 5 月,从 1921 年下半年就被直系到处堵截围困。靖国军内没共产党员。何况中国共产党一大开会是 1921 年 7 月 23 日,从此中国才有共产党。更加证明电视剧二十二集中冯钦哉给蒋告杨黑状说"杨虎城同情和支持共产党由来已久,在靖国军时期就与共产党有来往"这些话都是凭空捏造的。

6. 证据六:王明钦回忆录《双十二事变时冯钦哉部叛变经过》

该回忆录选自:全国政协 2002 年出版文史资料选编《西安事变》卷,该文章和下一证据刘筱浦的回忆应是刚解秘的。该文作者任国民革命军第四十二师团长,由于该文章较长,只选了有关"西安事变"的内容。该证据证明"西安事变"发生时冯部开会没有枪毙部下,所谓枪毙部下是凭空捏造的。

7. 证据七:刘筱浦回忆录《关于冯钦哉的回忆》摘录

因文章较长只摘录有关"西安事变"内容,作者系四十二师军需处会计科长。

8. 证据八:大公报驻陕特派员李天织 1937 年 1 月报道、该档案现存国民政府、国史馆。

证据二内蒋介石给邵力子的"密嘱"就是李天织从邵力子处得知后透露给张学良的,促成了张发动西安事变。

9. 证据九:李子刚、《回忆杨虎城和他与蒋介石的关系》一文中在蒋介石"剿共政策下"对红军的防御战 126 页

该文选自全国政协文史资料研究会编《回忆杨虎城将军》一书,该文作者曾任十七路军驻京办主任、民政厅长一职。

证明:徐海东部红军进入商洛一带,杨虎城派警备师在商洛和镇安、柞水阻截。进而证明:电视剧二十二集蒋接见冯时说:冯钦哉奉命围追堵截徐海东红军之言论和冯说在剿共作战中损失的武器兵员杨虎城不予补充等剧情也是捏造的。

10. 证据十:马文彦回忆《西安事变杨将军让我办的几件事》(该文章登在《回忆杨虎城将军》一书)去大荔说服冯钦哉(马文彦解放后曾任省民盟秘书长)

证明:"西安事变"发生后在 12 月 22 日前杨虎城与冯钦哉还常电话联系、虽有点意见但关系还正常。剧情与此文不符。

11. 证据十一:民国 26 年(1937 年)1 月 11 日陈诚至蒋中正电报

该文选自:2007 年国民政府、国史馆出版的《陈诚先生书信集》一书。证明:冯钦哉与杨虎城是 12 月 23 日因误会翻脸的。

代理意见

审判长:

陕西诺尔律师事务所接受本案冯寄宁的委托,由戴晓东律师作为诉讼代理人参与本案诉讼活动,今天出庭代理原告,经过庭审就本案的事实及法律适用发表如下代理意见:

一、关于原告身份适格问题

原告冯寄宁属于影视剧中的人物冯钦哉将军的直系血亲孙子,根据最高人民法院关于审理名誉权案件若干问题的解答(1993/08/07)五:死者名誉受到损害的,其近亲属有权向人民法院起诉。近亲属包括:配偶、父母、子女、兄弟姐妹、祖父母、外祖父母、孙子女、外孙子女。

二、被告侵权事实存在

本案被告摄制创作的《西安事变》作为重大的现代历史题材的影视剧,属于文学作品,但无疑应该是叙史纪实的文学作品,应当尊重历史事实,真实地再现历史镜头,以历史事实为根据,对历史人物应该根据历史事实尊重历史原貌,应真实地再现历史人物的活动,不应以剧情需要去给历史人物画像。更不应该用捏造的、历史上不存在的事件套在历史人物身上,杜撰历史事实,广泛传播,来达到一定的观点。被告方在影视剧中几处使用不存在的虚构杜撰出来的事实情节,来说明冯钦哉将军在"西安事变"历史过程中的表现,演绎说明贬损冯钦哉将军,使人感到冯钦哉将军在"西安事变"中扮演着不光彩的角色。

具体体现在如下几点:

第一，在影视片第三集中冯钦哉炸煤矿企图阻挠张学良进驻西安，给张、杨二将军制造麻烦。

第二，在影视片第二十二集中冯钦哉送金条贿赂蒋介石的门卫事务官钱大钧，急于见蒋告杨虎城的黑状，出卖杨虎城。

第三，在影视片第二十八集中冯钦哉随手拔出枪打死杨虎城部的靖绥公署作战处传令人江天正。

三、本案的证据

原告当庭提供的证据表明被告的三点侵权事实没有历史事实来源，都是凭空捏造杜撰出来的事实情节，历史上根本不存在。被告当庭没有充足的证据证明自己所摄影视剧的行为观点。

关于第一点冯钦哉将军炸煤矿情节，历史上不存在，原告不需要提供证据证明；应由被告提供其摄制的根据。

关于第二点原告提供的证据证明，在影视剧中冯钦哉此次（1936 年 12 月 12 日）见蒋之前就已经是蒋的故交，早就得到蒋的赏识，蒋也极力拉拢冯，哪有为了见到蒋而行贿门卫官举动的历史纪录？告杨虎城黑状之事见于何处记载？冯与杨只是因误会在事变后的 12 月 23 日后才有了分歧。

关于第三点，证据表明冯钦哉没有随意拔枪打死杨虎城部属作战处的少将江天正的史实，因为真实的历史是：杨虎城的绥靖公署内没有作战处这一机关。证据表明也没有江天正此人。

关于被告提供的三份证据，证明不了自己侵权的免责问题：

（1）送审报告只能表明履行申报程序的问题；此程序是我国对影视作品和重大历史题材影视作品出版摄制的程序规定。

（2）广电总局的批复证实了此剧的出版程序符合规定。

（3）该剧所参考的主要书籍、文献，该份证据主要列出了书目和文献名字，在这些书目文献中找不到也不能证明被告自己在影视剧中刻画冯钦哉的三点行为所依据的历史根据。

被告的三份证据没有起到证据的作用，证实不了被告摄制的影片对冯钦哉行为刻画有历史真实性。被告虽然辩称，认为自己只是摄制者，不享有版权，不应承担侵权责任，此说没有法律根据，亦与法律规定相悖。

四、关于法律适用

（一）根据我国《民法通则》

第一百零一条：公民、法人享有名誉权，公民的人格尊严受法律保护，禁止用侮辱、诽谤等方式损害公民、法人的名誉。

第一百二十条：公民的姓名权、肖像权、名誉权、荣誉权受到侵害的，有权要求停止侵害,恢复名誉,消除影响,赔礼道歉,并可以要求赔偿损失。

第一百三十四条:承担民事责任的方式主要有:

(一)停止侵害;

(二)排除妨碍;

(三)消除危险;

(四)返还财产;

(五)恢复原状;

(六)修理、重作、更换;

(七)赔偿损失;

(八)支付违约金;

(九)消除影响、恢复名誉;

(十)赔礼道歉。

以上承担民事责任的方式,可以单独适用,也可以合并适用。

(二)根据最高院民法通则司法解释(最高人民法院法办发〔1988〕6 号):

第 140 条:以书面、口头等形式宣扬他人的隐私,或者捏造事实公然丑化他人人格,以及用侮辱、诽谤等方式损害他人名誉,造成一定影响的,应当认定为侵害公民名誉权的行为。

以书面、口头等形式诋毁、诽谤法人名誉,给法人造成损害的,应当认定为侵害法人名誉权的行为。

(三)根据最高人民法院关于审理名誉权案件若干问题的解答(1993/08/07):

人民法院依照《中华人民共和国民法通则》第一百二十条和第一百三十四条的规定,可以责令侵权人停止侵害、恢复名誉、消除影响、赔礼道歉、赔偿损失。恢复名誉、消除影响、赔礼道歉可以书面或者口头的方式进行,内容须事先经人民法院审查。

恢复名誉、消除影响的范围,一般应与侵权所造成不良影响的范围相当。

公民、法人因名誉权受到侵害要求赔偿的,侵权人应赔偿侵权行为造成的经济损失;公民并提出精神损害赔偿要求的,人民法院可根据侵权人的过错程度、侵权行为的具体情节、给受害人造成精神损害的后果等情况酌定。

(四)根据最高人民法院关于审理名誉权案件若干问题的解释

(1998 年 7 月 14 日最高人民法院审判委员会第 1002 次会议通过法释〔1998〕26 号):

1993 年我院印发《关于审理名誉权案件若干问题解答》以来,各地人民

法院在审理名誉权案件中,又提出一些如何适用法律的问题,现解释如下:

一、问:名誉权案件如何确定侵权结果发生地?

答:人民法院受理这类案件时,受侵权的公民、法人和其他组织的住所地,可以认定为侵权结果发生地。

二、问:新闻媒介和出版机构转载作品引起的名誉纠纷,人民法院是否受理?

答:新闻媒介和出版机构转载作品,当事人以转载者侵害其名誉权向人民法院提起诉讼的,人民法院应当受理。

根据以上查明的事实,依照法律和司法解释的规定,被告的行为已经构成侵权,应当承担侵权的法律责任,提请法庭根据事实和法律规定,支持原告诉求,判令被告承担侵权责任,责令其停止侵害,赔礼道歉,在该电视剧播放的同等范围内给名誉权人恢复名誉,消除影响。

陕西诺尔律师事务所:戴晓东律师

2008 年 6 月 23 日

庭外证据:(该证据因与侵权无关、未在法庭出示)

一、冯钦哉等 1936 年 12 月 14 日反对张学良扣蒋的通电

附录:冯钦哉樊嵩甫等通电(12 月 14 日)

急。南京。中国国民党中央执行委员会,国民政府主席林,军委会副委员吴[电文脱误]、冯,行政院代院长孔,军政部何,各院、部、会,各省政府,各绥靖公署,各总指挥钧鉴:各军、师、旅长,各公法团,各报馆公鉴:查张逆学良实中华民国千古罪人也。渊源匪阀,枭獍成性。昔曾扰乱于冀、鲁,继后法虐施辽东,嗜毒物无异性命,不抵抗而亡四省,乃腼腆世间,因缘时会。中央念其年少,待以来兹,任之以方面,委之以重兵。孰知未闻奏凯之歌,竟肇萧墙之祸。挟持长上,侮辱同僚,欲以亡东北之故技以亡陕甘。丧心病狂,诚禽兽之不若,而人类之耻与同群也。哉等为国家纲纪,诚剑及履及,如鹰鹤之逐鸟鹊、宁敢后人!我中央非一人之中央,而全国之中央也。幼殁其长、子辱其父,此而可忍,孰不可忍者。务请中央政府明令军政部何部长应钦大统六军,明令挞伐。哉等蹈汤赴火,是用不辞。万军咸阳扼其西,樊军潼关封其口,本军凭河阻其北。斧底游鱼、何待锅煎。深望我政府及民众,明辨是非,一致声[讨]为幸。陆军第七军军长冯钦哉、第四十六军军长樊嵩甫、第六师师长周祁、第十师师长李默庵、第二十八师师长董钊、第六十师师长陈沛、军官学校教导总队长桂永清、第七十九师师长陈安宝同叩。寒亥。印。

(云南省档案馆藏:国民党云南省政府秘书处档案)

二、冯钦哉 12 月 17 日给于右任的替杨虎城说话的电报(国民党财政部档案)

西安市碑林区人民法院民事判决书

〔2008〕碑民二初字第 492 号

原告:冯寄宁,男,汉族,住西安市东大街

委托代理人:戴晓东,陕西诺尔律师事务所律师

被告:西安电影制片厂,住所地西安市西影路 70 号

法定代表入:延艺云,西安电影制片厂厂长

委托代理人:吴健、徐平,西安电影制片厂职员

原告冯寄宁与被告西安电影制片厂"西安事变"电视剧侵害冯钦哉名誉权纠纷一案,本院受理后,依法组成合议庭公开开庭进行了审理。原告及其委托代理人、被告委托代理人均到庭参加诉讼,本案现已审理终结。

原告诉称,其祖父冯钦哉曾为国民党爱国将领,后随同傅作义将军参加北平起义,而被告西安电影制片厂和中央电视台文艺中心影视部合拍的 36 集电视连续剧《西安事变》毫无根据,恶意编造冯钦哉炸毁煤矿、行贿钱大钧、随手枪杀少将江天正等,对冯钦哉的名誉权造成严重侵犯,为此要求被告停止侵害、恢复名誉、消除影响、赔礼道歉。

原告对其主张出示下列证据:

1.《西安事变》盘碟一部及片段书面记录;

2.《民国高级将领列传》第 33—46 页;

3. 省地方志《西安事变与第二次国共合作》第 121 页;

4. 省地方志《西安事变与第二次国共合作》第 46 页,第 47 页,第 105 页;

5.《孙蔚如回议录》;

6.《王明钦回忆录》;

7.《刘筱浦回忆录》;

8.《大公报》1937 年 1 月报道西安 1 月摘录;

9. 李志刚著《在蒋介石的"剿共政策"下的对红军的防御战》第 126 页;

10. 马文彦《回忆杨虎城将军》第 160 页;

11. 民国 26 年 1 月 11 日陈诚致蒋中正电。

被告辩称,该电视剧确系其制作,但经过层层审查,本剧最初剧中人物多用化名,后经中央决定才用真实姓名。原告应服从大局,不同意原告的诉讼请求。

被告对其主张出示下列证据：

1. 重视办革字〔2006〕3 号文件；

2. 关于电视剧本《西安事变》的送审报告；

3. 电视剧《西安事变》涉及重大事件所参考的主要书籍、文献。

经审理查明，原告冯寄宁祖父冯钦哉曾为国民党爱国将领，后随同傅作义将军参加北平起义，而被告西安电影制片厂依照基本历史史实，经过层层审查，制做了电视剧《西安事变》并于 2007 年 12 月起在中央电视台八频道播放。剧中第三集涉及杨虎城指责冯钦哉炸毁煤矿拒不配合东北军交接，第二十二集描写冯钦哉向钱大钧行贿金条 1 根，第二十八集描写冯钦哉枪杀江天正，庭审中被告表示这三段情节均没有证据能够证明是历史事实。

上述事实，有当事人陈述及本院确认的证据在卷佐证，足以定案。

本院认为，被告西安电影制片厂制作的电视连续剧三段有关冯钦哉的描写均没有证据能够证明是历史史实。其中关于冯钦哉行贿钱大钧一节，贬损了冯钦哉的人格，侵犯了冯钦哉的名誉权。关于冯钦哉炸毁煤矿、枪杀江天正二节涉及冯钦哉及十七路军军事策略与军事管理，此二节是否属实应属历史学研究范围，此二节均不涉及冯钦哉人格、道德水平，并未侵犯冯钦哉的名誉权。依照《中华人民共和国民法通则》第一百零一条、第一百二十条第一款之规定，判决如下：

一、本判决生效之日起 15 日内被告西安电影制片厂停止电视连续剧《西安事变》中有关冯钦哉行贿钱大钧一节的播出。

二、本判决生效之日起 15 日内被告西安电影制片厂就电视连续剧《西安事变》中有关冯钦哉行贿钱大钧一节在全国性报刊为冯钦哉恢复名誉、消除影响，并向原告冯寄宁赔礼道歉。

诉讼费 100 元由被告负担（此款原告已预付，被告在本判决生效之日起 15 日内直付原告）。

如不服本判决，可在接到判决书之日起 15 日内向本院提交上诉状及副本，上诉于陕西省西安市中级人民法院。

审　判　长　郭玉萍

审　判　员　甄万民

助理审判员　查永谦

二〇〇八年八月五日

书　记　员　王　涛

案例十六

台湾地区的诽韩案①

1976 年 10 月间,有一郭寿华者以笔名"干城",在《潮州文献》第 2 卷第 4 期,发表《韩文公、苏东坡给与潮州后人的观感》一文,指称:"韩愈为人尚不脱古人风流才子的怪风气,妻妾之外,不免消磨于风花雪月,曾在潮州染风流病,以致体力过度消耗,及后误信方士硫磺下补剂,离潮州不久,果卒于硫磺中毒"等语。韩愈第三十九代孙韩思道,视为奇耻大辱,拍案而起。急忙翻阅"刑法",查到第 312 条诽谤死者罪:对于已死之人,犯诽谤罪者,处一年以下有期徒刑、拘役或 1 000 元以下罚金。此条其后解释是:所以保护死者后人之孝思也。我国风俗,对于死者,其尊重心过乎外国,故不可不立此条,以励俗薄而便援用。遂向台北地方法院,提起自诉。经法院审理,认为"自诉人以其祖先韩愈之道德文章,素为世人尊敬,被告竟以涉于私德而与公益无关之事,无中生有,对韩愈自应成立诽谤罪,自诉人为韩氏子孙,因先人名誉受侮,而提出自诉,自属正当",因而判郭寿华诽谤已死之人,处罚金 300 元。郭寿华不服,提起上诉,经"台湾高等法院"判决驳回,该案遂告确定。这件判决,在当时曾引起学术界极大的震撼,指为"文字狱"。

---

① 参见杨仁寿:《法学方法论》,中国政法大学出版社 1999 年版,第 1 页以下。

附录二 相关法律法规

一、《中华人民共和国民法通则》(1986 年 4 月 14 日)

第九条 公民从出生时起到死亡时止,具有民事权利能力,依法享有民事权利,承担民事义务。

第一百零一条 公民、法人享有名誉权,公民的人格尊严受法律保护,禁止用侮辱、诽谤等方式损害公民、法人的名誉。

第一百一十九条 侵害公民身体造成伤害的,应当赔偿医疗费、因误工减少的收入、残废者生活补助费等费用;造成死亡的,并应当支付丧葬费、死者生前扶养的人必要的生活费等费用。

第一百二十条 公民的姓名权、肖像权、名誉权、荣誉权受到侵害的,有权要求停止侵害,恢复名誉,消除影响,赔礼道歉,并可以要求赔偿损失。

二、《关于贯彻执行〈中华人民共和国民法通则〉的意见(试行)》(1988 年 1 月 26 日)

第 140 条 以书面、口头等形式宣扬他人的隐私,或捏造事实公然丑化他人人格,以及用侮辱、诽谤等方式损害他人名誉,造成一定影响的,应当认定为侵害公民名誉权的行为。

三、《最高人民法院关于确定民事侵权精神损害赔偿责任若干问题的解释》(2001 年 3 月 10 日)

第三条 自然人死亡后,其近亲属因下列侵权行为遭受精神痛苦,向人民法院起诉请求赔偿精神损害的,人民法院应当依法予以受理:

(一)以侮辱、诽谤、贬损、丑化,或者违反社会公共利益、社会公德的其他方式,侵害死者姓名、肖像、名誉、荣誉;

(二)非法披露、利用死者隐私,或者以违反社会公共利益、社会公德的其他方式侵害死者隐私；

（三）非法利用、损害遗体、遗骨，或者以违反社会公共利益、社会公德的其他方式侵害遗体、遗骨。

第七条　自然人因侵权行为致死，或者自然人死亡后其人格或者遗体遭受侵害，死者的配偶、父母和子女向人民法院起诉请求赔偿精神损害的，列其配偶、父母和子女为原告；没有配偶、父母和子女的，可以由其他近亲属提起诉讼，列其他近亲属为原告。

四、《著作权法》（2001 年 10 月 27 日）

第十九条　著作权属于公民的，公民死亡后，其作品的使用权和获得报酬权在本法规定的保护期内，依照继承法的规定转移。

著作权属于法人或者非法人单位的，法人或者非法人单位变更、终止后，其作品的使用权和获得报酬权在本法规定的保护期内，由承受其权利义务的法人或者非法人单位享有；没有承受其权利义务的法人或者非法人单位的，由国家享有。

第二十条　作者的署名权、修改权、保护作品完整权的保护期不受限制。

第二十一条　公民的作品，其发表权、使用权和获得报酬权的保护期为作者终生及其死亡后五十年，截止于作者死亡后第五十年的 12 月 31 日；如果是合作作品，截止于最后死亡的作者死亡后的第五十年的 12 月 31 日。

法人或者非法人单位的作品、著作权（署名权除外）由法人或者非法人单位享有的职务作品，其发表权、使用权和获得报酬权的保护期为五十年，截止于作品首次发表后第五十年的 12 月 31 日，但作品自创作完成后五十年内未发表的，本法不再保护。

电影、电视、录像和摄影作品的发表权、使用权和获得报酬权的保护期为五十年，截止于作品首次发表后第五十年的 12 月 31 日，但作品自创作完成后五十年内未发表的，本法不再保护。

五、《〈中国民法典·人格权法编〉草案建议稿》①（2002 年 4 月 8 日）

第六十一条　【死者姓名、肖像、名誉、荣誉、隐私和身体利益的保护】

自然人死亡后，其姓名、肖像、名誉、荣誉和隐私利益受法律保护。

---

①　王利明、杨立新：《〈中国民法典·人格权法编〉草案建议》，http://www.yanglx.com/shownews.asp? id＝240,2012-02-23。

自然人死亡后,其遗体受法律保护。

第六十二条 【死者人格利益的保护主体及期限】

死者的人格利益,死者的配偶、父母、子女有权进行保护。没有配偶、父母和子女的,其他近亲属有权进行保护。

第六十三条 【死者肖像保护期限的特别规定】

禁止非法使用或者利用死者的肖像。自然人死亡后超过 10 年的,死者肖像的作者可以艺术目的,对该肖像予以使用。

六、《中国民法典草案建议稿》(2004 年 9 月 19 日)

第 16 条 (死者人格的保护)

自然人死亡后,对其人格实施侵害行为的,死者的配偶或二亲等以内的血亲,享有本法第 13 条规定的请求权,并可以根据侵权行为的规定请求赔偿损害。侵害行为严重危害公共利益的,人民检察院享有本法第 13 条规定的请求权。

下列行为是对死者人格的侵害:

(一)侮辱、非法损害死者的遗体或者对死者的遗体非法实施暴力行为的;

(二)侮辱、非法损害死者的骨灰的;

(三)未经死者生前同意,将其遗体或遗体的一部分进行解剖、器官移植或其他科学和医疗用途的,对该项同意,如果死者死亡时为无民事行为能力人或者限制行为能力人的,本法第 11 条第 2 款和第 3 款的规定同样适用;

(四)实施本法第 27 条第(三)至(六)项的行为,非法侵害死者姓名的;

(五)实施本法第 31 条的行为,非法侵害死者肖像其他标识的;

(六)实施本法第 37 条的行为,非法侵害死者名誉的;

(七)实施本法第 38 条的行为,非法侵害死者信用的;

(八)实施本法第 49 条的行为,非法侵害死者隐私的;

(九)其他侵害死者人格的行为。

前款第(三)项的同意,适用本法第 11 条的规定。

七、《产品质量法》(2000 年 7 月 8 日)

第四十四条第一款 因产品存在缺陷造成受害人人身伤害的,侵害人应当赔偿医疗费、治疗期间的护理费、因误工减少的收入等费用;造成残疾的,还应当支付残疾者生活自助费、生活补助费、残疾赔偿金以及由其扶养的人所必需的生活费等费用;造成受害人死亡的,并应当支付丧葬费、死亡赔偿金以及由死者生前扶养的人所必需的生活费等费用。

八、《消费者权益保护法》(1993 年 10 月 31 日)

第四十二条　经营者提供商品或者服务,造成消费者或者其他受害人死亡的,应当支付丧葬费、死亡赔偿金以及由死者生前扶养的人所必需的生活费等费用;构成犯罪的,依法追究刑事责任。

九、《中华人民共和国侵权责任法》(2009 年 12 月 26 日)

第二条　侵害民事权益,应当依照本法承担侵权责任。本法所称民事权益,包括生命权、健康权、姓名权、名誉权、荣誉权、肖像权、隐私权、婚姻自主权、监护权、所有权、用益物权、担保物权、著作权、专利权、商标专用权、发现权、股权、继承权等人身、财产权益。

十、《中华人民共和国侵权责任法司法解释草案建议稿(草案)》(讨论稿 2010 年 6 月 30 日)①

第四条　【侵权责任法保护的民事利益范围】

违反保护他人的法律,或者故意违背善良风俗,侵害下列民事利益的,应当认定为侵权责任法第二条第二款规定的民事利益保护范围:

(一)法律规定的具体人格权不能保护的其他人格利益;

(二)死者的姓名、肖像、名誉、荣誉、隐私以及遗体或者遗骨等人格利益;

(三)胎儿的人格利益;

(四)法律规定的身份权不能保护的其他身份利益;

(五)法律规定的物权、债权和知识产权不能保护的占有、纯粹经济利益损失等其他财产利益。

前款规定的死者的人格利益,由死者的近亲属予以保护。胎儿的人格利益受到损害,在其出生后有权就其受到的损害提出赔偿请求;胎儿遭受损害没有出生或出生时为死体的,该损害视为对其母亲的损害。

第三十三条　【精神损害赔偿】

受害人因生命权、健康权、身体权、姓名权、名称权、名誉权、肖像权、隐私权、人身自由权、性自主权、婚姻自主权等人格权以及监护权等身份权受

---

①　参见中国人民大学民商事法律科学研究中心"侵权责任法司法解释研究"课题组:《中华人民共和国侵权责任法司法解释草案建议稿(草案)》,http://www.civillaw.com.cn/article/default.asp? id＝49876,2012-02-23。

到侵害的,受害人可以请求被侵权人承担精神损害赔偿责任。

被侵权人因其他人格利益、死者人格利益、胎儿人格利益、身份利益受到侵害的,可以请求被侵权人承担精神损害赔偿责任。

具有人格象征意义的特定纪念物品,因永久灭失或者毁损,受害人除了可以请求财产损害赔偿外,还可以请求人格利益受到损害的精神损害赔偿责任。

参考文献

一、中文文献

(一)书　　籍

[1]　王利明、杨立新、姚辉:《人格权法》,法律出版社 1997 年版。

[2]　王利明主编:《民法·侵权行为法》,中国人民大学出版社 1993 年版。

[3]　王利明主编:《人格权法新论》,吉林人民出版社 1994 年版。

[4]　王利明:《人格权法论》,中国人民大学出版社 2005 年版。

[5]　梁慧星主编:《从近代民法到现代民法》,中国民主法制出版社 2000 年版。

[6]　梁慧星:《民法总论》,法律出版社 2001 年版。

[7]　梁慧星:《中国民法典草案建议稿》,法律出版社 2003 年版。

[8]　陈蕃、李伟长主编:《临终关怀与安乐死曙光》,中国工人出版社 2004 年 9 月版。

[9]　《意大利民法典》,费安玲等译,中国政法大学出版社 2004 年 11 月版。

[10]　傅伟勋:《死亡的尊严与生命的尊严》,北京大学出版社 2006 年 6 月版。

[11]　郭卫华、李晓波主编:《中国人身权法律保护判例研究》(上册),光明日报出版社 2000 年版。

[12]　黄茂荣:《法学方法与现代民法》,台湾大学法学丛书 1993 年版。

[13]　孔祥俊:《民商法热点难点及前沿问题》,人民法院出版社 1996 年 7 月版。

[14]　[法]勒内·达维德:《当代主要法律体系》,漆竹生译,上海译文出版社 1984 年版。

[15] 李开国:《民法基本问题研究》,法律出版社 1999 年版。

[16] 刘德宽:《民法诸问题与新展望》,中国政法大学出版社 2006 年版。

[17] 刘国涛:《人的民法地位》,中国法制出版社 2005 年版。

[18] 刘云生:《民法与人性》,中国检察出版社 2005 年 7 月版。

[19] 龙卫球:《民法总论》,中国法制出版社 2001 年版。

[20] 罗传贤:《立法程序与技术》,台湾五南图书有限公司 1996 年版。

[21] 《法国民法典》(上、下),罗结珍译,法律出版社 2005 年 3 月第 1 版。

[22] 马俊驹、余延满:《民法原论》(上),法律出版社 1998 年版。

[23] 梅仲协:《民法要义》,中国政法大学出版社 2004 年版。

[24] 南川、黄炎平编译:《与名家一起体验死》,光明日报出版社 2001 年版。

[25] 史尚宽:《民法总论》,中国政法大学出版社 2000 年版。

[26] 史尚宽:《亲属法论》,中国政法大学出版社 2000 年版。

[27] 苏永钦:《走进新世纪的私法自治》,中国政法大学出版社 2002 年版。

[28] 陶东风主编:《文化研究精粹读本》,中国人民大学出版社 2006 年版。

[29] 《日本民法典》,王书宗译,中国法制出版社 2000 年 4 月第 1 版。

[30] 王晓慧:《论安乐死》,吉林人民出版社 2004 年 1 月版。

[31] 魏振瀛主编:《民法》,北京大学出版社 2000 年版。

[32] 谢怀栻:《外国民商法精要》,法律出版社 2002 年第 1 版

[33] 杨立新:《人身权法论》,人民法院出版社 2002 年版。

[34] 杨仁寿:《法学方法论》,中国政法大学出版社 1999 年版。

[35] 由嵘:《日尔曼法简介》,法律出版社 1987 年版。

[36] 曾世雄:《民法总则之现在与未来》,中国政法大学出版社 2001 年版。

[37] 张新宝:《名誉权的法律保护》,中国政法大学出版社 1997 年版。

[38] 郑冲、贾红梅译:《德国民法典》,法律出版社 2001 年 4 月第 2 版。

[39] 周枏:《罗马法原论》,商务印书馆 1994 年版。

[40] 朱慈蕴:《公司法人格否认法理研究》,法律出版社 1998 年 11 月版。

[41] 最高人民法院中国应用法学研究所:《人民法院案例选》(总第 3 辑),人民法院出版社 1993 年版。

[42] [德]贝克勒等编著:《向死而生》,张念东等译,生活·读书·新知三联书店 1993 年版。

[43] [德]迪特尔·梅迪库斯:《德国民法总论》,邵建东译,法律出版社 2000 年版。

[44] [德]迪特尔·施瓦布:《民法导论》,郑冲译,法律出版社 2006 年版。

[45] [德]京特·雅科布斯:《规范·人格体·社会——法哲学前思》,冯军译,法律出版社 2001 年版。

[46] [德]卡尔·拉伦茨:《德国民法通论》(上册),王晓晔等译,法律出版社 2003 年版。

[47] [德]康德:《法的形而上学原理》,沈叔平译,商务印书馆 1991 年版。

[48] [德]克雷斯蒂安·冯·巴尔:《欧洲比较侵权行为法》(下卷),焦美华译,法律出版社 2001 年版。

[49] [德]马丁·海德格尔:《存在与时间》,陈嘉映、王庆节译,生活·读书·新知三联书店 2000 年版。

[50] [德]马丁·布伯:《我与你》,陈维纲译,生活·读书·新知三联书店 1986 年版。

[51] [法]艾玛纽埃尔·勒维纳斯:《上帝·死亡和时间》,余中先译,生活·读书·新知三联书店 1997 年版。

[52] [法]米歇尔·沃维尔:《死亡文化史》,高凌翰、蔡锦涛译,中国人民大学出版社 2004 年 5 月版。

[53] [加]威尔弗雷德·坎特韦尔·史密斯:《宗教的意义与终结》,董江阳译,中国人民大学出版社 2005 年。

[54] [美]保罗·尼特:《宗教对话模式》,王志等译,中国人民大学出版社 2004 年版。

[55] [美]列奥·施特劳斯:《自然权利与历史》,彭刚译,生活·读书·新知三联书店 2005 年 11 月版。

[56] [美]埃尔曼:《比较法律文化》,梁治平等译,生活·读书·新知三联书店 1990 年版。

[57] [美]艾伦·沃森:《民法法系的演变与形成》,李静冰、姚新华译,中国政法大学 1992 年版。

[58] [美]克拉克·威斯勒:《人与文化》,钱岗南、傅志强译,商务印书馆 2004 年版。

[59] [日]富井政章:《民法原论》,陈海瀛、陈海超译,中国政法大学 2003 年 6 月版。

[60] [日]美浓部达吉:《公法与私法》,黄冯明译,中国政法大学出版社 2003 年 5 月版。

[61] [日]我妻荣:《债权在近代法中的优越地位》,王书江、张雷译,中国大百科全书出版社 1999 年版。

[62] [意]彼得罗·彭梵得:《罗马法教科书》,黄风译,中国政法大学出版社 1992 年 9 月版。

[63] [英]彼得·斯坦等:《西方社会的法律价值》,王献平译,中国法制出版社 2004 年版。

[64] [英]梅因:《古代法》,沈景一译,商务印书馆 1984 年版。

[65] [英]休谟:《道德原则研究》,曾晓平译,商务印书馆 2001 年版。

[66] [日]五十岚清:《人格权法》,[日]铃木贤、葛敏译,北京大学出版社 2009 年版。

[67] 渠涛:《最新日本民法》(2006 最新版),法律出版社 2006 年版。

[68] 张明楷:《日本刑法典》(第 2 版),法律出版社 2006 年版。

[69] 宋英辉:《日本刑事诉讼法》,中国政法大学出版社 2000 版。

[70] 陈清秀:《国际著作权法令暨判决之研究——参日本著作权法令暨判决之研究》(法令篇),植根杂志有限公司 1996 年版。

[71] 《葡萄牙民法典》,唐晓晴等译,北京大学出版社 2009 年版。

[72] 马俊驹:《人格和人格权理论讲稿》,法律出版社 2009 年版。

(二)期刊论文与专书论文

[1] [德]汉斯·哈腾鲍尔:《民法上的人》,孙宪忠译,载《环球法律评论》2001 年冬季号。

[2] [日]星野英一:《私法中的人——以民法财产法为中心》,王闯译,载梁慧星主编:《为权利而斗争》,中国法制出版社 2000 年版,第 327—376 页。

[3] 陈爽:《浅论死者名誉与家庭名誉》,载《法学研究生》1991 年第 9 期。

[4] 陈小君、曹诗权:《浅论人工生殖管理的法律调控原则》,载《法律科学》1996 年第 1 期。

[5] 陈小君、易军:《亲权制度研究及其立法建构》(上),载吴汉东主编:《私法研究》,中国政法大学出版社 2002 年版。

[6] 陈小君、易军:《亲权制度研究及其立法建构》(下),载吴汉东主编:《私法研究》,中国政法大学出版社 2002 年版。

[7] 陈小君:《我国民法典:序编还是总则》,载《法学研究》2004 年第 6 期。

[8] 邓正来:《哈耶克方法论个人主义的研究》(上),载《环球法律评论》2002 年夏季号。

[9] 邓正来:《哈耶克方法论个人主义的研究》(下),载《环球法律评论》2002 年冬季号。

[10] 邓正来:《哈耶克方法论个人主义的研究》(中),载《环球法律评论》2002 年秋季号。

[11] 董炳和:《论死者名誉的法律保护》,载《烟台大学学报(哲学社会科学版)》1998 年第 2 期。

[12] 董炳和:《死者姓名的民法保护》,载《法学》1997 年第 12 期。

[13] 冯象:《孔夫子享有名誉权否》,载冯象:《政法笔记》,江苏人民出版社 2003 年版。

[14] 付翠英:《人格·权利能力·民事主体辨思》,载《法学》2006 年第 8 期。

[15] 葛洪义:《法学研究中的认识论问题》,载《法学研究》2001 年第 2 期。

[16] 葛云松:《死者生前人格利益的民法保护》,载《比较法研究》2002 年第 4 期。

[17] 郭林、张谷:《试论我国民法对死者名誉权的保护》,载《上海法学研究》1991 年第 6 期。

[18] 黎桦、汪再祥:《死后安置制度——被遗忘的法律角落》,载《北京理工大学学报(社会科学版)》2003 第 6 期。

[19] 李锡鹤:《论保护死者人身遗存的法理根据》,载《华东政法学院学报》1992 年第 2 期。

[20] 李永军:《民法上的人及其理性基础》,载《法学研究》2005 年第 5 期。

[21] 梁慧星:《当前关于民法典编纂的三条思路》,载《中外法学》2001 年第 1 期。

[22] 刘国涛:《死者生前人格利益民法保护的法理基础》,载《比较法研究》2004 年第 4 期。

[23] 刘丽娜:《论美国形象公开权对名人姓名的保护》,载《电子知识产权》2005 年第 6 期。

[24] 刘三木:《安乐死的合法性问题初探》,载《法学评论》2003 年第

2 期。

[25] 麻昌华:《死者名誉的法律保护》,载《法商研究》1996 年第 6 期。

[26] 民兵:《民事主体制度若干问题的探讨》,载《中南政法学院学报》1992 年第 1 期。

[27] 史浩明:《关于名誉权法律保护的几个理论与实践问题》,载《学术论坛》1990 年第 3 期。

[28] 苏力:《制度变迁中的行动者》,载《比较法研究》2003 年第 2 期。

[29] 孙加锋:《依法保护死者名誉的原因及方式》,载《法律科学》1991 年第 3 期。

[30] 覃有土、樊启荣:《私法社会化思潮的源流》,载吴汉东主编:《私法研究》第 1 卷,中国政法大学出版社 2002 年版。

[31] 汪再祥:《现代性背景下的安乐死合法性问题》,载《安徽大学法律评论》2004 年第 1 期。

[32] 汪志刚:《论受害人近亲属的精神损害赔偿请求权》,载张新宝主编:《侵权法评论》2003 年第 1 期,人民法院出版社 2003 年版,第 57—71 页。

[33] 王利明:《法律行为制度的若干问题探讨》,载《中国法学》2003 年第 5 期。

[34] 王利明:《美国惩罚性赔偿制度研究》,载《比较法研究》2003 年第 5 期。

[35] 王利明:《人格权制度在中国民法典中的地位》,载《法学研究》2003 年第 2 期。

[36] 王利明:《试论人格权的新发展》,载《法商研究》2006 年第 5 期。

[37] 魏振瀛:《论民法典中的民事责任体系》,载《中外法学》2001 年第 3 期。

[38] 魏振瀛:《侵害名誉权的认定》,载《中外法学》1990 年第 1 期。

[39] 吴汉东、王毅:《中国传统文化与著作权制度略论》,载《法学研究》1994 年第 1 期。

[40] 吴汉东:《论信用权》,载《法学》2001 年第 1 期。

[41] 吴汉东:《知识产权的私权与人权属性——以〈知识产权协议〉与〈世界人权公约〉为对象》,载《法学研究》2003 年第 3 期。

[42] 辛炳辰:《死者名誉权及其保护》,载《江苏警官学院学报》2005 年第 1 期。

[43] 徐涤宇:《民法典的形式理性和中国市民法理念的培植——以历

史的描述为线索》，载《法商研究》2002 年第 3 期。

[44] 徐国栋：《再现人身关系——兼评民法典总则条文建议稿第 3 条》，载《中国法学》2002 年第 4 期。

[45] 薛军：《人的保护：中国民法典编纂的价值基础》，载《中国社会科学》2006 年第 4 期。

[46] 杨立新、袁雪石：《论人格权请求权》，载《法学研究》2003 年第 6 期。

[47] 杨立新：《公民身体权及其民法保护》，载《法律科学》1994 年第 6 期。

[48] 杨立新：《人身损害赔偿问题研究》，载《民商法学》2002 年第 7 期。

[49] 杨立新：《制定民法典人格权法编需要解决的若干问题："中国民法典制定研讨会"讨论问题辑要及评论（一）》，载《河南省政法管理干部学院学报》2004 年第 6 期。

[50] 杨立新等：《人身权的延伸法律保护》，载《法学研究》1995 年第 2 期。

[51] 姚定一：《论形而上学的深层关怀——对后现代主义哲学拒斥形而上学的一种回答》，载《四川师范大学学报（社会科学版）》2002 年第 1 期。

[52] 易继明：《知识经济时代民法的变迁》，载《法学》2001 年第 8 期。

[53] 尹田：《论法人人格权》，载《法学研究》2004 年第 4 期。

[54] 尹田：《论人格权的本质——兼评我国民法典草案关于人格权的规定》，载《法学研究》2003 年第 4 期。

[55] 余能斌、涂文：《论人体器官移植的现代民法理论基础》，载《中国法学》2003 年第 6 期。

[56] 余能斌：《世纪之交看中国民商法的发展》，载《法学评论》1998 年第 5 期。

[57] 张新宝：《侵权行为法的一般条款》，载《法学研究》2001 年第 4 期。

[58] 张新宝：《人格权的内部体系》，载《法学论坛》2003 年第 6 期。

[60] 张红：《死者人格精神利益保护：案例比较与法官造法》，载《法商研究》2010 年第 4 期。

[61] 王泽鉴：《人格权的性质级构造：精神利益与财产利益的保护》，载《人大法律评论》2009 年第 1 期。

(三)网络文献

[1] 吕忠梅、廖华:《论社会利益及其法律调整》,http://www. privatelaw. com. cn/,2012-01-23。

[2] 马俊驹、张翔等:《关于人格、人格权问题的讨论》,http://www. civillaw. com. cn/rdbbs/dispbbs. asp? boardID＝3&RootID＝38230&ID＝38230,2011-07-04。

[3] 王泽鉴:《变动中的人格权》,http://www. ncclj. com/Article_Show. asp? ArticleID＝786,2011-12-09。

[4] 陈聪富:《中国侵权责任法草案之检讨》,http://www. civillaw. com. cn/weizhang/default. asp? id＝23256,2011-12-09。

[5] 杨立新:《六大突破,展现中国司法对自然人人格利益法律保护的重大进展》,http://review. jcrb. com. cn/ournews/asp/readNews. asp? id＝26789,2011-06-23。

[6] 杨立新:《中国名誉权的"膨胀"与"瘦身"——在中美"人格权法与侵权法"高级研讨会的演讲》,http://www. yanglx. com/dispnews. asp? id＝315,2012-03-03。

[7] 杨立新:《法学院学生怎样写毕业论文》,http://www. law-walker. net/detail. asp? id＝3192,2012-06-06。

[8] 中国人民大学民商事法律科学研究中心"侵权责任法司法解释研究"课题组:《中华人民共和国侵权责任法司法解释草案建议稿(草案)》,http://www. civillaw. com. cn/article/default. asp? id＝49876,2011-07-21。

二、外文文献

(一)书 籍

[1] Larenz, Methoden lehre der Rechtswissenschaft, 3. Aufl. S. 298.

[2] R. F. V. Heuston and R. A. Buckley, Salmond Heuston, on the Law of Torts, 19th edition, London: Sweet and Maxwell, 1987.

[3] William Lloyd Prosser, Cases and Materials on Torts, 8th edition, Foundation Press, 1988.

[4] B. S. Markesinis, The German Law of Obligations: the Law of Torts: A Comparative Introduction, 3rd edition, Oxford: Clarendon Press, 1997.

(二)期刊论文

[1] Robert C. Post，The Social Foundations of Defamation Law：Reputation and The Constitution，California Law Review，May 1986.

[2] Lisa Brown，Dead But Not Forgotten：Proposals for Imposing Liability for Defamation of the Dead，67 Tex. L. Rev. 1525，June 1989.

[3] Matthew H. Kramer，Do Animals and Dead People Have Legal Rights? 14 Can. J. L. & Juris. 29，January 2001.

[4] Jerome H. Skolnick，The Sociological Tort of Defamation，74 Calif. L. Rev. 677，May 1986.

[5] Raymond Iryami，Give the Dead Their Day in Court：Implying a Private Cause of Action for Defamation of the Dead from Criminal Libel Statutes，9 Fordham Intell. Prop. Media & Ent. L. J. 1083，Spring 1999.

[6] Jessica Berg，Grave Secrets：Legal and Ethical Analysis of Postmortem Confidentiality，34 Conn. L. Rev. 81，Fall 2001.

[7] Clay Calvert，The Privacy of Death：an Emergent Jurisprudence and Legal Rebuke to Media Exploitation and a Voyeuristic Culture，26 Loy. L. A. Ent. L. Rev. 133，2005 / 2006.

[8] Remigius N. Nwabueze，The Concept of Sepulchral Rights in Canada and The U. S. in The age of Genomics：Hints Fromiceland，31 Rutgers Computer & Tech. L. J. 217，2005.

[9] Franklin，Good Names and Bad Law：A Critique of Libel Law，18 U. S. F. L. REV. 1，30，1983.

(三)法院判决

[1] Agles v. Liberty Weekly, Inc. ，244 N. Y. S. 430(Sup. Ct. 1930).

[2] Rose v. Daily Mirror, Inc. ，284 N. Y. 335，337(1940).

[3] BverfGE 30，173(1971).

[4] BGH 1 ZR 49/97.

[5] Carlson v. Dell Publ'g Co. ，65 Ill. App. 2d 209(App. Ct. 1965).

[6] Fasching v. Kallinger，510 A. 2d 694，700-01(N. J. App. Div. 1986).

[7] 524 U. S. 399，118 S. Ct. 2081(1998).